祝 波 著

股权投资管理
战略视角

Equity Investment
Management

北京大学出版社
PEKING UNIVERSITY PRESS

图书在版编目（CIP）数据

股权投资管理：战略视角/祝波著. —北京：北京大学出版社，2016.6
ISBN 978 - 7 - 301 - 27235 - 0

Ⅰ.①股…　Ⅱ.①祝…　Ⅲ.①股权—投资基金—研究　Ⅳ.①F830.59

中国版本图书馆 CIP 数据核字（2016）第 143216 号

书　　　名	股权投资管理——战略视角	
	GUQUAN TOUZI GUANLI	
著作责任者	祝　波　著	
策 划 编 辑	杨丽明　姚文海	
责 任 编 辑	朱梅全　孙智慧	
标 准 书 号	ISBN 978 - 7 - 301 - 27235 - 0	
出 版 发 行	北京大学出版社	
地　　　址	北京市海淀区成府路 205 号　100871	
网　　　址	http://www.pup.cn	
电 子 信 箱	sdyy_2005@126.com	
新 浪 微 博	@北京大学出版社	
电　　　话	邮购部 62752015　发行部 62750672　编辑部 021 - 62071998	
印 刷 者	三河市博文印刷有限公司	
经 销 者	新华书店	
	730 毫米×980 毫米　16 开本　13.75 印张　232 千字	
	2016 年 6 月第 1 版　2019 年 10 月第 2 次印刷	
定　　　价	35.00 元	

前　言

致资源整合者

我们正处于一个巨变的时代。现代社会的竞争不仅是产品和商业模式的竞争，更是资源整合能力和变革创新速度的竞争。谁拥有强大的资源整合能力，谁拥有快速的变革创新能力，谁就拥有整个世界。"这是一个最好的时代，也是最坏的时代"，这是一个令人绝望的时代，也是充满生机的时代，面对"已经发生的未来"，我们如何应对？

颠覆的时代，也是重新构建的时代，学习和适应是永恒的生存法则。互联网颠覆了一个时代，很多传统的商业模式遭到破坏，新的商业模式不断形成；很多传统行业将会悄然消失，新的行业将不断涌现。无论是渐进式改良，还是颠覆性创新，都需要我们敢于自我否定，自我调整，浴火重生。留给每个企业和每个人的时间并不充裕，我们需要日夜兼程。巨变的时代，是保守者的噩梦，拒不变化者将被时代淘汰；巨变的时代，是奋进者的天堂，变革创新者将踏上时代的节拍，成为时代的弄潮儿。

资源的整合者，是一个时代精英群体的浓缩，引领了社会的发展潮流。资源的整合者，要有超人的智慧和素养，有痴迷的企业家精神，又要有强烈的整合意愿。资源的整合者，要有放眼全球的敏锐眼光，有杀伐决断的气魄，又要有勇于担当的激情。资源的整合者，运筹帷幄，决胜于千里之外，使原本分散的资源逐步聚合，迸发出巨大的能量，为社会创造不菲的价值。资源的整合者，随机应变，相机抉择，不断调整策略，适应外部不断变化的环境。资源整合者，披荆斩棘，攻城略地，快速聚合人的力量，深入挖掘人的潜能，树立了众志成城的成功典范。

经济学告诉我们，资源是稀缺的，经济学就是要在约束条件下，把稀缺的资源配置到能发挥其最大效用的环节中去。作为企业主体，如何配置稀缺的资源，如何实现企业价值最大化，这就是一个资源整合的问题。企业通过收购目标企业的股权,获得了进行资源整合的权利。通过资源的优化重组,发挥各种资源的潜能,实现资源配置效率最大化。资源整合是一个复杂而且艰苦的高智商活动。强烈的资源整合意愿是进行资源整合的基础,而行业的发展方向和宏观经济的大势为资源整合提供了契机。但是,能否达到预期的资源配置效果,还要看股权投资者的整合资源能力和对目标企业的判断能力。资源整合者要善于发现资源,更要善于挖掘资源。同样的企业资源,对不同的投资主体来说,价值是不一样的。资源的整合者要善于识辨有价值的、适合自身需要的企业资源。资源整合者发现有价值的企业资源之后,要果断决策,快速行动。通过资源的整合和要素的匹配,充分挖掘企业的潜能,实现资源配置效率最大化。企业整合是一个创新和实践的过程,没有完全可以复制的模式。资源整合者要针对不同的企业特点,采取不同的整合策略。资源整合者要树立系统化思维,缜密考虑整合的每一个细小环节。魄力决定着格局,但细节往往决定着成败。

企业是有边界的,并非越大越好。通过股权投资可以扩大企业规模,增加企业产品品类,从而实现"规模经济"和"范围经济"两大经济效应。但是,随着企业规模的扩大,管理协调成本也快速增加。当规模经济和范围经济带来的边际收益与管理协调成本带来的边际成本相等时,企业的边界就出现了。企业管理团队的管理能力不一样,企业边界也是千差万别。企业要根据自身管理团队的管理能力探索企业的边界,确定合理的规模。如果一味追求规模,没有真正进行资源整合,企业的管理能力没能匹配,就会出现大而不强的结果。如果企业各方缺乏协同,各自为战,快速扩张只会带来灾难,最后走向失败。

股权投资是一个决策,执行,再决策,再执行的过程。每一个成功的股权投资项目都是"智慧"的结晶。从决策到实施,再到整合运营,每一步推进都体现了决策者的精心筹划。首先,股权投资者需要非常清楚自己的资源和能力,哪方面是自己独有的优势,可以凭此带动盘活目标企业的资源。股权投资方正确的自我认知是投资成功的基础。其次,股权投资者要准确评估目标企业的资源和能力,真正把握目标企业的投资价值。既然选择目标企业作为投资对象,肯定是看中了目标企业的某项最值得投资的地方。投资价值到底体现在何处,投资方要非常清楚,这是股权投资的支撑点。再次,股权投资者要判断双方资源和能力是否可以有效匹配,能否产生预期的协同效应。双方的匹配性往往是投资决策者容易忽略的问题,这方面要下大工夫,进行推演论证。最后,股权投资者要考虑行业所处的阶段和行业竞争态势,以及宏观经济背景。行业状况和宏观经济是股权投资的大背景,要在准确把握中观和宏观背景的条件下,实施股权投资行为。

股权投资越来越普遍，越来越多的企业相互持股，通过股权纽带结成战略联盟，提升了企业的生存能力。股权投资者致力于整合资源，通过搭建平台，优化资源配置，从而创造价值。资源的整合可以分为两个层面：一个层面是宏观意义上的整合，即股权投资者对行业资源或全球资源的整合。股权投资者基于未来发展战略，专注某一个行业或某几个行业，放眼于全球的目标企业，把全球的工厂、产品、渠道、人才、技术、专利、商标和品牌等都看作整合对象。根据战略布局，围绕战略目标，遵循既定原则，进行股权投资，通过产业链的上下游整合或者强强联合，实现资源的优化配置。如果一个企业拥有了强大的资源整合能力，把视野放在全球，构建全球价值链，就会发生奇迹般的资源配置效果。上海复星集团提出的"中国动力嫁接全球资源"就是对全球资源的整合概念。另一个层面是微观意义上的整合，即对目标企业资源的整合。股权投资交易完成后，对目标企业的人员、业务、文化和财务等进行整合，通过优化配置，实现投资双方资源和能力的匹配，发挥各种要素的效用。

对目标企业成功整合的关键在于人心聚合和激情点燃。个性化消费特征日益显现，员工的知识化趋势越发明显。在股权投资后，能否帮助目标企业适应外部环境的变化，实现目标企业的快速提升，决定了投资整合的成败。整合企业的过程就是打造优胜团队的过程。有效的整合促使员工充满创业般的激情，积极进行市场创新、产品创新和管理创新。有效的整合促进团队相互协作，肯定式探寻，让员工在轻松愉快的氛围中，自由发挥自己的主观能动性，使组织充满活力。有效的整合打破僵化的考评机制，建立鼓励主动创新的机制。僵化的考评逼迫员工们不得不迎合考评，员工失去创新的热情和迎接挑战的勇气，带来的严重后果可想而知。联想柳传志坚持"人是第一发动机"的信念，依靠"搭班子、定战略、带队伍"的思路，通过设立机制，发挥管理团队的主动性和创造性，强化"执行力"和"学习力"的企业基因，征战全球，取得了一定的成功。

成功是稀缺的，获得成功的关键在于选择正确的时间、正确的地点，做正确的事。知识经济快速发展，新的商业模式不断出现，每一个企业都面临巨大的挑战。企业需要紧跟时代步伐，适应动态的环境，选择合适的时机，做正确的事。但是，摸索和体验的过程是艰难的，需要付出一定的代价，包括时间的浪费和时机的丧失。如何让企业管理者尽可能减少代价，寻找到一条有效的投资发展之路，这正是本书之初衷。

2014年，笔者在厦门大学参加了全国金融硕士核心课程（投资学）的师资培训。厦门大学经济学院派出的授课教授能力比较强,讲课比较精彩。有教授举例讲到"山上看海,水边看海和海中游泳"的不同感受,给我留下很深的印象。出厦大后门就是大海,所以,笔者当天就亲身去体验了一下三种情境下的大海。通过现场感受和思考,觉得看海的感觉恰好符合股权投资的三种层面。把股权投资比作大海,对股权投资的感受,也可以分为高山观海,水边看海,海中游泳三个层面。

第一个层面是高山观海。对股权投资进行理论研究,相当于高山观海,能认识大海的整体概况,而不知其中细节滋味。高山观海,远远望去,看到的是一望无际蔚蓝的水面,是一个整体的海面。观海者知道蔚蓝的一片就是大海,能看到海的整体概貌,感受到大海的宽阔和壮观。观海者能把握海的规律和特性,能上升到理论的高度,提出理论性指导。但是,没有下过海,没有到海中游过泳,没有实践经验,没有感受过股权投资过程中的困惑和喜悦。理论研究的价值在于整体判断趋势,寻找并提炼股权投资的发展规律,但没有进行过股权投资的实践。

第二个层面是水边看海。对股权投资提供指导的人,相当于水边看海。看得清大海的面容,清楚股权投资的过程和细节,但停留在旁观者清的阶段。有指导权或建议权,但缺乏实际操作技巧。在水边看海,的确是另外一番感受。漫步沙滩,更加真切地看到海的面容,看到海的潮起潮落,看到波浪不停地冲刷海滩,感受到大海的气势和胸怀。如果来到海边,就相当于直接观摩指导股权投资的过程,相当于咨询顾问或者专家顾问。这时候,需要摸清大海的习性,以及其他细节问题。从旁观者角度,更加真切地指导海中的游泳者,如何规避风险,如何享受海水带来的快乐。学者们或研究员不能只远处观海,要走到海边来,有些学者变成咨询顾问,直接指导游泳者,即指导投资者如何进行股权投资,如何进行有效整合,如何选择目标企业等。

第三个层面是海中游泳。直接进行股权投资者,相当于海中游泳。能感受到海浪的汹涌以及潮起潮落的危机和快乐,能感受到股权投资过程的酸甜苦辣和荣辱得失。海中游泳,就是把自己融入海的怀抱,用身体感受海水的巨大力量,感受大海的潮起或潮落。股权投资业界人士,凭着敏锐的眼光、果断的判断力,以及丰富的经验,善于捕捉到优秀的投资对象。当然,这个时候,海中游泳者希望得到理论的支撑和依据,为自己的决策和判断提供佐证。股权投资之后,如何对目标企业进行有效整合,帮助建立有效的运营体系,这又是一个难题。时间的不同,空间的不同,人的复杂性,给企业运营体系的构建增加了困难。整合运营的过程肯定会面临一个个困难,甚至陷入整合困境,"海中游泳者"需要一个一个解决,这个过程是艰苦的创新和探索过程。山上看海的人和水边看海的人无法感受到这个过程的艰辛。

　　不同的位置看海,可以感受到不同的风景;不同视角的实践,会有不同的感受和收获;不同层面的运作,需要不同的知识、素养和能力。股权投资者是资源的整合者,放眼全球,胸怀韬略,既要有高山观海的整体理论支撑与知识素养,又要有水边看海的感悟体验与睿智聪慧,更要有海中游泳的胆识魄力与豪情勇气。

祝　波

2016 年于上海

目录
Contents

第1章 理 论 基 础

 本章精要

　　本章界定了股权投资的内涵,明确了研究范畴。现代金融理论和现代管理理论为股权投资管理研究提供了理论基础。股权投资的基本流程为:投资决策、股权交易定价和整合及运营体系构建。股权投资的关键成功要素为:机会把握、资源发掘和要素匹配。股权投资是一个价值创造的过程,通过构建运营体系,实现价值的提升。

1.1 │ 导论

一、股权投资的内涵界定

(一) 概念界定

　　投资(investment)和融资(financing)是两个相对应的概念。资金如同商品,有需求就有供给,有融资就有投资,两者相互支持。投资的重要目标是获取预期的投资回报,而前期需要资金的投入。比如,通过购买企业或政府债券,获得稳定的利息回报,属于固定收益类的投资。通过购买股权,获取的股息或红利回报,属于非固定收益类的投资。融资的重要目标是获取发展的资金或资源,融资要支付融资成本。比如,通过股权定向增发,获得企业的发展资金,要对股权投资方支付股息和红利。通过银行借款获得企业的发展资金,要向银行支付利息。

　　对投资而言,根据投资对象的性质不同,可以分为"股权投资(equity investment)"和"债权投资(debt investment)"两大类。股权投资就是通过购买目标企业的股份成为其股东,根据持有的股权数分享股息和红利,实现预定的投资回报。其中,股权就是投资者购买企业股份后对目标企业所拥有的股东权利。股权投资是一种投资方式,与股权融资相并存,相对于债权投资而存在。股权投资是一种直接投资(direct investment)行为,相对于间接投资(indirect investment)而存在。

股权投资可以是控股,也可以是参股。控股主要是获得对目标企业的控制权,从而获取对目标企业的资源支配权。通过优化配置,实现投资方的战略性目标。控股可以分为相对控股和绝对控股两种情况。相对控股是指在所有股东中,绝对控股方占有的股权比例最大,但是没有超过50%,即小于或等于其他所有股东的股权比例之和。绝对控股是指在所有股东中,控股方占有的股权比例最大,而且超过50%,大于其他所有股东的股权比例之和。当然,全资控股也是控股的一种形式,在股权投资中也比较常见。全资控股就是全额收购了目标企业的股权,股权投资方变成了目标企业的唯一股东。参股主要是股权投资的比例相对较小,不处于股权控制地位。参股的主要目标是获得相应的利润分红,或者股权关联为进一步战略合作提供方便。债权投资主要针对债权融资的需求而展开。债权投资主要指投资者通过购买债券、提供融资租赁等方式,获取预期的投资收益。

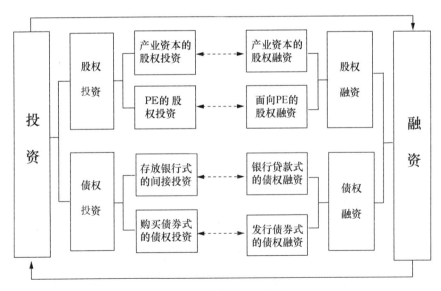

图 1-1 投融资关系示意图

对融资而言,根据资金的来源不同,融资可以分为"股权融资(equity financing)"和"债权融资(debt financing)"两大类。股权融资主要是通过股份或股权的出让,获取股东的投资性资金,从而支持企业的规模化或可持续发展。股权融资包括股票首发、增资扩股、公开增发、定向增发和债转股等方式。股权融资的特点是融资方没有到期偿还债务的压力,还可能获得新股东除资金之外的其他方面的支持。但是,股权融资需要满足股东的净资产收益率和投资回报率要求,给经营团队造成一定的压力。债权融资包括各项金融机构贷款、发行债券、项目融资和融资租赁等。债权融资的特点是要面临偿还到期贷款的压力,对企业正常的生产经营造成一定的影响或干扰。企业对股权融资和债权融资各有偏好,根据具体情况采取合适的融资途径。股权投资和债权投资分别与股权融资和债权融资相对应。

(二) 股权投资的两大核心要素

股权投资的决策、交易和整合的过程,都是围绕投资主体和投资对象展开的,因此,投资主体和投资对象构成了股权投资的两大核心要素。分析两大核心要素的特点,为股权投资的决策、交易和整合界定好主体内涵。

1. 股权投资的投资主体

股权投资的主体具有广泛性。所有投资目标企业股权的行为都属于股权投资,具有股权投资能力的人或企业都可以成为股权投资的主体。股权投资的主体可以是自然人、上市公司、非上市公司,也可以是投资控股公司、金融控股集团公司或者私募基金(PE)公司。投资方根据股权比例,不同程度地参与目标企业的经营管理,促进资源的优化配置,从而给目标企业带来更大的价值。因此,股权投资的主体涉及各种类型的企业和自然人,PE 基金仅是股权投资的主体之一。中国《保险资金投资股权暂行办法》(2010.9)规定,保险资金可以进行股权投资,因此中国股权投资量快速提升。保险公司可以直接以出资人名义投资并持有企业股权,也可以投资符合条件的股权投资基金,而且保险公司用于股权投资的资金比例会逐步提升。

根据投资主体的不同,股权投资的资金可以源于产业资本,也可以源于私募基金(PE),还可以来自于 PE 与上市公司的产业资本结合。拥有产业的各类实体企业,如上市公司群体,他们的股权投资属于产业资本类型的投资。而 PE 基金的股权投资属于基金类型的投资。无论是产业资本,还是私募基金,在进行股权投资的时候,都要对投资价值进行评估,都要进行交易方案的选择,很多情况下,还要对目标企业进行资源整合。投资都要获得回报,但产业类股权投资与 PE 的股权投资存在明显区别,主要表现在投资主体和投资目的不同。

产业资本的投资主体往往是上市公司。产业类企业的股权投资更多的是战略性投资或财务性投资,意在长期持有目标企业的股份。产业资本投资股权之后,可以实现战略性资源整合,或者获得稳定财务性现金流。产业资本通过控股性股权投资,对目标企业进行战略性资源整合。战略性资源整合可能是产业链的延伸,或者进入某市场、获取某销售渠道、获得某项技术,或者取得某个品牌等战略性意图。产业资本投资也可以是参股性质的投资,主要目的是获取利润分红或结成战略合作伙伴关系。产业类股权投资也可能进行股权的再转让,但与 PE 投资的获利退出存在本质区别。

PE 的投资主体是私募基金公司。作为一种投资基金,PE 进行股权投资的目的是通过注入股权资金,帮助目标企业快速实现价值提升。然后,在一定时间内获利退出该企业,实现自身的高额投资回报。PE 投资寻找需要资金和管理支持的企业,需要彼此双方相互认可,共同推动企业发展获利。到一定时机,目标企业上市或者其他条件出现,PE 就会选择合适的方式退出。PE 获取应该的投资回报,最终实现双赢的结果。基金有时间的限制,一般是三到五年,所以需要预先考虑退出时机和通道。广义的 PE 基金包括风险投资基金(VC: venture capital)和并购基金(M&A fund)。风险投资基金主要投资处于创意或发展初期,具有发展前景的项目。并购基金主要是以控股为主要目的,对目标企业进行重组或行业整合,从而达到获利退出的目的。

上市公司与 PE 基金联合投资的模式不断出现。上市公司与 PE 基金合作的方式多样:上市公司持有 PE 基金股份,或者 PE 基金参与上市公司股份,或者共同设置新的产业基金或并购基金等,共同经营投资基金。从上市公司角度来看,上市公司变成基金的普通合伙人,直接参与基金管理。上市公司可以把本企业的发展战略与股权投资相结合,实现投资与产业的相互支持。在股权投资时,上市公司借助 PE 的专业团队和融资渠道,提升投资效率,促进战略性资源的整合。从 PE 基金的角度来看,与上市公司的合作,获得了更多的投资获利机会,解决了 PE 的退出渠道问题。上市公司和 PE 合作资本选择符合上市公司发展战略的投资项目。在一定程度上,实现了资本和产业的优势互补,促进了上市公司的产业整合与发展,实现了上市公司和 PE 基金公司的双赢。当PE 退出时,上市公司优先回购 PE 的股权,预先解决了 PE 退出之忧。PE 与上市公司的结合,是资本与产业的结合,应该说是一种金融创新行为。通过两者结合,实现资源的优化配置,降低了 PE 和上市公司的风险。在 PE 和上市公司的结合过程中,要注重规范和监管,防止 PE 与上市公司之间的操纵行为。监管部门要加强监管,强化信息披露,防范损害广大投资者利益的行为。

2. 股权投资的投资对象

股权投资的投资对象可以是非上市公司,也可以是上市公司。产业资本的股权投资对象相对比较宽泛,可以购买非上市公司的全部资产或股权,也可以收购上市公司的部分股权。而 PE 基金主要对非上市公司投资,帮助企业重组上市,从而实现获利退出的最终目标。PE 也可以收购上市公司的股权,对上市公司的投资主要是用资金换取上市公司的部分股权,从而达到进行企业重组或行业整合的目的。

我国《公司法》规定,有限责任公司的股东之间可以相互转让其全部或者部分股权。股东向股东以外的人转让股权,应当经其他股东过半数同意,在同等条件下,其他股东有优先购买权。中国越来越多的投资控股公司或金融控股集团进行大规模股权投资,包括投资收购非上市公司或上市公司的股权。股权投资促进了相关性企业之间的相互持股,促进了行业整合或企业重组。以股权投资资本为纽带,形成了一批超大型、规模化的企业集团,实现了规模效应和范围经济,大大提高了行业的集中度。

(三)股权投资的三个阶段

股权投资的过程可以分为投前决策、投中交易和投后整合三大阶段。每个阶段又可以分为具体的子阶段,构成一个相互衔接、相互支撑的全过程。股权投资过程见图1-2。

1. 投前的决策环节主要解决"是否投资"及"如何投资"的问题

对投资主体来说,是否投资,及采取哪种方案进行投资,是一个艰苦的评估和判断过程。该决策过程考验着决策者的智慧和决心,决定着整个股权投资的成败。投资决策是在复杂环境下作出的最优化选择,是投资者的直觉判断和理性论证的完美统一。直觉判断来自于决策者的认知和经验,而理性论证则需要逻辑框架和方法。理性论证的过程需要从投资方意图和条件、目标企业的资源和条件、行业趋势和宏观环境等方面进行评估。是否投资和如何投资,首先要考虑投资方的战略意图和资源条件。该要素是投资决策的基本出发点,体现了投资主体的投资目的,反映了投资主体对资源的整合能力。其次要考虑目标企业的投资价值。根据目标企业的基因和生态评估结果,决定是否投资以及采取何种方案。基因是对目标企业潜在价值的评估判断,是投资决策的落脚点,是投资决策成败的关键。最后要分析行业的发展趋势和宏观经济环境。对中观的行业发展态势和对宏观经济环境进行评估与判断,这两个要素揭示了投资所处的外部环境,是投资决策的重要影响因素。

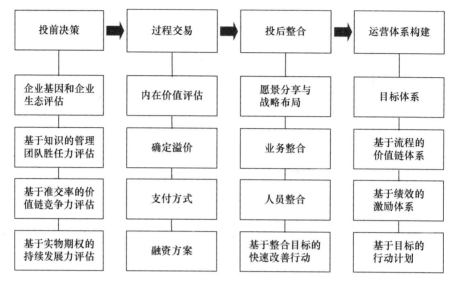

图 1-2 股权投资过程

2. 股权交易阶段主要解决股权投资的交易价格和实施方案问题

交易是完成投资的操作过程。交易的重点在于股权定价以及选择合适的支付方式和融资方式。股权定价是股权交易的重点。股权价格取决于股权的价值,股权的价值评估是股权定价的重要基础。价值评估的方法各有利弊,各种方法都存在一定的局限性,但可以找到股权价值的大致区间。在此基础上,通过谈判协调确定合适的溢价。股权交易过程中,选择整体并购,还是部分收购,是现金支付,还是股权置换,这些都需要在交易阶段协商确定。股权投资可能需要大批量的资金,投资方的资金从哪儿来,是银行贷款,还是发行债券,或者定向增发等,这些都要充分论证,并形成具体的操作方案。

3. 整合运营阶段主要解决资源整合和要素匹配的问题

资源整合和要素匹配是创造价值的关键环节。股权投资之后,要保证目标企业进入正常的运营状态。这个环节,更多地运用管理学的知识,进行人员、组织、业务和财务等方面的整合。通过建立系统化的管理框架,保证目标企业朝正确的方向发展。整合的过程就是对各种要素进行匹配的过程,是构建新的企业运营体系的过程。整合后的运营体系要做到目标明确、价值链高效和激励有效。同时坚持持续改善,做到规模适当和成就导向,目标企业就能保持充裕的发展动力。当然,有些股权投资没有促进运营体系的构建,目标企业还保持原有的运营体系。这类投资主要是因为目标企业有持续稳定的利润,股权投资的主要目的是获取稳定的利润分红,并无提升目标企业经营能力的意图。

二、主要目的与主要观点

(一) 达到三个目的

1. 探索股权投资的关键成功要素

股权投资的过程是价值创造的过程。股权投资如果连续成功,就会促进企业快速成长壮大,为利益相关群体带来巨大收益。但是,股权投资不一定都能取得预期效果,有些投资可能带来一定的损失。投资失败的原因多种多样,但股权投资的关键成功要素却是相似的。从股权投资的前期决策,到股权的溢价支付,再到运营体系构建,分别探讨了各个环节的关键成功要素,为股权投资提供了有价值的指导。

2. 分析股权投资前期决策的主要依据

目标企业是否值得股权投资,需要进行投资决策。"决策"是股权投资的重要环节,决策环节决定了整个投资的固有特性,决策正确与否决定了整个投资的成败。投资决策的依据主要体现在三个方面:一是投资主体的资源和能力;二是目标企业的资源和能力;三是行业和宏观经济发展趋势。投资决策环节,最重要的是对目标企业的本质和发展潜力进行评估和判断。企业基因和企业生态反映了企业的本质和生存环境。企业的资产收益能力、企业价值链竞争力和持续发展能力反映了企业的未来发展潜力。而目标企业高管团队的胜任力和持续学习力决定了企业未来创造价值的能力。这里重点考查目标企业的资源和能力,分析目标企业的投资价值。试图从目标企业的基因和生态开始,进一步考查目标企业的资产收益能力、价值链竞争能力、可持续发展能力和高管团队的胜任能力。股权投资方要考虑投资的战略性价值,战略性价值的实现可能促进投资方的竞争力呈现爆发式增长。股权投资方还应该认识到未来选择权给企业带来的价值,为最终投资决策提供依据。

3. 探讨如何构建目标企业的有效运营体系

股权投资是一个较为复杂的过程。无论是上市公司、非上市公司、投资控股公司还是 PE 基金,都希望通过股权投资创造价值并分享收益,都会对目标企业进行管理支持和资源帮助。股权投资之后,如何快速整合并建立有效的运营体系,这是决定投资成败的重要环节。运营体系整合完善的过程就是资源优化配置的过程,就是要素匹配的过程。企业的运营体系包括目标体系、价值链体系、激励体系、学习体系以及具体的行动计划。目标体系指明企业发展的方向;价值链体系是企业创造价值的关键;激励体系是企业发展的动力;学习体系是企业持续进步的支撑;最终归结到具体的行动计划上来。

(二) 三个主要观点

1. 企业的基因和生态决定了企业的传承特质和发展格局,是判断目标企业有无发展前景的主要依据

企业的内在价值取决于未来的收益能力,而决定未来收益能力的关键因素是企业的基因和生态。股权投资的决策环节,要对目标企业的基因和生态进行评估判断,评估目标企业能否担当起创造价值的责任,能否在企业的产业链中发挥重要作用。比如,企业的绿色经营理念、为客户创造价值的理念、爱护员工及家属的理念,以及与利益相关者分享价值的理念等,都是企业基因的表现。良好的基因决定了企业的内外部生态,因此,基因和生态是股权投资决策的重要评估对象。投资前期论证决策是股权投资的最重要环节,决定了是否投资以及采取何种方案进行投资,必须投入足够的时间和精力。正确的决策保证投资行为是在做一件正确的事,而错误的决策可能把企业引向深渊。投资决策者要根据自身企业的发展战略,有计划、有步骤地投资,尽量避免随机性的投资;要对目标企业进行长时间跟踪考查,真正了解目标企业的管理团队、核心业务和发展战略;要深入掌握目标企业的基因和生态状况,作出谨慎的判断,选择合适的时机出手,实现更大的价值。

2. 股权投资主体愿意支付的溢价多少,取决于其对目标企业的投资价值的判断,而投资价值取决于投资方的战略意图和未来实现战略意图的预期

在股权投资中,多数情况下投资方都支付一定的溢价。为何支付溢价? 支付的溢价为何高低有别? 哪些因素影响了溢价的大小? 这些问题需要进行深入研究。同一个目标企业,对不同的主体有不同的投资价值。股权的交易价格以股权价值为基础,股权交易的价格围绕股权价值上下变化。如果交易价格等于股权价值,该股权价值就是公允价值;如果交易价格小于股权价值,被投资方就是折价转让;如果交易价格大于股权价值,投资方支付了溢价。支付溢价的大小反映了投资方的投资价值,以及对协同效应的预期,又反映了交易双方的交易意愿,还受到双方谈判能力等因素的影响。如果投资方基于战略性考虑,对购买目标企业志在必得,而且参与竞买的对手也存在,这时,投资方可能给出较高的溢价,保证投资成功。反过来,如果目标企业的股东急着转让股权,而投

资方购买的意愿并不强烈,这时,可能出现折价的情况。同一个企业,对不同的投资主体价值不一样,所以,投资主体根据对自己的投资价值的判断作出合理的价格判断。

3. 对于战略性股权投资和 PE 基金来说,投资后要保留目标企业的关键成功要素,并帮助目标企业构建高效的运营体系,这个环节是创造价值和获得回报的重要途径

投资方必须全部保留目标企业的关键成功要素,包括关键团队、核心业务,甚至企业文化。投资方要进行事先判断,即投资后是否需要进行战略性整合,不合适的整合可能毁掉一个优秀的企业。战略性股权投资往往要实现特定战略。投资方根据具体情况,在保留目标企业关键成功要素的前提下,对目标企业进行资源整合,从而实现战略目标。如果投资后的整合会损害目标企业的关键成功要素,就不要进行所谓的战略性整合。投资后应该顺势而为,让企业保持自身发展,通过提供新的资源,帮助目标企业实现要素的匹配,为创造价值奠定关键性基础。PE 股权投资之后,也一定要帮助目标企业实现快速发展,创造出更多的价值,从而及时获利退出。因此,帮助目标企业构建有效的运营体系是股权投资的重要环节。

三、研究范畴的界定

本书主要研究内容是股权投资。投资方通过支付货币资金或其他资产,控股或参股目标企业,促进目标企业价值增长,从而获得未来的投资收益。这里的股权投资是一个广义的概念,包括对目标企业进行股权收购(acquisition)式的股权投资,也包括 PE 式的股权投资,还可以延伸到增资扩股或定向增发等方式下的股权投资。

一要区分"股权收购"与"资产收购"。股权收购是投资方以一定的价格购买目标公司的全部股权或部分股权,并依照所持目标企业的股权比例,分享股东收益。股权收购意味着目标企业的股东发生变化,实现了股权的转移。股权转移并不会影响目标企业的法人财产权,目标公司依然是独立法人,是债权和债务的承担主体。资产收购是收购人以一定的价格购买目标公司的全部资产或部分资产。资产收购时,目标企业的债务一般不需要收购人承担。资产收购只是实现了资产的转移,原目标企业继续存在,并继续承担原有的债权和债务。本书主要研究股权收购,揭示股权收购的决策、定价和整合。对于资产收购,相对比较容易操作,只涉及资产的界定、评估价格和交割,不属于本书研究范围。

二要区分"股权投资"与"股票投资"。股权投资是为获取目标企业的部分或者全部股权,实现特定战略意图而进行的直接投资。通过股权投资成为目标企业的股东,可以行使股东权利并承担相应责任。如果投资对象是独立法人,股东承担有限责任。如果投资对象是合伙企业,股东承担无限责任。股权投资完成之后,投资方占有目标企业的一定股份,按照公司治理要求,参与对企业的经营管理。投资方的战略意图可以是完善产业链,也可以是强强联合,也可以是优势互补,还可以是获得目标企业稳定的利润回报。多数情况下,投资方会为目标企业提供支持,帮助目标企业成长发展,从而实现投资方的战略目标。所以,股权投资的过程,就是"价值创造"的过程。股票投资属于二级市场上的间接投资。间接投资绝大多数情况下以获取买卖利差为主要目的,实行低买高卖,属于"价值发现"的过程,不属于这里的股权投资范畴,也不是本书研究的范围。

为何将本书研究提升到股权类投资的大范畴呢?主要基于各类股权投资拥有的"共性"来考虑。无论是实体企业之间的股权收购,还是 PE 的股权收购,都是通过股权纽带帮助目标企业创造价值的过程。两种投资的过程一般都要经过三个环节,即投前决策环节、交易定价环节及整合运营环节。在这个过程中,都需要进行选择和评估、交易和定价,以及整合和运营,都存在着相同的关注点。在选择决策环节,都需要对目标企业的"投资价值"进行评估和判断,决定是否投资。在交易环节,都需要选择合适的股权交易方案和价值评估,确定合理的交易价格。在整合环节,多数实体企业和 PE 投资主体希望得到目标企业的控股权,大都需要对目标企业进行资源整合,优化运营体系,促进目标企业创造价值。因此,两大投资主体在投前决策、投中交易和投后整合三个环节都有完全相同的关注内容。因此,本书选择的研究视角,对两大投资主体都有同样的指导价值。当然,产业资本和 PE 基金在股权投资退出机制方面存在差异。产业资本可能长期持有股权,变成目标企业的长期股东。PE 的主要使命是在一定的时间内帮助目标企业快速提升,尽快创造价值,从而择机获利退出,PE 的退出机制问题不是本书研究的范围。

四、研究思路、研究方法与主要内容

(一) 研究思路与研究方法

本书的主要研究思路:首先,分析股权投资的理论依据,探寻深入研究股权投资决策、定价和整合的理论支撑。在此基础上,根据股权投资的演进路径,对目标企业的本质进行识辨,寻找合适的投资对象。其次,对目标企业进行价值

评估与价格制定,实现公平的股权交易。最后,对投资双方的资源和要素进行优化配置,创造新的价值。目标企业的基因、资源和能力决定了投资价值,投资价值决定了溢价的支付,溢价的支付决定了协同效应的预期,而协同效应的预期决定了资源优化配置和要素匹配的要求。进一步来讲,目标企业的基因也决定了要素匹配的能力和效果。因此,目标企业基因的评估、投资方的溢价支付和整合环节的要素匹配,是股权投资路径上三个最关键的步骤。

在决策环节,对目标企业的基因评估是投资决策的重要步骤,为投资决策提供关键性依据。股权投资的期望是产生协同效应,实现预定的战略意图。能否实现战略意图,关键在于能否促进目标企业创造更多价值。而目标企业创造价值的能力取决于目标企业的基因。企业的基因决定了企业的生态,进一步决定了企业的四种关键能力。在这个环节,采取跨学科研究法。把生物基因理论和企业理论相结合,构建目标企业的基因和生态评估模型,对目标企业的本质进行综合评价研究。同时,采取个案研究法。选择股权投资之后的目标企业,进行调查分析。评估目标企业的基因和生态,比较分析基因生态结果与实际创造价值的能力是否一致,进一步提炼投资方股权投资的企业基因和生态的决策依据。

在交易环节,协商确定公平合理的交易价格,取决于内在价值评估和溢价支付。内在价值相对稳定,可以通过合适的评估方法确定价值区间,而溢价的支付最终取决于每个投资者的投资价值判断。根据目标企业的内在价值评估,双方协商最终的交易价格。交易价格一般会高于内在价值,即所谓的溢价。投资方为何愿意支付溢价?支付溢价的依据是什么?需要对溢价进行理论解析,为制定双方都能接受的价格提供理论支持。在这个环节,采取文献研究和定性分析相结合的方法。通过文献研究全面了解支付溢价的动因,建立投资方支付溢价的理论解析框架。通过定性分析,揭示支付溢价的内在本质和支付规律。

在整合环节,投资双方的要素匹配是创造价值的关键。投资方和目标企业产生协同效应的关键步骤,就是双方资源的优化配置和要素的有效匹配。股权投资方支付溢价之后,对未来的协同效应充满期待。目标企业能否满足资源配置的要求,能否具备创造价值的能力,恰恰取决于目标企业的基因和生态。因此,整合运营的有效性回到了本书讨论的起点,即企业的基因,至此,形成了一个完整的研究闭环。在这个环节,采取个案研究法。选择股权投资成功的目标企业,对目标企业进行调查分析,探索经济学的匹配理论在企业资源配置过程中的运用。针对要素匹配的问题,采取个人访谈和问卷调查法,寻找投资方对目标企业进行资源整合的理论依据。战略性股权投资框架见图 1-3。研究的逻辑关系见图 1-4。

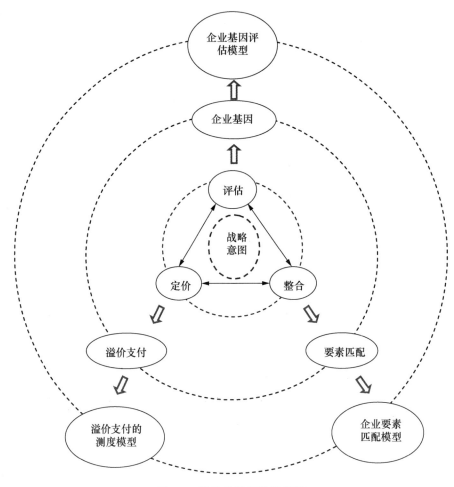

图 1-3 战略性股权投资框架

（二）学术创新和学术价值

（1）构建基于股权投资视角的企业基因和生态评估模型,为投资决策提供有价值的评估框架和评估方法。股权投资决策更多的靠投资者的经验判断,缺乏系统性的决策依据。而目标企业的基因和生态评估模型,非常系统地揭示了目标企业的固有特质和生态状况,从员工、客户、供应商,以及外部投资专家视角,分别揭示了目标企业的内在本质和生存状态,为股权投资提供有效的、坚实的决策依据。

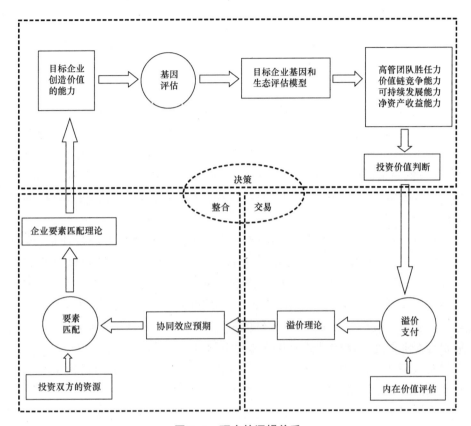

图 1-4 研究的逻辑关系

（2）探索股权投资方支付溢价的动因和依据，构建溢价支付的测度框架。在股权投资交易中，收购方大都支付了一定的溢价。为何支付溢价、支付多少溢价，以及支付溢价的依据，都是股权定价的重要基础。股权投资属于直接投资，溢价的支付需要获得额外的回报。通过资源整合产生协同效应存在很大的不确定性，支付溢价是高风险的决策行为。深入分析投资方支付股权溢价的理论依据，为企业定价提供有价值的理论支撑。

（3）探索经济学的匹配理论在企业资源配置过程中的运用，通过要素的匹配，促进企业创造价值。把经济学的匹配理论应用于企业的整合中来，探讨企业要素的匹配特点。通过股权投资双方的企业要素匹配，以及目标企业内部要素的匹配，实现股权投资方和目标企业之间的协同效应。

（三）研究的主要内容

在股权投资中，我们要解决的问题集中在三个方面：（1）目标企业是否值得投资。(2)如何确定股权交易的合理价格。(3)如何进行资源整合和要素匹配。研究内容围绕股权投资的决策、交易和整合的发展进程,进行分阶段研究。研究重点主要集中在目标企业基因和生态的评估,投资方支付溢价的理论分析,以及目标企业要素匹配的载体构建。

首先是分析股权投资的理论基础,进行研究范畴的界定。科斯定理揭示了股权交易可以促进资源配置,使投资双方的境况得到改善。投资组合理论揭示了投资组合可以降低投资者的投资和经营风险。"最优化准则"和"贝叶斯规则"为投资决策提供方法指导。而有效决策是提高决策质量和决策效率的关键。股权投资的关键成功要素和股权投资的价值创造过程,为股权投资提供了理论指导。

在决策环节,重点对目标企业的基因和生态及四种能力进行评估,解决"是否投资"的问题。在投资决策环节,既要考虑投资方自身和目标企业的资源和能力,又要考虑行业周期和宏观经济环境。但是,最重要的是对目标企业的本质和发展潜力的评估和判断。企业基因和生态反映了企业的本质和生存环境。企业的资产收益能力、企业价值链竞争力反映了企业的未来发展潜力。而目标企业高管团队的胜任力和持续的学习力决定了创造价值的能力。因此,在投资决策环节,主要对目标企业进行基因测试和生态评估,对目标企业的四种能力进行评估,判断未来投资双方能否产生协同效应。

在交易环节,对于价值评估和支付溢价进行理论分析,解决"交易定价"的问题。在股权交易环节,主要研究如何评估目标企业股权的价值,如何确定合理的溢价,以及选择合适的支付方式和融资方案。股权交易要考虑投资双方的利益,寻找双方都能接受的合理价格和交易方案。定价是股权交易的重要内容。通过未来现金流折现法或市场类比法对目标企业进行内在价值评估,界定目标企业的价值区间。然后,根据投资方对目标企业投资价值的判断,双方协商确定合理的溢价。合理的溢价、合适的支付方式和融资方案可以促进股权投资顺利进行,但都是双方协商的结果。

在整合环节,寻找实现资源整合和要素匹配的载体,构建有效的运营体系,解决"资源整合和要素匹配"的问题。整合过程是资源重组和要素匹配的过程,是构建或优化企业运营体系的过程。无论股权投资方是否控股,都可以推动或促使目标企业进行资源整合,优化运营机制,实现目标企业的全面提升。有效的企业运营体系是目标企业资源整合与要素匹配的载体。目标企业从"愿景"分享开始,构建基于"愿景"的目标体系,构建基于流程的企业价值链体

系,完善基于绩效的激励体系和基于责任的学习体系,直至形成详细的行动计
划。研究内容见图 1-5:

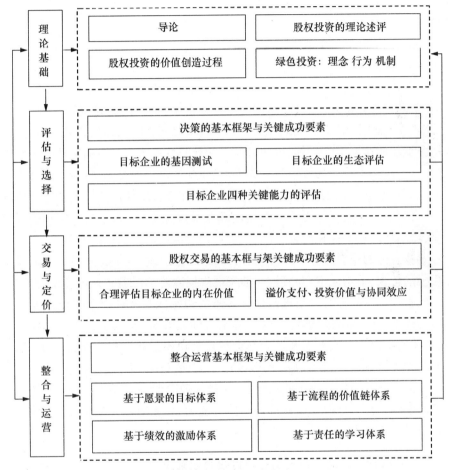

图 1-5 研究的主要内容

1.2 | 股权投资的理论述评

一、股权交易可以使股权投资双方的境况都得到改善

Ronald H. Coase(1937)指出,"企业"和"市场"是可以互相替代的。"市场"存在交易成本,"企业"存在内部协调成本。企业可以通过"市场"获取某些

原材料,也可以选择"自产"来获取。如果通过市场获取原材料的"交易成本"小于企业自产的"内部协调成本",企业就选择通过市场购买。如果通过市场获取原材料的"交易成本"大于企业自己生产的"内部协调成本",企业就选择企业自身生产。这时候,企业可以通过股权投资的方式并购上游的关联企业,把市场上的企业变成内部企业,实现内部化交易,从而降低市场的交易费用。科斯的内部化理论为股权类投资提供了理论基础。

企业通过股权交易,可以促进资源优化配置。Ronald H. Coase(1960)又指出,只要产权界定清楚,在交易费用为零的情况下,自由的交易可以导致"资源配置"的"帕累托最优"。"帕累托最优"是指资源配置的一种状态,在不使任何人境况变坏的情况下,不可能再使某些人的处境变得更好。科斯定理的重要推论进一步指出,不管交易费用是否为零,只要允许自由地交易,就会实现资源配置的帕累托改进。帕累托改进是指一种变化,在没有使任何人境况变坏的情况下,使得至少一个人变得更好。科斯定理及其推论指出,通过企业之间的股权交易,可以促进资源优化配置,为股权投资的价值创造提供理论基础。

寻找合适的企业边界。Ronald H. Coase 还指出,企业是有边界的。随着企业规模的扩大,平均成本会降低,逐渐实现规模经济。但随着企业规模的扩大,会导致管理成本的上升。当规模经济带来的边际成本降低等于规模扩大带来的边际成本上升的时候,即边际收益等于边际成本时,就到了企业的边界。因此,企业的规模过小或者规模过大都会导致规模不经济。如果规模过小,没有产业基础支撑,缺乏规模效应,在市场竞争方面,往往处于劣势。如果规模过大,管理就会变得复杂,协调成本增加,超过管理能力时,企业就会大而不强,反而可能走向灭亡。企业要根据管理团队的能力,摸索寻找合适的企业规模,避免企业的规模不当。

二、股权投资者通过投资组合降低投资经营风险

既然是投资必定会面临风险,投资主体要充分考虑各种风险,进行风险管理。现代金融的投资组合理论和资本资产定价理论深入研究了风险问题。Harry M. Markowitz(1952)提出资本资产组合理论,促进了现代投资组合理论(portfolio theory)的快速发展。投资组合理论提出,通过投资组合规避风险,获得收益。投资组合理论考虑期望的收益(均值)和面临的风险(方差)两个主要因素。权衡收益和风险的大小,在一定条件下,寻找风险最小化的最佳投资比例。投资组合会降低风险,但也会带来管理成本的增加。投资者在投资决策环

节,比较投资组合带来的风险下降和管理成本增加,寻找投资组合的边界,合理分配资源,寻求最佳组合规模,实现资源的优化配置。William F. Sharpe(1970)提出的 CAPM(capital asset pricing model)模型,即资本资产定价理论,指出投资方要获得高的收益,必定要面临较高的风险。

股权投资的流动性比较弱,面临的风险更大,股权投资者应该获得更高的回报。其实,股权投资的风险贯穿整个投资过程,前期的投资决策、交易环节的溢价决策和投资后的整合运营,一个环节处理不当,都会给投资带来巨大的破坏。前期决策的失误,可能把投资引向错误的方向。支付溢价如果过高,而预定的战略效果不能完全实现,投资方可能面临背上沉重包袱的风险。投资后是否需要整合,以及能否按预定战略整合,也面临巨大的风险。如果目标企业有独到的成功要素,在被整合过程中,可能破坏该企业的关键成功要素,把目标企业引向一个灾难性的结果。

投资组合思想和资本资产定价理论适合于证券投资,也适合于直接投资。现代金融理论为直接投资提供了重要依据。对于直接投资来说,可以借鉴投资组合思想,结合直接投资的特点,进行有效决策。股权投资要注重投资组合以分散风险。在股权投资决策时,要考虑投资组合,如行业、时机、结构等因素,尽可能合理搭配投资组合,降低股权投资的风险。在行业分布方面,兼顾行业的发展周期,实现多行业、多领域之间的投资组合,降低投资经营风险。同时,投资组合导致管理成本上升,权衡投资组合降低的风险和增加的管理成本之间的利弊,寻找合理的组合规模,实现投资方的效用最大化。在考虑投资价值的时候,要认识到战略性价值和期权价值,真正把握投资价值,抓住投资机会。

三、投资决策遵循"最优化准则",进行风险型决策

根据现代决策理论,决策者是理性的,而且能获得全部信息。在约束条件下,决策者能够准确预测每个方案在不同条件下产生的结果,从而选择最优决策方案。最优化决策是在约束条件下作出的价值最大化或成本最小化的选择。一般决策步骤为:界定问题,确定决策标准,赋予各个标准权重,制定多个备选方案,最终选择最佳方案。

投资决策遵循"最优化准则"。直接投资往往需要投资方参与目标企业的经营,通过对目标企业的资源挖掘进行价值创造。股权投资决策的关键点是如何在约束条件下,实现自身效用最大化。对股权投资主体来说,约束条件难以改变,必须接受该事实,投资主体能做的是在该约束条件下,追求效用最大化。

股权投资的效用最大化表现为投资战略目标的实现,如实现优势互补,结成战略联盟,提升市场份额,获得关键技术,进入某个市场等。投资回报率是衡量成果的最终标准。

赫伯特·西蒙(Herbert A. Simon)认为,决策以"令人满意"为准则,而非以"最优"为准则。西蒙指出,管理就是决策。人的认知能力有限,决策人是有限理性的,而非完全理性的。行为金融学认为,市场上广泛存在有限理性,甚至非理性者的投资者,他们根据对金融市场资产价值的认知作出最终决策。无论是"最优化"的决策准则,还是"令人满意"的决策准则,都要求投资决策必须产生实际效果,给决策者及利益相关者带来合理的回报。

按照决策理论的框架体系,每个需要决策的问题,可能面临几个不同的自然状态,也可能存在几个不同的行动方案。分别计算各个方案在不同自然状态下的损益值,最终选择最优方案。决策遵循"最优化准则",实现利益最大化或损失最小化。决策理论的决策模型为 $a = F(A_i, B_i)$,a 代表价值,A_i 代表行动方案,B_i 代表自然状态。根据自然状态的不同,决策理论把决策分为三大类,分别是确定型决策、风险型决策和不确定型决策。确定型决策是指只存在一个确定的自然状态,可能采取几种不同的行动方案。通过比较不同行动方案的损益值,最终选择最佳方案。如果有两种或两种以上的自然状态,而且每一种自然状态发生的概率可以估计或计算出来,这时的决策就是风险决策。如果每一种自然状态发生的概率都不知道,这时就是不确定型决策。在投资决策中,最常使用的决策类型是风险型决策。风险决策一般采取期望值法,分别计算各个方案在不同自然状态下的数学期望值。如果决策目标是利益最大,则采取期望值最大的行动方案。如果决策目标是成本最小或者损失最小,就选择期望值最小的行动方案。可以用决策表或者决策树的形式进行决策。最优化决策是最被广泛接受的决策准则。

四、决策是一个过程,投资决策遵循"贝叶斯规则"

决策不是一个瞬间可以完成的动作,决策是一个过程。决策的基础是完备的相关信息,尽可能多地搜集和掌握信息是决策的第一步。在此基础上,明确决策要达到的目标,列出所有可能的行动方案。计算每一种方案的损益值,界定每种方案的评价方法,以及可能出现的自然状态及其发生的概率。然后,运用合适的决策方法,选出最佳方案。因此,决策论认为,首先,要搜集信息、确定决策目标。其次,通过可行性研究制定各种可行方案,进行方案评价和"损益值"计算。最后,选择合适的方法进行决策,制定实施方案并修正。

根据现代金融理论,投资决策遵循"贝叶斯规则"。贝叶斯规则的基本思想是决策者用不断增加的信息来更新已有的判断。投资者的决策根据当时掌握的信息作出判断。随着信息的增加和细化,新的信息不断补充进来。决策者开始更新判断,并且不断更新,对前面的决策进行调整或修正。"贝叶斯规则"是投资决策的基本原则,该规则为"决策是一个过程"提供了理论支持。

行为金融学理论对决策的贝叶斯规则提出异议,认为人的认知能力受到一定的制约,不能做到完全理性。行为金融学认为决策人往往对于近期的事件或信息更加关注,赋予更多的权重,在决策或判断时,更加受到近期事件的影响。因此,认为很难做到按照完全的贝叶斯规则进行决策。无论是"完全"的贝叶斯规则,还是"有限"的贝叶斯规则,贝叶斯规则仍是最被广泛接受的决策规则。

投资决策遵循"贝叶斯规则"。在决策过程中,根据观察收集的信息不断完善,及时对随机变量的先验看法进行调整。所以,决策是一个过程,是信息不断充实和丰富的过程,是对先验看法不断调整和修正的过程。

五、有效决策是提高决策质量和决策效率的关键

管理实践大师德鲁克(1966)提出有效决策需要具备五大要素:界定问题,确定边界条件,探寻最合理方案,制订具体的行动计划,以及及时的反馈修正。对于股权投资决策来说,首先,界定问题。明确股权投资要达到什么目标,是解决价值链问题,还是解决获利问题。其次,找到解决问题的边界条件。投资决策的边界条件要考虑自身资源、资金实力、管理能力、市场整合能力,以及风险等方面。最后,界定正确的决策应该是什么。确定在满足边界条件的情况下,正确决策应该是什么。然后再采取"妥协"的办法,让所有的决策者都能接受最终的方案。决策应包含行动计划并进行及时的信息反馈。德鲁克指出,一项决策如果没有列举行动步骤,并指派为某人的工作和责任,那便不能算是一项决策,最多只是一种意愿而已。有效决策的最后一个要素,是应在决策中建立一项信息反馈制度,以便经常对决策所预期的成果做实际的印证,同时,消除负面效应和实施障碍。在执行过程中,要及时进行反馈和修正,保证决策在正确的方向上前进。决策不应该仅仅是投资或不投资的判断,决策需要制定多个备选方案,并在多个方案之间比较选择最佳方案。

企业可以把股权投资看作一个项目,进行项目化管理。项目化管理的基本方法就是确定目标,进行工作任务分解和责任分配。接下来,制订时间、成本和质量计划。然后,进行资源配置和团队激励,及时进行信息反馈,保证向目标方向前进。最后,进行验收总结和后评价,完成整个投资项目的过程。

1.3 ｜ 股权投资的价值创造过程

　　自由的交易可以促进资源优化配置,提升资源的配置效率。股权投资是一种自由的股权交易,使投资双方的境况都得到改变。股权投资以"价值创造"为核心,全部工作围绕价值创造而开展。从投资决策,到交易定价,再到运营整合,所有工作都以能否创造价值为最终检验标准。投资决策决定了方向是否正确,交易定价决定了付出成本是否合理,而运营整合决定了资源的有效配置状况。三个环节相互衔接,通过合理的投资支出,促进资源优化配置,发挥各类资源的效用,实现企业价值最大化。目标企业是创造价值的主体。股权投资后,投资方为目标企业提供强有力的管理支持和资源支持,这是创造价值的关键。

一、股权类投资是价值创造的过程,始于决策,决胜于运营

　　股权投资的过程是实现资源整合和要素匹配的过程,是价值创造的过程。价值创造经历了投资决策、交易定价和运营整合三个阶段。股权投资的决策、交易和整合见图1-6:

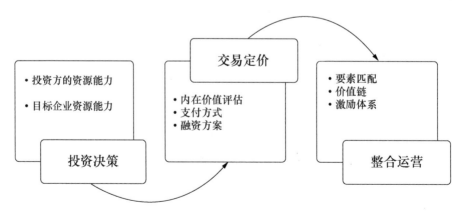

图1-6　股权投资的决策、交易和整合

（一）决策为创造价值提供基础并确立方向
决策阶段决定了目标企业的未来发展特性。在这个阶段,投资者要选择是控股还是参股,是战略性投资还是财务性投资。控股可以获取对目标企业的控制权,可以实现战略性资源调配。参股没有更多的话语权,但可以通过股权纽带实现一定的战略合作效果。如果是控股性的战略性投资,决策阶段要开始考虑投资后所要采取的整合方案,而且必须在决策阶段作好人员准备,为价值创造奠定基础。

价值创造起源于对目标企业的寻找和筛选。这个过程是一个长期持续的过程,需要大量的资料积累和信息支撑。潜在的投资对象能否创造价值,决定于以下几个因素:一是目标企业的市场地位、经营能力和持续发展能力。对目标企业的识辨是股权投资成功的关键,需要经过一定时间的跟踪考查和判断,才能初步选择合适的股权投资对象。二是股权投资方与目标企业是否产生协同效应。投资双方产生协同效应是创造价值的基础。双方能否实现资源的优化配置,这是一个高水准的决策判断,是决策者知识、经验和能力的综合体现。同时,要进行行业趋势的分析和宏观经济的判断,该因素是投资项目取得预期效果的外部环境。任何股权投资行为都应该顺势而为,根据行业发展趋势和宏观经济大势,选择合适的时机,相机行事,取得预期效果。

(二) 交易为创造价值提供通道

确定投资之后,进入股权交易和定价阶段。该阶段决定的支付方式、融资方式、价值评估和溢价高低等,对目标企业创造价值的能力会产生一定的影响。对于股权投资来说,交易的重要环节是确定交易价格,而价格的基础是内在价值。在对内在价值评估的基础上,买卖双方根据供需状况,通过博弈谈判,确定合理的交易价格。交易价格可能等于评估价值,也可能不等于评估价值。多数情况下投资方支付一定的溢价,主要原因是未来协同效应的预期,以及控股权的转移,购买方要给原股东一定的额外补偿。支付较高溢价之后,能否获得预期的协同效应,是衡量股权投资成败的基础。如果实现了协同效应,就创造了新的价值,否则,就没有创造新的价值。

支付方式和融资方式在一定程度上也会影响目标企业未来创造价值的能力。现金支付有可能给企业带来资金的支持,增强了企业创造价值的能力。比如,目标企业通过定向增发的方式进行股权融资。股权投资方全部用现金支付,购买定向增发的股份,这时,目标企业可以获得现金,直接用于生产经营,显然,对目标企业来说,现金支付比换股更加有利。如果是"股权转让"的方式,现金支付对目标企业没有太大影响。原股东股权转让后,资金不属于目标企业,而属于原股东所有。杠杆融资方式给目标企业带来负担,可能降低目标企业未来创造价值的能力。比如,采取杠杆融资的方式,以目标企业为抵押向银行借款,或发行债券进行杠杆收购,目标企业需要承担定期还债的责任,在一定程度上影响了目标企业创造价值的能力。

(三)整合为价值创造搭建平台和建立机制

交易完成后,股权投资并没有结束。战略性股权投资和 PE 投资,必须经过专门的整合运营阶段。对于战略性投资和 PE 来说,整合是非常关键的、不可或缺的重要阶段。股权交易完成之后,无论是控股还是参股,投资方都有动力和意愿帮助目标企业实现价值提升,以此获得较高的投资回报。如果股权投资方对目标企业处于控股地位,投资方就可以通过产业链的整合和完善,实现规模经济和范围经济。目标企业被纳入投资方的产业链或价值链之后,目标企业的价值和地位往往可能快速提升。资源整合过程就是构建或优化运营体系的过程。目标企业得到股东的资金支持或管理支持,重新搭建平台,建立各项机制。通过战略梳理、经营优化、人才引进、业务拓展和管理改进,实现目标企业的全面提升。即使对目标企业只是参股,如果股权投资方可以提供有价值的管理模式或理念,也可以促使目标企业进行资源整合,提高企业运营效率。

二、价值创造的三个关键成功要素

股权投资是寻找机会,发掘资源,实现要素匹配的价值创造过程。股权投资能否实现预期效果,能否创造预期价值,需要把握以下三个关键的成功要素:机会的有效把握、资源的深度发掘和要素的精准匹配。

(一)机会的有效把握

捕捉投资机会,把握投资时机,是股权投资取得成功的第一要素。机会往往稍纵即逝,需要投资者捕捉和把握。对投资主体来说,合适的投资对象是股权投资获得成功的关键。投资方开创多种途径,寻找可能产生协同效应的合适投资对象。对股权投资方来说,要发现潜在的机会,判断可能产生的投资价值。要对纳入视野的目标企业进行全方位分析,并进行分类,寻找每个潜在目标企业进行股权投资的关键支撑点,论证股权投资的基本依据。有些目标企业利润稳定,股权投资后可以获得稳定的利润分红。有些目标企业技术处于行业绝对领先地位,股权投资后可以掌握最先进的技术,提升在本行业的竞争地位。有些目标企业管理团队卓越,股权投资之后可以获得该管理团队,从而实现人力资源战略。还有些目标企业控制着独特的市场渠道,股权投资之后可以运用该渠道,实现进入该市场的战略目标。

基于每个潜在目标企业股权投资的关键支撑点,投资方要非常清醒地判断双方能否产生协同效应。进一步判断在哪个领域可能创造新的价值,在哪个领域可能给企业带来新的增长点。如果目标企业符合投资方战略发展方向,双方股权纽带建立后,可以相互支持,产生协同效应,这就是更加接近成功的机会。当然,股权投资能否实现预期的效果,还存在一定的不确定性。股权投资方要善于发现可能存在的实施障碍,会对预期目标产生哪些影响,能否清除障碍,可能付出的代价有多大,要作出一个准确的判断。如果有能力清除障碍,代价不是很大,这可能就抓住了机会。

寻找机会,应该由投资方的高管团队来担此重任。投资方的高管团队要与目标企业的高管团队进行密切沟通,充分交流。从理念和价值观,到业务合作前景,再到管理升级,进行全方位交流。如果双方有良好的碰撞和交流,有高山流水遇知音的感觉,有相见恨晚的唏嘘,有对未来共同的"愿景和期待",投资的时机就来了。如果行业背景和宏观经济形势对投资有利,投资者准确把握了投资时机,那就抓住了投资机会。

投资方高管团队特别是 CEO 作出初步投资判断之后,还要派出专业团队进行深入的调查,这是必不可少的环节。专业团队的优势在于专业性和经验性。专业团队应对目标企业进行尽职调查,尽可能多地占有目标企业的信息,从而作出专业判断。专业调查团队虽然可以自己组建,但最好是外请合适的专业团队。专业团队提供的尽职调查报告是对投资方高管团队初步判断的检验。可能出现两个结果:一个结果是专业团队的调查结论进一步支撑投资方高管团队的判断,找到了详细的、具体的证据来证明。另一个结果是专业团队的调查结论与投资方高管团队的判断正好相反,给出不支持投资的结论。虽然专业团队的调研结论大部分都是依投资可行性研究而展开,但是提出相反意见的报告依然具有重要价值,应该引起投资方的高度关注,要对股权投资作出重新审视的决定。

对于专业部门给出的投资建议,投资方的高管团队应该认真对待。投资方的决策者既要有自己的判断,又要充分考虑专业部门的意见。谨慎分析高管团队的判断和专业部门判断的区别,选择最可能成功的方案。股权投资方的高管团队是最终的责任承担者,要对最终的结果负责,所以,要对投资对象进行深入评估、判断,进行审慎决策。要进行机会分析和投资价值判断,要分析目标企业的成长能力、盈利能力和运营能力。在充分论证之后,只要合适,就大胆决策,把握时机。好的投资项目往往是众多投资者追逐的对象,果断抓住了合适的投资对象就是把握了机会。如果投资方举棋不定,竞争对手可能捷足先登。如果投资时机已去,前面的评估成本变成沉没成本。当然,最大的损失是可能错过快速发展的机遇。

(二) 资源的深度发掘

股权投资之后,应对目标企业的资源进行全面发掘,深度整合,发挥企业资源的潜力。企业的资源是稀缺的,股权投资的重要目的就是对资源进行优化配置,把稀缺的资源配置到能发挥其最大效用的环节中去,从而实现企业价值最大化。企业资源包括目标企业的资源和股权投资方的资源两个方面。目标企业的资源可能主要指现阶段拥有的客户资源、渠道资源、人力资源、技术资源、厂房设备资源和无形资产等。股权投资方的资源可能主要指高效的管理团队、先进的管理方法、丰富的管理经验和上下游的产业链等。股权投资的过程是资源匹配的过程,充分发挥投资双方的资源优势,实现强强联合或强弱互补,通过产生协同效应创造更大价值,实现投资双方的共赢。企业的资源是一座宝藏。如果发掘得当,能给企业带来巨大的财富。如果发掘不力,可能只好守着巨大的宝藏,无法发挥资源的效用和价值。

资源的深度发掘首先体现在人力资源的发掘。对企业来说,人才是最大的资源,是创造价值的源动力。现在的人才都是知识工作者,知识工作者的重要特点是拥有知识,用知识创造价值。他们独立、自尊,渴望受到尊重和重视。如果企业建立了良好的机制,让知识工作者拥有创新的动力和创造价值的激励,使得他们的潜能得到发挥,就会创造巨大的财富。所以,股权投资过程中,充分发挥投资双方的人才资源,让他们充分发挥主观能动性,这时,企业的资源得到充分发掘。

资源的深度发掘还体现在人力资源、物质资源和财务资源的合理搭配。股权投资方通过参股或控股,获取目标企业的相应股权比例。如果控股就获得了企业经营控制权,通过整合和重组,通过人力资源的配置、经营管理模式的转移和企业文化的导入,盘活目标企业的资源,使资源得到有效配置,提升资源配置效率。合适的人被放在合适的岗位上,合适的物质资源被配置到合适的环节中去,合适的财务资源被配置到合适的地方,整个资源的潜力就会最大程度地被发掘。

资源的发掘还体现在精益化管理方面。资源能否有效运用,决定着股权投资的目标能否实现,资源的整合效率决定着股权投资的效率。通过对目标企业的精益化管理,降低成本,从而提高利润空间。通过精益化管理,加快资产周转率,从而提高获得利润的速度,最终实现提高资源运营效率的效果。

（三）要素的精准匹配

企业资源发掘能力与机会把握能力决定着股权投资的成功与否,而企业各种要素之间能否匹配,决定了股权投资之后的运营效率及价值创造能力。企业的基本要素包括人员、设备、市场、研发、技术、资金等,各要素之间能否实现有效匹配,是股权投资能否成功的关键。

首先是实现人员、能力与市场的匹配。"企业的目的就是创造客户,满足市场需求",市场是企业生存的根本。企业的人员素质和企业能力能否满足市场的需求,能否给市场提供优质的产品或服务,决定了企业的生存状况。企业的能力归根结底还是来自于企业的全体员工。人员的素质水平高低,人员是否得到有效激励,人员的工作是否具有成效,人员的潜能是否得到发掘,都决定着企业的能力水平。有了高素质的人才和高水平的能力,还要注意匹配,即人员、能力和市场的匹配。三者之间的有效匹配主要表现在:能提供有效的产品或服务,市场的需求得到了恰当的服务,客户满意度较高,客户可以获取更多价值。

其次是实现研发、技术与市场的匹配。股权投资之后,要进行研发技术方面的整合,使企业处于领先地位。全球化竞争的背景下,企业的研发能力和技术水平决定着企业的竞争地位。如果具有强大的研发能力和技术水平,可以引领行业发展,在行业内建立标准。"一流的企业创建标准,二流的企业生产产品"就说明了研发和技术的重要性。如果实现研发技术和市场的有效匹配,企业的研发技术与市场合理对接,企业既能设计开发出满足市场需求的产品或服务,又能挖掘和创造客户的需求,并提供合适的产品和服务,这就实现了要素的匹配,企业处于有利的竞争地位。

在企业里,研发、技术和市场不匹配的现象普遍存在,造成企业的研发和技术效率较低。研发、技术与市场的不匹配体现在以下几个方面:一是研发技术成果与市场的需求不匹配。有些企业投入研发的力量不小,但是研发出来的产品或服务不符合市场的需求,或者短期内无法转化为现实生产力,研发出来的产品或服务被搁置,造成人才资源和时间资源的浪费。二是研发技术的时间和时机不匹配。研发推出的产品或服务在现阶段不符合市场的需求,可能未来是市场的发展方向。时间和时机的不匹配,同样造成资源的浪费。三是研发和技术人才队伍与其服务的市场规模不匹配。企业有庞大的研发人员和技术人才,如果企业占据的市场有限,两者的比例不协调,也会造成事实上的不匹配。企业花费巨大的代价在研发和技术领域,但是企业的市场太小,承担了企业无法承受的研发之重。

最后是投资方注入的要素与目标企业的要素之间的匹配。对目标企业进行整合时,投资方的资源和能力可能会转移到目标企业中来。这时候,投资方注入的要素与目标企业的要素是否有效匹配,在一定程度上决定了股权投资的效果。投资方和目标企业毕竟是两个企业,企业文化存在差别,人员、管理方法、销售渠道、营销方式等方面也带有鲜明的企业特色。对目标企业进行整合时,存在文化差异的要素之间可能会产生一些冲突。如何协调好这些冲突,实现要素之间的匹配,变得非常重要。在实际操作过程中,根据投资方的股份情况而定,可以投资方的要素为主导,也可以目标企业的要素为主导,也可以相互融合形成一种平衡。

1.4 │ 绿色投资：理念、行为与机制

绿色投资(green investment)越来越广泛地为学界和企业界接受,越来越多的学者开始对绿色投资的理论和实践进行深入研究。绿色投资是友好型投资方式,企业界认识到绿色投资可以在公众、客户、供应商及其他消费者群体中建立良好形象,开始进行绿色投资的实践运作。作为股权投资主体,坚持绿色投资的理念,反映了企业的基因,也在一定程度上决定被社会认可的程度。企业积极开展绿色投资行为,为提升企业竞争力奠定了基础。作为公共管理部门的政府,提出追求绿色投资和绿色增长的愿望,希望社会可以获得可持续性发展的机会和机制。如何树立绿色投资的理念、落实绿色投资的行为以及保证绿色行为的开展,是这里要解决的主要问题。

一、正确地理解绿色投资及其正的外部效应

(一) 绿色投资的内涵界定

绿色投资的概念从产生到发展,经历了一个逐步完善的过程。绿色投资最初是环境保护组织提出的伦理投资概念,倡导企业反对可能对人类社会产生危害的投资行为,把有环境污染、赌博等不良记录的项目排除在投资范围之外。借鉴该基本概念,各个专业领域的学者进行了概念界定和完善。有学者把绿色投资界定为治理环境污染,保护生态系统的各项投资,该定义内涵太小,只集中在治理污染、保护生态领域的投资,显然不能代表绿色投资的内涵,也不是经济

学意义上的绿色投资的概念。西方学者认为绿色投资就是履行社会责任的投资,它是一种基于环境准则、社会准则、财务回报准则的投资模式,又被称作"社会责任投资"(SRI:socially responsible investment)。企业在追求经济效益的同时,承担社会责任,从而为投资者和社会带来持续发展的价值(J. Elkington,1998)。该定义认为企业投资应该履行社会责任,内涵比较宽泛合理,接近绿色投资的实际含义。绿色投资与绿色增长(green growth)相关联,绿色增长是指不以高能耗、高污染和高物耗为代价,而是实现经济的可持续性增长。与绿色增长相对应的是绿色投资、绿色生产、绿色消费、绿色采购和绿色研发等行为。其中,绿色投资是促进绿色增长的重要步骤和环节。把绿色投资与绿色增长结合起来,比较符合绿色投资的实际内涵。基于以上概念,这里认为,绿色投资不是仅仅只对环保产业的投资,而是节约型的、环保型的、履行社会责任的投资。绿色投资与绿色增长相互对应,凡是遵循环境准则、社会准则和财务回报准则,促进社会和经济可持续性发展的投资都属于绿色投资。

绿色投资首先是一种理念。绿色投资体现一种责任,体现对社会的担当、对人类生存发展的承诺。通过节约能源,实现社会的可持续发展,为后代留下一定的生存资源;通过保护人类赖以生存的水、空气等环境资源及食物,保证人们的健康,满足人类生存的基本要求。如果全社会都树立绿色投资的理念,都拥有强烈的维护健康绿色环境的意愿,在社会上就会产生积极的绿色效应,并且体现在一系列的决策和行为中。绿色投资理念的树立需要一个过程,特别是发展中国家需要平衡快速发展和绿色增长的关系。但是,当人们赖以生存的空气、水受到严重污染,产品粗制滥造,食品严重不安全的时候,绿色投资和绿色增长的理念必定受到关注。倡导并落实绿色投资和绿色增长理念,必然会受到社会的积极响应和认可。

绿色投资是一种决策。理念影响着决策,在企业的投资过程中,每一个决策都体现了某种理念。如果社会广泛树立了绿色增长的理念,就会在投资过程中体现绿色理念。首先,在行业选择方面,投资者会选择能耗小、污染小、高技术的行业,尽可能避开能耗高、污染大的行业。其次,在投资建厂过程中,注重选择废水、废气、废渣的处理技术和设备,通过采用高技术设备,甚至增加净化设备的投入,保证本企业不对周围环境造成污染。最后,在生产过程中,保证产品质量和安全,把最可靠的产品提供给社会。全社会提供的产品都可以彼此信赖,这是一种境界。全社会提供的产品彼此都不可信赖,这是一种悲哀。有了绿色投资的理念,企业提供的每一件产品或每一项服务,都体现了节约能源、安全、环保等特点。有了绿色的理念,企业的每一个战略发展规划,每一个投资项目都体现绿色的思想,都是在绿色的约束条件下作出的最终决策。

绿色投资是一种行为。有了理念,才有可能落实到具体的行为中来。只有落实到行为中来,才能体现理念的价值。但是,理念不一定都能落实到行为中来。有些人虽然有了某种理念,但在具体工作中,可能会出现理念和行为的背离。两者背离的诱因有多种。首先可能是考虑成本因素。绿色行为要采用更多的技术设备,造成实际成本增加。为了节约成本,在法律允许范围内,可能背离绿色理念,采取折中方案,也可能是考虑到便利因素。因为绿色行为可能需要增加更多的环节,使问题复杂化。投资者的绿色行为包括投资对象的选择、新建工厂的设计、技术和设备的选择、产品的质量和性能、净化系统的技术设备等。每个具体的绿色行为累加,才能体现绿色的理念。投资者要有意识地强化绿色理念,并且有意识地转化为绿色行为。在具体的投资执行过程中,尽可能做到每一个行为都要体现绿色理念。行为体现了某种理念,而理念和行为需要机制来保证。绿色投资的理念和绿色行为需要机制的保证。机制保证体现在两个方面:一个是保证行为符合绿色理念,实现理念和行为的统一。二是如果出现不符合绿色理念的行为,怎么终止该行为。行为与理念偏离,恰是机制的缺失。建立相应机制,是实现绿色投资的保证。

（二）绿色投资正的外部效应

企业可以是通过股权进行投资,也可以通过具体建设项目来投资。两种投资方式都可以成为绿色投资理念的载体。广义的股权投资是一种直接投资,股权投资可以是对国内的企业进行投资,也可以是对国际企业进行投资。如果是对国内企业进行投资,坚持绿色投资理念,并且落实到绿色行为中,该企业就会给本国公众留下深刻的绿色形象,对于提升公众对该企业的美誉度有重要意义。如果是对国际企业进行投资,坚持绿色投资理念,并且落实到绿色行为中,既能满足东道国的绿色标准,又能树立友好投资型的国际企业形象,会受到东道国的欢迎和支持。直接投资具体的建设项目,如新建工厂、新建商务楼、开设新的生产线等,绿色投资的理念同样重要,可以体现在每一个环节中。

绿色投资正的外部效应,首先表现为投资所产生的产品或服务给外部带来的正面市场效应。绿色投资为社会提供安全、低耗、高品质、高技术含量的产品和服务,产生更多的是安全、健康、环保、优质等正能量因素,赢得消费者的好感和青睐。绿色消费的理念正深入人心,越来越多的消费者关注厂家的绿色理念和绿色行为,消费者越来越接受绿色投资者的产品,从而带来巨大的绿色效应。

企业履行绿色投资理念的时间越长,显现出来的绿色效应的价值越大,得到的认可度也越大,相反,缺乏绿色理念的企业产品或服务将被社会和消费者所抛弃,这是必然趋势。

绿色投资正的外部效应,其次表现在投资所产生的资本市场效应。绿色投资给企业的股票市场带来重要影响。如果企业公布进行的是绿色投资,投资于环境友好型、节约能源型、高技术含量型的产业,股票投资者看好该企业的股票,一定会扩大对该企业股票的投资。投资者对股票的投资,会进一步扩大企业的影响和认可度,形成良性循环,反过来进一步加强了对企业产品的关注和认可,实现资本市场和商品市场的双赢。

二、绿色投资理念的形成以及向绿色行为的转化

(一) 绿色投资理念的形成需要一定的诱因

绿色投资理念是在外部环境要求或消费者潜在期望的环境下逐步形成的。企业投资的主要目的是获利或发展。如果绿色理念能给企业带来直接的收益,企业管理者当然会树立绿色投资理念。如果企业实行绿色投资,需要付出一定的成本或代价,或者限制了企业的发展范围,而未来只是可能得到一定的间接回报,在这种情况下,企业要坚持实行绿色投资,需要一定的理由和依据,需要真正树立坚定的绿色投资理念。

企业投资为何要树立绿色理念? 哪些因素才能促进企业遵循绿色投资理念? 绿色理念的形成需要从"认识"开始。

绿色投资可以赢得下游客户和消费者的信赖,从而巩固企业生存发展的根本。投资者要认识到企业存在的价值是创造客户,满足客户的需求,从而获取利润。绿色投资承担了社会责任,是对消费者的最大承诺,是赢得消费者的最佳途径,可以给企业带来潜在价值和长远价值。越来越多的客户和消费者建立绿色理念,对于提供产品和服务的厂商提出更高的要求。客户和消费者相信,具有社会责任感的企业能提供质量信得过的产品和服务,从而成为该企业的忠实客户或消费者。企业实施绿色战略,遵循绿色投资理念,就会赢得客户和消费者好感,进而产生一种信赖感。如果企业希望赢得更多客户的认可和信赖,必须树立负责任、敢担当、可信任的形象,让消费者感受到实实在在的价值。彼得·德鲁克指出,企业认为自己能给顾客提供的价值,并不是最重要的,而顾客心目中感知到的"认知价值"才是最关键的,这决定了一个企业是什么样的企业,决定企业是否会成功。绿色投资可以让更多消费者感受"认知价值",提升

消费者对企业认知价值的评价。

绿色投资可以获得供应商的青睐,从而建立安全的上下游供应链。供应商为本企业提供原材料,双方是紧密的合作关系。企业坚持绿色投资理念,对于投资的对象,坚持绿色采购的原则,采购安全、环保、健康、高质量、高品质的原材料,摒弃品质劣质、产生污染、不健康、技术含量低的产品,这样会更加赢得供应商的信任,巩固双方的合作基础,从而维护企业原材料的供应安全。

绿色投资可以响应竞争对手的绿色行动,保持企业的竞争力。企业间的竞争非常激烈,面对共同的市场和消费者,面对相对稳定的市场总量,往往是有你无我的激烈竞争。每个企业要维护自身形象,必须不断采取新的策略,构建新的竞争优势。如果企业坚持绿色投资理念,坚持绿色行为方式,给客户、消费者和社会带来健康、安全和使用价值,即使增加成本也在所不惜,就会赢得消费者的尊敬和信赖,从而获得更多的客户。所以,企业必须采取绿色理念,保持竞争力水平和市场份额。竞争对手之间也相互学习,遵循绿色投资理念的企业,都会赢得竞争对手的尊敬。特别是在环境受到污染的发展阶段,干净的水、清新的空气和健康的食品变得如此稀缺,更加体现了企业的担当、使命和价值观。

绿色投资可以接受跨国公司绿色行为的传导效应,保持国际竞争力水平。跨国公司为了提升竞争力,纷纷采取绿色经营战略。全球经济一体化加剧,跨国公司的行为对东道国的影响力逐步提升。跨国公司的绿色理念影响着东道国的投资理念。处于转型发展阶段的发展中国家,受到跨国公司行为的影响更加明显。随着跨国公司绿色行为的普遍展开,东道国的企业必须要快速反应和响应,接纳跨国公司绿色行为的传导效应,并与跨国公司进行全面对接。否则,企业面临被跨国公司挤出市场的风险。跨国公司对东道国企业的绿色行为,以及东道国对跨国公司绿色行为的响应机制和行动,对于跨国公司和东道国企业都具有重要的现实意义。

绿色投资可以满足本国或东道国政府的要求,容易获得监管部门的支持。本国政府或东道国政府对于企业的社会责任提出越来越多的要求,企业必须考虑绿色经营,否则就无法继续生存。

(二)绿色投资理念转化为绿色行为

投资者树立了绿色投资的理念,更重要的是对绿色投资理念的落实,通过一系列的绿色行为体现绿色投资理念。绿色投资行为体现了企业实施绿色投资理念的行动力。

1. 绿色投资理念转化为绿色行为体现在投资决策环节

在作投资决策的时候,应根据绿色投资的理念,选择能源消耗小、排污少的环境友好型产业进行投资。通过提升技术水平和加大研发力度,减少能耗和污染,生产出符合消费者安全的产品,体现企业的社会责任。同时,绿色行为会获得消费者的信任和认可,从而带来较大的经济效益。对于投资对象,要进行品质判断和分析,有选择地界定投资对象。如果目标企业属于低消耗、低污染、高技术和高品质行列,可以考虑列为重点投资对象。如果不符合该条件,就列入不投入或者少投入的行列。投资决策阶段决定了该投资项目的固有性质。在决策环节,如果对目标企业的选择融入绿色理念,这个决策过程就是绿色行为的具体体现。如果目标企业满足绿色投资理念的基本要求并符合绿色的原则,则继续投资。如果不符合绿色的原则,可能终止该项股权投资。

2. 绿色投资理念转化为绿色行为还体现在投资后的生产运营环节

绿色行为不仅包括绿色投资,还包括绿色设计、绿色采购、绿色生产、绿色营销。通过建立绿色形象,打造绿色竞争力,满足消费者的绿色消费等。绿色设计主要指从产品设计开发环节就融入绿色理念,体现可持续发展的思想。增加技术含量,使用健康安全的材料,节约能源,考虑产品环保安全和产品废弃后的回收利用等。绿色采购主要指采购环保健康的原材料,通过供应商的选择和管理,选择合格的供应商。采购方要求供应商生产原材料要注重环境保护以及生产车间的环境和安全,保证生产工人的健康。绿色生产主要指投资的企业要进行选择性生产,只生产健康、安全和环保的产品。在产品品种确定的条件下,如果有废水、废气产生,一定要进行规范化处理,保证无污染排放。而绿色营销主要指通过绿色理念的传播和沟通,满足消费者的绿色需求,提供给消费者健康、安全和环保的产品和服务。

3. 全球价值链促进企业实施绿色战略和绿色行为

跨国直接投资快速发展,全球价值链(global value chain)逐步形成。全球价值链的主要特点是从事设计、研发、生产、营销、销售、售后服务及回收的企业分布于全球各地,形成相互支撑的、共同创造价值的完整链条。全球价值链是市场对企业资源在全球配置的结果。反过来,全球价值链进一步促进资源在全球的配置,进一步调整和优化资源的全球配置。在全球价值链中,每个国家处于价值链的某一个链条。在全球价值链的背景下,跨国公司群体数量多、规模大,消耗的资源多,排放量大,需要承担全球性环境问题的社会责任。如何保证全球的环境,如何合理使用各种资源,如何保证可持续发展,跨国公司扮演重要角色。各个跨国公司为了提升其在全球的竞争力,开始选择绿色战略,从投资到经营,采取了一系列绿色行为。率先实施绿色行为的跨国公司,赢得了消费者的信任和东道国的支持,从而提升了竞争优势。

每个国家对于绿色投资的要求不一样,但一般都不欢迎能耗高、污染重、效益低的产业。所以,在构建全球价值链的过程中,一定要充分考虑公共部门的绿色要求。如果投资的企业形象不佳,对当地环境生活造成不良影响,就会受到当地消费者的抵制和反对。从长期来看,市场是有选择性的,缺乏绿色理念的企业不受欢迎,市场会摒弃该类企业生产的产品或提供的服务。另外,东道国公共部门出于履行职责或迫于舆论压力,也会对缺乏绿色理念的企业进行干涉,甚至处罚,从而使直接投资项目受到重创。

三、绿色投资行为的促进体系与机制

绿色投资理念需要落实在具体的绿色投资行为上,而绿色投资行为需要有效的促进体系和机制来支持与保证。构建绿色投资行为的促进体系和机制,对于落实绿色投资理念,引导绿色投资行为,具有重要的战略性价值。绿色投资行为是多方面共同促进和作用的结果。

首先,社会公众和消费者对实施绿色行为的企业的广泛期待和信赖,促使企业加快实施绿色投资行为。

社会公众和消费者对商品和服务有选择权。如果社会公众都期待并选择低污染、低消耗、安全、健康的产品和服务,就会促进企业实施绿色行为。在实际消费时,消费者真正实施选择权。如果大部分消费者偏好并且只选择实施绿色经营行为的企业的产品或服务,就会快速促进所有企业实行绿色经营行为。消费者对产品和服务的提供者提出环境、安全和人性化等绿色要求,而排斥非绿色行为的企业的产品或服务,就会给企业带来一种动力或激励。企业认识到必须采取绿色行为,提供给消费者低污染、低消耗、安全、健康的产品和服务。企业存在的主要价值在于创造客户,满足客户的各种需求。企业能否获得消费者的关注和青睐,能否提升消费者的忠诚度,主要靠企业的品质和形象。企业的品质和形象是企业在社会公众和消费者心目中长期形成的,是企业长期提供产品服务、履行社会责任而给社会公众留下的整体印象。

企业实施绿色投资经营行为,可能是主动的战略性选择,也可能是被动的强制性接受。企业实施绿色投资经营行为,是为了在公众心目中建立友好型企业形象。通过绿色投资行为赢得消费者的青睐和信赖,获得社会的认同,从而

提升竞争力。企业的绿色经营战略是企业实施绿色经营行为的基础。企业的战略决定了企业的发展方向,界定了企业发展的方式。如果企业坚持绿色经营战略,就会落实在投资项目和日常经营等具体的行为方面。绿色战略来自于绿色理念的建立,而绿色理念最终来自于企业的社会责任和消费者的共同期待,这样就形成了一个循环。

企业的绿色理念来自于消费者对绿色产品和服务的期待。消费者如何产生绿色理念,这就变得非常重要。对社会公众进行绿色理念的广泛宣传固然重要,但更直观的影响还是社会发展进步带来的消费者消费层级的提升,以及触动消费者的现实环境。理性的消费者发现,有些企业提供的产品或服务,技术含量高,环保安全,符合人性化;同时,该企业低能耗、低污染,就会对其产生一种信任感,从而成为该企业的忠实客户。反过来,如果企业对环境污染很大,或者提供的产品不安全,不够人性化,对该企业的印象就会比较差。如果消费者认识到自己的生存环境正在恶化,没有干净的水、空气,资源在耗竭,就会抵制该类企业,最终摒弃该企业的产品和服务。经过长期演进,生存下来的企业往往是消费者认可的企业,消费者不认可的企业逐渐消失。

其次,跨国公司之间的"竞争效应"和跨国公司的"示范效应",促进企业实施绿色投资行为。

跨国公司之间的"竞争效应"促进跨国公司采取绿色行为。竞争对手之间相互竞争,任意一方率先实施绿色投资行为,赢得消费者或东道国的信任,就会获得一定的竞争优势,从而取得先行者得益的先机。其他跨国公司看到竞争对手采取了绿色投资行为,为了保持竞争地位,也会积极采取绿色投资行为,从而跨国公司之间竞相采取绿色投资行为,竞争效应产生。竞争对手之间博弈竞争可能促进企业实施绿色投资战略。在分散化投资决策的投资中,竞争对手的策略选择对每个企业来说都很重要。如果竞争对手实施绿色投资和绿色行为,带给公众的是一种积极、健康的绿色理念,就会赢得优势。如果本企业没有实施绿色投资和绿色行为,这一个环节就会输给竞争对手。所以,双方或者多方在博弈的过程中,都会充分考虑竞争对手的策略,从而选择合适的对策。

跨国公司的绿色行为有"示范效应"。绿色理念符合社会发展趋势,为社会大众所期待和欢迎。越来越多的跨国公司开始实施绿色战略,并落实在一系列绿色行为上。东道国的企业竞相向跨国公司学习,开始采取绿色投资行为。跨国公司可以要求东道国与其合作的企业采取绿色行为。东道国的企业要与跨国公司合作,必须满足跨国公司的要求,从而促使东道国的相关企业采取绿色投资行为。比如,东道国的供应商必须符合绿色要求,才能纳入供应商的考虑范畴。

最后,公共管理部门的法律、制度监管和惩戒措施,作为企业实施绿色投资行为的最终保证。

政府是平台的搭建者和方向的引导者,对促进企业进行绿色投资至关重要。政府引导建立绿色投资的激励机制和约束机制,对促进企业的绿色经营行为起到最终的保障作用。公共管理部门制定绿色投资经营的激励政策,同时制定非绿色的惩戒政策。东道国政府对直接投资的正面效应非常关注,同时对负面效应也会加强监管。比如,是否对空气、水造成污染,是否是高耗能项目。如果不能满足本国绿色的要求,就可以要求投资方采用高技术水平的设备,或者只允许合适的投资者来投资。政府构建鼓励绿色投资的政策环境会促进企业实施绿色投资战略。东道国政府惩罚机制的选择,决定了这些投资主体是否进行绿色投资,实施资源的配置。

思考与讨论

1. 如何理解股权交易使投资双方的境况都得到改善?

2. 股权投资的关键成功要素是什么? 分析彼此的逻辑关系。

3. 如何理解股权投资的过程是一个价值创造的过程?

推荐阅读 1-1

万向集团：跨国绿色投资

万向集团是国际化非常成功的企业。2015 年 7 月 2 日，作者带队到位于芝加哥的万向美国公司总部，访问了万向美国公司 CEO 倪频博士，探讨了万向跨国投资的成功经验。双方直接进入投资并购的论题讨论，就投资决策、投资价值评估和投后管理模式三个问题展开交流。倪频博士思路清晰，深入浅出，高屋建瓴，展示了自己的观点和体会，对选择评估、交易和整合三个环节的关键点进行详细剖析。双方还进一步针对一些具体问题进行深入交流和探讨。作为汽车零部件的重要供应商，万向集团在竞争激烈的美国汽车零件市场站住了脚，并逐渐通过在美国的收购完善自己的产业链，成为中国海外投资的成功典型。万向集团如何推动跨国投资，如何进行投资后的经营管理，这些都值得研究和借鉴。在考察万向美国公司之前，笔者带领的研究团队先考察了美国的汽车行业。2015 年 6 月 15 日，团队从伊利诺伊州的州府 Springfield 出发，驱车八个小时，到达位于密歇根州的汽车城底特律。在密西根大学王胜权博士的带领下，参观考察了美国福特和通用两大汽车公司总部基地，对美国汽车业有了直观的感受。

一、万向美国投资的基本情况

万向集团总部在中国杭州，属于民营企业。万向进入美国 20 年，在美国成功投资了 20 多个项目，大都获得了非常好的收益。万向集团围绕核心业务，瞄准新能源汽车产业，逐步拓展和完善产业链，打造新能源汽车产业链。万向在美国投资比较成功，其中，收购菲斯克（Fisker）和 A123 系统公司是重要的两个投资项目。倪频博士认为，万向在美国投资最为精彩的项目应该是成功收购 A123 系统公司。A123 系统公司是美国的一家开发和生产锂电池和能量存储系统的美国高科技公司。该公司锂电池的特点是寿命长和安全性高。A123 的总部设在美国马萨诸塞州的沃尔瑟姆。A123 不仅制造动力电池，为风力发电提供储能技术，更重要的是从基础材料做起，有自己的研发支持系统。A123 与世界上最重要的汽车公司如宝马、福特、奔驰、通用以及菲斯克等都有较为密切的合作关系。万向认为，如果能收购 A123，万向就获得把动力电池产业做大的重要条件，所以一直在跟踪 A123，直至成功收购。万向通过这两项投资，拥有了电动汽车的核心技术，为进一步完善电动汽车产业链奠定了基础。虽然实现电动车产业链的目标还有很长的路要走,还有很多技术问题需要解决,但是大方向基本是明确的,至少实现了进入新能源汽车战略的第一步。

二、万向美国公司成功投资的重要观点

投资最关注的是回报。对于股权投资来说,能否取得预期的投资回报,关键取决于两点:一是投资前的决策;二是投资后对管理层的激励。投资前的决策主要体现在正确判断投资的价值点,准确把握进入的时机,保证是在正确的道路上,做一件正确的事。而投资后的激励主要体现在设立规则,理顺目标企业管理层的利益关系,激发管理层产生足够的源动力,保证目标企业具备创造价值的能力。万向美国公司 CEO 倪频博士认为激励环节做好了,其他都是技术层面问题。失败的投资各有各的教训,但成功的投资却有着共同的经验。

第一,准确定位每个投资的价值点,把握投资切入的时机。

企业的股权投资要进行战略性考虑,哪些领域是可以进入的,哪些领域是不能进入的。对于准备进入的领域,要对目标企业进行跟踪、培育和引导,选择合适的切入时机。如果时机选择得好,付出的收购成本非常低。投资后,进一步完善巩固目标企业的自我成长功能,经过一段时间的培育发展,目标企业的价值快速体现,投资方获取的回报往往非常之高。万向在美国的投资获得非常好的回报,与时机的把握有很大关系。收购 A123 和菲斯克及投资房地产,选择的时机都比较好,在低点切入后,对目标企业进行培育和引导,目标企业的价值大增,因此,获得很好的投资回报。

投资价值取决于投资者的战略意图及对目标企业的需要程度。任何投资方都要对目标企业的投资价值进行评估判断。对投资方来说,评估投资价值主要看可实现的战略意图及对目标企业的需要程度。同一个企业,对不同的投资主体来说,投资价值肯定是不一样的。投资价值首先取决于投资方想干什么。

比如,在市场上出售五个鸡蛋,有些人买回去炒着吃,有些人买回去孵化小鸡。对于两大投资群体来说,五个鸡蛋的投资价值存在区别。买去炒蛋的投资主体,获得了一个营养丰富的炒蛋菜肴,满足了一顿饭的需要。而买去孵化小鸡的投资主体,获得未来五只小鸡的生命出现,满足了再次创造价值的需要。购买鸡蛋的意图不一样,给投资方带来的价值肯定存在差别,未来交易时,购买者愿意支付的价格肯定也是不一样的。

投资价值还取决于投资者对目标企业的需要程度。如果目前阶段,投资方非常需要目标企业,投资后可能给投资方带来重大改变,这时的投资价值就大。如果目前阶段,投资方对目标企业的需要程度较低,甚至可有可无,投资价值就低。同样一碗饭,对一个非常饥饿的人和一个已经吃饱的人而言需要程度存在差别,这碗饭的价值也不一样。非常饥饿的人,目前,对这碗饭的需要程度非常大,这碗饭可以带来巨大价值,可以解决饥饿,甚至挽救生命。已经吃饱的人,目前,对这碗饭的需要程度大大下降,可有可无,吃了还可能带来肥胖的负面效果。非常饥饿的人非常需要这碗饭,他会出高价购买,通过这碗饭可以活下来。已经吃饱的人,他就不愿出高价购买。因此,投资价值与投资时机也有很大的关系。把握了投资时机,就可以用很低的成本进入目标企业,获得投资的第一步胜利。但是能否获得预期的投资回报,关键就在于第二个环节,即设置利益分配规则,引导管理层协同一致,创造新的价值。

第二,提升目标企业创造价值的能力,关键在于依托该企业的管理团队。

管理的关键不在于对团队的“管”,而在于“理”,理顺管理层的利益关系,让管理层主动工作。投资一个企业之后,如何促进目标企业的管理团队进行有效经营,属于投资整合的范畴。投资方对下属子公司不可能涉入太多,总部对下属子公司也很难进行直接管理,对具体的运营可能管不了,或者根本没有那个精力。投资方通过收购股权变成了股东,必须获得预期的投资回报,投资方的回报来源于目标企业的价值创造。目标企业能否创造价值,关键在于管理层的工作成效,而决定管理层工作成效的重要因素是利益分享的规则和机制。

投资后的子公司能够有效运营,很大程度上取决于该公司管理层的工作状态。对管理层采取“推”的方式不可行,采取“拉”的方式更加有效。可以把企业所有的管理团队比作一根绳子,如果采取“推”的方式,让管理团队往前走,我们会发现,绳子总是弯曲的,推的地方向前移动了,而没有推的地方往往是滞后的。也就是说,投资方或股东推着管理团队往前走时,被推的人加快了步伐,而没被推的人跟不上了,管理团队步调不一致,彼此不能协调。如果改用“拉”

的方式,牵住绳头往前拉,整个绳子就理顺了,方向一致,步调一致。投资方或股东设置有效的规则,通过利益分享机制,促进全体员工方向一致,步调一致,整个管理就理顺了。

第三,设计好利益规则,发挥目标企业管理团队的潜力。

通过理顺管理层的利益关系,让管理团队有动力去做事。"分田地"让农民有了革命的积极性,同样,新增加的经济附加值、由股东和管理团队共同分享的制度设置,可以激发所有管理团队员工的积极性。这里有一个前提,就是管理层必须能胜任。通过规则的设定,明确界定管理层的利益所在,激发出管理层的动力。管理层不但自发地全力以赴去工作,还会为自己的全力以赴兴奋不已,这就是管理的最高境界。

投资者与管理团队的利益捆绑,足以促进管理团队全力以赴。可以把股东与目标企业管理团队的关系描述为同坐一条船过河。股东是船的主人,而管理层是船长和船员。股东与管理团队被手铐紧紧铐在一起,而股东是钥匙的持有者。如果船要沉了,股东有先离船的权利,这样保护股东的基本利益。但是,要求船长和船员必须与船同在,因为船长是驾驶者,有责任、有义务与船同在。管理层需要相应的投入或抵押,决定了船长和船员不能弃船而去。如果顺利到岸,满足股东的预期投资回报之后,有超出部分,管理团队可以得到较高的收益,甚至可能得到超过股东所占比例的收益。这样,投资者就保证了基本的投资回报率,而最大限度的发挥了管理层的作用。在跨国投资经营过程中,来自多个国家的员工会遇到行为方式差异性的问题,有时也会产生不协调。最好的办法是最大程度地实现用人本土化,减少对管理层的干预,通过利益分享原则,发挥每个管理者的优势。

对万向来说,在美国的直接投资是卓有成效的。万向投资后,设计规则和机制,把管理团队与股东进行利益捆绑。总部对控股子公司能做的是选择合适的人,设定好规则,进行风险控制即可。只要管理团队创造了财富,万向一定会与管理团队分享。对万向来说,优秀的管理团队可能获得非常丰厚的回报,解决好了"共担"问题,而"共享"根本不是问题。万向投资后,目标企业的管理层如果经营有效,创造了巨大价值,可以获得非常高的回报。当然,对管理层也要制定约束性的规则。管理团队必须满足股东的基本回报要求,维护股东的基本利益。如果管理团队不够努力,本年度没有满足股东的投资回报,可能要从管理团队的本年或次年的收益中回扣,直到满足股东的回报要求为止。如果管理团队创造了超过股东预期的回报,分给管理层的比例可以很高,一定会达到管理层的预期。根据价值创造情况,股东与经营团队进行分享,分享的比例取决于管理团队的预期,以及管理层与股东的事前协商。明确的利益分享规则促进管理团队发挥主观能动性,管理层创造的价值在满足投资者的基本回报后,管理层就可以清楚自己可以分得多少比例的利益。管理团队不再认为是为老板打工,而是在为自己的利益做事。利益分配机制带来全员方向的一致性,这时候,管理层的积极性是最高的。

 推荐阅读 1-2

持续变革、管理素养与事业格局

一、基本背景

1997 年,笔者刚参加工作时,在上班路上,天天会看到一个卖水果的小男孩。之所以对小男孩印象非常深刻,是因为他的年龄非常小,看起来也就十三四岁,却开始自己养活自己。我对小男孩有同情的因素,毕竟年龄太小就开始营生,但更多的是钦佩,从小就开始创业养活自己。小男孩用一个脚蹬的三轮车作为道具,摆满一车子水果,每样水果都比较少,但也还有几个品种,主要卖给大学生。生意能做下来,说明经营还不错,至少养活了自己。这样,日复一日,一晃十年过去了。

到了 2007 年,仍然看到那卖水果的"小男孩",男孩已长大,仍然是三轮车装载的水果,只是水果车上装的水果似乎多了一些,摆放的面积大了一些,品种也多了一些。十年的磨炼,十年的摔打,小男孩老练了许多。当时,我想,他应该去开第二个水果摊,他可以找个人来经营该摊位,再去开第二个或者第三个摊位,实行连锁经营。但他没有改变,十年一直保持原样。我想,这个孩子是否缺少开拓创新的理念,但是,我又相信,小男孩不改变肯定有他的理由,也许他没有资金,也许他没有经营头脑,毕竟,小男孩能有这么一个三轮车水果摊位已经不易,至少能养活自己或者家人。后来,由于主要工作地点转移,到该路段的机会少了,但还会偶尔路过。

2013 年,又看到了这个卖水果的小男孩,其实已经是壮年的"小男孩",仍然每天推着那辆三轮车,还在那个固定的位置,在寒风瑟瑟中,或者炎炎烈日下,安静地卖水果,重复着同样的日子。我禁不住又有了感慨,"小男孩"怎么还没改变呢?似乎有非常替他着急的感觉。"小男孩"应该想着改变,十几年保持不变,不应该。人不能一成不变,否则变得保守呆板,命运无法改变。感慨之余,想到了我们中的大多数,是否也是这样,是否很多人都缺少了变革创新的意识和行动?

二、创业者需要持续变革创新,打造不断成长的事业格局

每个人都有自己的格局,格局取决于一个人的胸怀和胆识,是个人内心的直观表现。格局反映了一个人的魄力和气派,折射出一个人的聪明智慧。格局有大小,但创业者需要持续打造更大的格局,所以对创业者群体提出了更高的要求。成功的创业者志在高远,需要持续创新,不断修炼改变心智模式,创造新的格局。创业者持续变革,体现企业家精神,新的格局自然不断出现。格局需要创业者精心打造和维护,建立一个格局不容易,需要付出智慧和精力。创业者的创新思维和一切从零开始的气魄决定了事业的格局。

卖水果的小男孩置办了三轮车,就是创业了。小男孩从最小做起,已经值得称道,比起我们没有创业经历的人来说,小男孩已经很了不起了。但小男孩的创业没有形成大的格局,永远保持一个小摊点,这一点值得思考。小男孩也想着做大一些,后来也确实把摊位扩大了一些,卖的水果品种稍微多了一些,但是没有进行更进一步实质性的变革创新。

造成最终结果的原因有几种可能:第一种可能是小男孩没有创新的思维。第二种可能是小男孩想到了改变,但只改进了一点点。第三种可能是小男孩缺乏行动力,被执行过程中的执行障碍或困难吓退。小男孩虽然有了良好的创业开端,但缺乏后期的持续创新思维,形成了这样一种非常小的格局。创业需要创业精神,也就是德鲁克大师(1985)提出的企业家精神。企业家精神的核心与本质就是全面创新,持续创新。成功的创业者需要具备企业家精神,需要具备创新的思维。说起创新很简单,但创新的思维从何而来?大到国家创新,中到组织创新,小到个人创新,如何培养创新思维确实是一个系统性课题。从创新推广开去,涉及创业者的管理素养问题,创新思维、勇于变革是管理素养的核心内容。

笔者在设想,如果小男孩持续创新,具有较强的行动力,结果可能大不一样。首先,要想着改变。小男孩可以采取的途径很多,如可以扩大经营规模,多开设水果摊点;也可以探索新的经营模式,如社区家庭送货服务,甚至提供"网购"服务;还可以开拓新的经营领域,有了初始积累,考虑从水果的零售商转为批发商。创新经营思路,实行连锁经营,可以摸索出一个商业模式,复制连锁经营,做一名高层管理者。其次,把创新的想法付诸行动。想好了以后,就要行动,检验行动效果,不能只想不做。小男孩如果这样做,将从单独的经营者变成一个系统思考的经营管理者。作为经营管理者,实际是一个创业者,创业者的格局将是一个新的课题。最后,要持续不断地改变,探索新的思路,永远地变革。

创业者通过持续创新打造格局,又要不断突破格局,形成更大的格局。创建格局难,但打破某一格局,创建更大的格局,更是难上加难。很多创业者到了一定阶段之后,很难再次突破自己打造的格局,不能有更大的成就,这时,创业者的格局基本定型了,创业者的管理生命周期进入衰退阶段。每个创业者的企业发展到一定程度,做到一定规模,都会受到格局的困惑,这也是正常现象。只是有些创业者打破格局的次数多一些,有些创业者少一些,也就是创业者进入管理生命周期的衰退期的时间有些晚一点,有些早一点。

．在企业界经常发生一类现象。某个企业总资产达到了一个亿,创业者已经感到吃力,无法进一步打破这一格局。如果进一步扩大规模,就可能无法驾驭和管理,也就是出现理论上所讲的企业边界。创业者由于格局的约束条件,无法进一步扩大企业规模。如果强迫扩大规模,可能带来灭顶之灾。这时候,就要从心智模式的改变入手,通过颠覆性创新,重新塑造新的格局。一个企业总资产达到100亿,创业者同样感受巨大的压力,再次把企业扩大面临巨大障碍,同样也与创业者的格局相关,受到格局的限制和制约。到了一定程度,格局基本固定了,再扩大格局,很难,自己束缚了自己。格局取决于灵魂深处的东西,格局的改变是一个痛苦的过程,需要从心智模式改变开始。这个过程是凤凰涅槃、浴火重生的过程,需要有选择地自我否定,需要有计划地放弃,从而达到新的高度,创造新的格局。

三、管理素养与创业者形成的最终事业格局

创业者应具备怎样的管理素养,才能打造出一个新的格局? 当然,这些管理素养只是创业者的素质条件,是创业成功的必要条件,但不一定是充分条件。首先,要有准确的自我认知能力。成功的创业者的特质或共性是非常自信,持续创新,勤奋好学,锲而不舍,拥有良好的习惯和极强的适应性。创业者认识到自己的特质,同时,也知晓自己的短板,尽可能发挥长处,避开短板。其次,具备创新性、战略性思维。创业者要有明确的愿景,知道自己想做什么;创业者要权衡资源和能力,知道能做什么;创业者要清楚外部环境,知道可以做什么。进行持续的创新变革,适应外部环境,挖掘自身潜力。最后,具备强大的行动力。创业者要敢想敢做,快速把想法落实在行动上,具有行动力和执行力。要有合作

共赢的思维。创业者要有双赢思维和多赢思维，让利益相关者都得到利益。创业者要善于进行团队激励，通过授权激励、信任激励，实施目标管理，让员工工作有成效，让员工有成就感。

变革创新是一种习惯，是一种生活方式。建立创新思维必须从建立创新习惯开始。经常创新变革的人，创新就成了一种习惯，习惯决定命运。每个人从小的经历和环境，对人的创新思维有重要的影响。有些人从小就喜欢探索新鲜的东西，对未知领域非常感兴趣，并积极主动地进行摸索，这个过程就是学习和创新的过程，逐步养成了变革创新的思维习惯。在读书阶段，有些人总是偏好于探索新路子，想方设法找到多个思路和方法，经过长期锻炼，也可以逐步建立创新的思维习惯。但是，更多的人不愿去探索和思考，多数人接受现状，没有改变创新的动力，慢慢形成了惰性的思维习惯。在长期的学习过程中，如果一个人总是被动地接受讲课内容，缺乏探索的动力和实践，长此以往，创新型思维就会缺失。

创新思维从日常实践入手，实践是创新之源。人的创新思维习惯来自于长期的实践和经历，后天的创新实践和创新经历对创新思维的形成起到重要的作用。在创业过程中，很多低学历的人，不断摸索新的商业模式，不断开拓新的业务，把事业做大做强，成为创新开拓的典范，体现了创新的思维。拥有高学历且创业成功的人，大都在学生时代开始创新，通过做些小生意，摸索一些途径，培养了创新思维。创新思维与学历并没有必然联系。纵观社会上的人，创新思维的形成似乎与学历高低关系不大。没有上过学的人可能有创新的思维，而高学历的人群中，缺乏创新思维的大有人在。创新思维与教育体制息息相关，应试型的教育抹杀了孩子的探索兴趣，从小填鸭式的教育，在一定程度上抹杀了孩子的创新思维，不利于培养学生的创新思维。即使在大学阶段，如果还是老师讲、学生听、背书考试的教学模式，培养出来的学生更是缺乏创新思维，而且考试成绩越好，变革创新的能力可能越弱。

创业者的行动力是创新成果落地的关键。很多人缺乏创新思维，很难进行变革创新。有些人虽然有创新思维，但缺乏行动力，没有把想做的事执行到位，没有管理好创新的成果，同样导致不成功的结果。行动力也反映了一种习惯。不少人会想到应该做某事，但是没有变成行动，只是一个愿望而已。如何形成较强的行动力呢？敢想敢干，知行合一，不断创新变革，才能成为真正成功的创业者。强大的行动力来源于具体的措施和详细的行动计划。针对某个创新成果，要制订具体的行动计划，按照项目化进行管理。首先，明确达到的目标，针对目标进行工作任务分解,确定工作范围;其次,进行团队的责任分配,明确工作团队的各自任务和责任;最后,制订具体的进度计划,用"甘特图"和"里程碑"确定具体的进程安排,同时,制订资金使用计划和质量保证计划,按照时间节点,保证完成每一个节点的任务。在推进过程中,进行资源配置和团队激励,同时,进行信息反馈,进行有效的过程控制,对存在的问题及时解决,保证朝目标方向前进,保证按计划推进。

四、结语

创业者的管理素养来源于持续学习和实践。静下心来仔细思考,如果笔者是这个小男孩,应该怎么做,能实现以上的想法吗?如果实行连锁经营,找个人来经营这个摊点,就涉及对雇员的管理问题。如何保证雇员卖的价格合适,如何不失去客户,如何保证卖的钱都归小男孩,如何激发雇员卖水果的积极性,一系列的问题就会提出来。这些都是管理学的难题,就是所谓的职业经理人的管理问题,如何搜寻职业经理人的问题,如何进行激励的问题。如果笔者来管理,遇到此类问题,能管好吗?

由小男孩卖水果开设新摊位引发出的管理问题,让笔者再次陷入深深的思考之中。创业者的管理素养来源于持续学习和长期修炼,变革创新是保持竞争优势的基础。同时,持续变革,提升心智模式,通过持续变革创新,不断形成新的格局。我们每个人都要不停地改变自我,在摔打中找到新的路子。但管理要随后跟上,保证创新成果和格局得到巩固提升。有一点很确信:人要不断地改变,不断地探索新的路子,虽然变革创新有可能失败,但行动永远胜于停滞。

第2章 投资决策:企业基因

 本章精要

　　股权投资的重要环节是前期的选择和评估,也就是投资决策,决策正确与否决定了投资的成败。本章归纳股权投资决策的关键成功要素,建立股权投资的价值结构模型。正确的决策需要正确的依据和信息。首先,对目标企业进行股权投资视角的企业基因测试和企业生态评估,判断目标企业的本质和状况。其次,对目标企业的净资产收益能力和企业的价值链竞争能力进行评估。最后,对目标企业的基于实物期权的目标企业持续发展能力和基于知识的目标企业高管团队的胜任能力进行评估。

2.1 ｜ 决策基本框架与关键成功要素

　　"决策"是整个股权投资项目的关键环节。管理实践大师德鲁克反复告诫我们,首先要做正确的事,其次是用正确的方法做事。"决策"就是要保证在做一件正确的事,当然也包括用正确的方法做事。决策环节确定了整个股权投资的固有特性,在一定程度上决定了目标企业的发展方向。决策的正确与否决定了整个股权投资的成败,正确的决策可能把企业带向辉煌,而错误的决策可能把企业引向万劫不复的境地。

一、股权投资决策的基本框架

　　根据贝叶斯规则,股权投资的决策过程,就是不断获取信息,进行评估和判断,最终形成结论的过程。投资决策者对目标企业进行全方位深入了解,结合对自身能力的认知,以及对行业发展态势的判断,最终做出综合的决策结果。

　　股权投资的决策环节,既要考虑投资方自身的战略目的和拥有的条件,又要考虑目标企业的资源、能力及发展前景。还要考虑宏观的经济背景和行业竞争趋势，从而最终选择股权投资的规模、节奏和时机。对股权投资方来说，首先，要清楚股权投资的战略目的到底是什么，自身是否具备实现该战略目的的资源和能力。其次，要深入研究目标企业的资源和能力，评估在股权投资之后，目标企业是否具备创造价值的能力，能否为股东带来预期的价值回报。最后，还要考虑目标企业的行业状况及所在地的要素禀赋结构，如人力资源、资金、技术等要素。这里主要研究目标企业是否具备创造价值的能力和潜力。同时围绕投资决策的四个要素，建立投资决策的基本框架。

进行投资决策首先要清楚投资方的战略意图和自身条件，对通过该项投资能否实现企业的战略意图，作出一个基本判断。然后，就进入关键环节，对目标企业进行评估。对目标企业的评估分为两步：第一步进行整体评估，包括企业基因的测试和企业生态的评估，实现对企业特质和生存状态的整体了解。在此基础上，进一步，评估目标企业的资产收益能力、价值链竞争力、持续发展能力和高管团队胜任力四种能力，从而判断目标企业是否值得投资。第二步，评估在现有宏观经济条件和行业发展态势下，股权投资方与目标企业的资源和能力是否可以实现有效匹配，产生预期的协同效应。另外，对行业前景和行业发展趋势，以及宏观经济趋势和要素禀赋进行评估。这个环节不可忽视，行业前景和宏观环境是投资决策的大背景，任何投资都要考虑中观和宏观的趋势，顺势而为。

根据最优化准则，在现有投资双方资源能力的约束条件下，在大的行业发展和宏观经济背景下，股权投资者作出满足"自身效用最大化"的选择和判断，包括投资还是不投资，采取何种方式投资，投资的时机和节奏，采取控股方式还是参股方式等。投资决策的基本框架见图2-1。

（一）股权投资方的战略意图和资源整合能力的自我认知

首先，股权投资方的战略意图必须非常明确，该股权投资旨在实现何种发展战略。股权投资的战略意图可以分为三大类：第一类是战略性股权投资。股权投资的战略意图是获得战略性资源，延伸企业的上下游产业链，完善或优化企业的价值链，从而获得更大市场份额，提升企业的综合竞争力。第二类是财务性股权投资。股权投资的战略意图是获得目标企业的股权，进而获得稳定的利润现金流，保证每年有稳定的利润分红，实现企业获得稳定现金流的意图。第三类是股权投资基金类型。股权投资基金进行股权投资的战略意图是通过资金支撑，优化资源配置，帮助目标公司实现管理提升、业务拓展，从而创造更

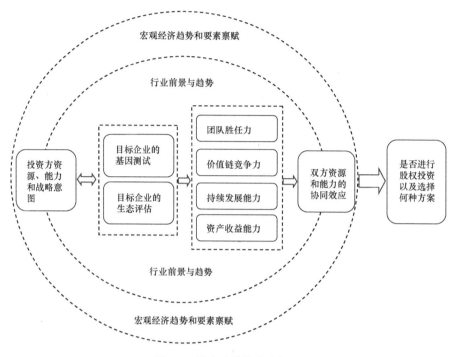

图 2-1　投资决策的基本框架

大价值,适当时机获利退出,实现股权投资的盈利目标。对于每一个股权投资项目,都应该明确股权投资的意图,只有战略意图明确,才能有效设计投资结构,为实现该战略意图提供支撑。

其次,股权投资方必须评估判断该投资可以给投资方带来什么实际价值,进一步分析带来的价值到底有多大。如果股权投资的战略意图是获得战略性资源,即战略性股权投资,就要计算获得资源的成本和收益状况,能否实现预定的战略目标。某集团公司是上市公司,对铜原材料需求量非常大,铜价的波动和供应及时与否影响着企业的运营效率和盈利情况。为保证铜原材料的供应安全,该企业决定对上游铜冶炼公司进行股权投资,控股该供应商。在决策环节,要评估实现内部化交易之后,是否可以降低成本,每年能降低多少成本,目标企业变成股权投资方的子公司后,判断能否保证原材料的供应,通过数据来支撑决策。如果能保证供应且能降低成本,股权投资的价值就体现了。

如果股权投资的意图是通过参股获得目标企业稳定的利润现金流,即财务性股权投资,就要计算每年能获得多少利润分红,能否实现预定的目标。如果投资意图是获得利润现金流，需要重点关注的指标是净资产收益率。净资产收益率既反映了目标企业的利润空间，又反映了目标企业的资产周转速度，还体现了目标企业的资产负债情况，所以，更加直接地反映了股东所能获得收益的水平。股权投资方要获得稳定的利润现金流回报，还要关注企业持续发展能力和管理团队的管理水平，这是获得持续盈利的关键。

如果是股权投资基金类型，即 PE，对目标企业的判断要更加深入。因为股权投资是帮助目标公司快速创造价值的过程，在 3—5 年左右就要成功达到预期，然后基金公司获利后退出该企业。股权基金公司主动参与目标企业的管理，提供技术和管理支持。所以，目标企业的行业和市场状况尤为重要，要判断该行业的产能总量和市场总量，判断目标企业的份额和市场影响力。如果没有好的行业和市场，股权投资基金就会陷入困境。进一步评估目标企业的商业模式、目标市场、目标客户，能否为快速创造价值提供支撑。从某种程度上来说，行业、市场、商业模式最重要，决定了是否进行投资。然后，需要评估目标企业管理团队的管理素养，在股权投资基金方的支援下，管理团队能否担当起快速发展的责任，这一点也决定着股权投资的最终效果。

最后，股权投资方要评估自身是否具备合适的资源整合能力，能否对目标企业的资源进行有效整合。在战略性股权投资、财务性股权投资和股权投资基金三种类型中，战略性股权投资和股权投资基金都需要股权投资方具有很强的资源整合能力。对战略性股权投资来说，很多股权投资完成之后，因缺乏整合能力或合适的管理人才，股权投资没有达到预期的效果。所以，在进行股权投资决策环节，要评估一下针对目标企业的这个行业和这个企业，股权投资方是否具备整合的能力，包括整合的人员，整合的经验和整合的能力。特别是新进入的行业，尤其要关注到这一点，没有资源整合能力，宁愿投资节奏慢一些。股权投资基金同样需要具备丰富的整合经验。特别是杠杆收购类型的股权投资，用目标公司作担保，向银行借款或发行债券，用目标企业的未来现金流，作为偿还债务的资金来源，这种情况下，需要目标企业有更好的表现，否则可能陷入财务危机。

（二）目标企业的资源条件和各项能力的综合评估

在以上投资决策框架下，目标企业的资源和能力评估最为重要，在很大程度上决定了是否投资。股权投资的决策环节需要对目标企业的基因进行测试，需要对目标企业的生态进行评估。企业基因反映了企业的固有特质和个性，决定了企业的发展潜能。而企业生态反映了企业的生存状况，决定了企业的发展势头。在此基础上,判断目标企业的未来发展和获利能力,从而对目标企业的资源条件和各项能力进行综合评估和判断。从股权投资视角考察目标企业,主要关注四种能力,分别是高管团队胜任力、价值链竞争力、持续发展能力和资产收益能力。目标企业的能力要素见图 2-2:

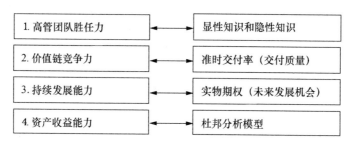

图 2-2　目标企业的能力要素

（1）高管团队胜任力。高管团队的胜任力情况反映了目标企业的管理素养和水平,高管团队胜任力是投资价值的重要表现。股权投资要获得较高的回报,依靠的就是目标企业的高管团队。

（2）价值链竞争力。企业的价值链体现了企业创造价值的核心能力,是资产价值的重要表现。价值链的竞争力可以用准时交付率来衡量,准时交付率包括上下游各个环节之间按时交付产品或服务的比率,并且保证交付产品或服务的质量。

（3）持续发展能力。股权投资要判断目标企业未来的持续发展能力,从而决定是否进行投资。企业之间的竞争是学习能力的竞争,而未来的发展机会反映了企业的持续发展能力,充分考虑实物期权因素,判断目标企业的未来发展潜力。

（4）资产收益能力。资产收益能力反映了目标企业现有的盈利能力,可以参照杜邦分析模型进行分析。杜邦分析非常巧妙地把企业各个层面的经营状况通过一定关系联系起来,把企业利润表、资产负债表和现金流量表的数据融入分析模型中。通过直观的财务指标和模型分析,揭示了企业的盈利空间和资产周转速度,以及资产负债状况对净资产收益率的影响,从而分析了企业深层次的运营能力。

股权投资方一般会请投资银行、会计师事务所和律师事务所等独立的第三方帮助尽职调查,为最终决策提供专业性建议。专业机构根据自己的现场调查和专业经验,对目标企业的情况进行"陈述"和"评价"。"陈述"是根据目标企业的现实财务数据，对目标企业的盈利能力、偿债能力等作出客观性描述。而"评价"则是根据财务数据，对目标企业是否值得投资，给出主观性的专业判断。专业机构的"陈述"是投资决策者的决策基础，而专业机构的"评价"为投资决策者提供重要的参考。

（三）股权投资方要评估判断双方的资源和能力能否实现匹配

股权投资方对自身的资源和能力要有正确的认知，而且对目标企业的资源和能力要有正确的判断，对双方的资源和能力能否实现一种"匹配"，也要作出合理的评估。即使双方都很强，但是无法进行有效的资源和能力匹配，预期的战略意图也无法实现。

股权投资的过程是一个"匹配"的过程，是投资双方的资源和能力等要素相互融合的过程。经济学的匹配理论由 Lloyd S. Shapley 和 Alvin E. Roth 两位经济学家提出并完善，以此成果获得 2012 年诺贝尔经济学奖。匹配理论认为，不同的市场主体之间，一定可以通过某个适当的匹配，实现一种稳定。所谓稳定，就是实现了双方都最满意的搭配，这种匹配是"对称"的。依据匹配理论的基本思想，股权投资双方是两个独立的市场主体。股权投资后，两个主体的各种要素也可以实现经济学意义上的匹配，而且实现一种稳定，即各要素之间形成一种最佳搭配。股权投资之后，投资方一般会注入优质要素，如人才、技术、理念、方法等，目标企业也拥有自己的要素，理论上来说，两者的资源和能力可以实现最佳匹配。

在管理实践中，真正实现双方要素的匹配却不是一件容易的事情。资源和能力的匹配过程比较复杂，需要做出艰苦的工作，而且需要时间进行磨合。投资决策者对双方的各种要素是否能够实现匹配，要有一个大致的判断。首先，双方理念上的一致性能否实现。理念匹配可以实现高山流水遇知音的境界，相互的接受与认可是实现协同效应的基础。其次，双方的资源和能力能否匹配。资源包括物质资源和人力资源，能力包括企业的各项能力。资源和能力的匹配是产生协同效应、实现战略意图的重要条件，而团队的匹配更加决定了未来的竞争力。最后，业务上的匹配能否实现，包括产品的匹配、技术的匹配、市场的匹配、营销的匹配和财务系统的匹配等。

（四）中观层面对行业的发展趋势和所处阶段的整体把握

股权投资者必须谨慎把握"目标企业"所在行业的发展趋势，判断"目标企业"所在行业的发展阶段，同时，把握并跟上时代发展的脉搏。

Vernon（1966）提出了"产品生命周期"概念，认为行业也具有生命周期的特点,都经过起步阶段、成长阶段、成熟阶段和衰退阶段。进行股权投资决策时,需要考虑目标企业所在行业的生命周期,判断行业所处的阶段。行业生命周期的各个阶段的发展和竞争各具特点,该因素决定了股权投资后的市场发展前景和竞争态势。

对于处在成熟阶段或衰退阶段的投资对象,应该权衡利弊,更多考虑自己的资源和能力,能否在"红海"中进行行业整合,否则就在走一条非常艰难的道路。如果目标企业所在行业发展比较成熟,市场竞争肯定非常激烈。在这种情况下进行股权投资,目标企业快速发展和获利的概率就比较低,造成实际投资成本加大。除非股权投资方实力确实雄厚,具备进行行业内的资源整合能力,否则,投资后,很难取得预期的效果。

对于处在起步阶段或成长阶段的投资对象,可以顺势而为,开辟"蓝海"市场,抢在"红海"搏杀出现之前,赢得先机。该行业处于快速发展阶段,且行业前景看好,投资后的巨大市场需求及政府的政策支持,为股权投资的预期效果提供了良好的外部条件。当然,快速发展的行业或者起步阶段的行业将是所有投资者热衷的领域。该类行业具有一定的投资特点,一般先是投资者一哄而上,形成鱼龙混杂的乱象。然后,行业内部通过激烈竞争进行行业整合,一大批小企业倒闭或者被并购。最终,形成实力雄厚、规模巨大的行业明星公司。如果股权投资的对象成为行业的明星企业,股权投资就获得了成功。股权投资者或者成为战略合作者,或者到期获利退出,都很容易达到投资的战略目标。

在考虑行业生命周期的基础上,估算该行业的"市场总量",并判断未来若干年市场总量的发展趋势。在此基础上,进一步考查目标企业所处的市场位置、所占有的市场份额,以及在行业中的认可度,判断目标企业下一步发展的潜力,为投资决策提供行业方面的数据支撑。新技术不断涌现,快速改变着行业的命运。互联网和移动互联网的快速推进,推动社会发生革命性的重大变革。消费者的生活方式和消费方式均发生重大变化。特别是移动互联网广泛运用后,无论何时何地,只要轻轻触摸智能手机屏,几乎就能解决所有问题。互联网解决了网上消费问题、网上支付问题,互联网创立了互联网金融和网上保险公司。互联网促进很多传统的商业模式和盈利模式发生颠覆性的变革,很多传统的行业将快速消失。再差的行业都有非常优秀的企业,再好的行业都有表现很差的企业。尽管该观点非常有道理,但行业的好坏还是决定了股权投资的前途和成本。如果对于行业发展缺乏清醒的认识,进行股权投资将变成一场非常危险的游戏。

（五）宏观层面的经济环境和要素禀赋状况的考虑

进行股权投资决策时，除了考虑中观的行业因素之外，还要考虑宏观经济发展趋势及东道国的要素禀赋状况。特别是进行跨国股权投资时，要充分考虑国内外宏观经济发展趋势，把握进行股权投资的时机，从而作出正确的判断。宏观经济状况决定了发展的大趋势，该趋势决定了每个企业所处的大环境。好的宏观经济环境对股权投资起到了助推器的作用，为获得预期收益提供了支撑。反过来，比较差的宏观经济环境阻碍了企业快速成长，股权投资方难以按计划实现预期收益。中国投资有限责任公司投资美国黑石集团就是一个警示。中国投资有限责任公司在 2007 年 5 月 20 日进行股权投资，购买美国黑石集团的原始股，以每股 29.605 美元的价格认购黑石集团股份，投资总额达 30 亿美元。然后，美国"次贷"危机爆发，导致股市持续下挫，到 2011 年 8 月，投资浮亏达 60%。其实，2007 年 5 月，美国"次贷"危机已经爆发，投资决策者忽视"全球性经济危机"这个大的宏观经济大势，进行大规模投资，必然带来巨大的损失。

要素禀赋是指国家或区域拥有的劳动力、资本、土地、技术、管理等生产要素的丰裕程度。进行股权投资决策时，要考虑目标企业所在国家或区域的要素禀赋状况。现代竞争是全球化竞争，"全球价值链"得以快速发展，投资者要把投资对象放在全球背景下来进行资源配置。通过股权投资，把目标企业纳入全球价值链的某一链条中，帮助目标企业赢得全球性竞争优势。投资者要考察东道国或区域的要素禀赋状况，能否对目标企业所在产业提供有力的支撑，特别是技术、人才、管理的支撑。要素禀赋较弱的国家或区域，难以支撑目标企业的快速发展。股权投资决策者要对宏观经济大势和东道国要素禀赋状况作出判断，为投资决策提供宏观层面的决策依据。

二、股权投资决策的关键成功要素

股权投资的决策者需要掌握尽可能多的信息，界定问题，明确边界条件，在满足边界条件的基础上，作出评估和判断，寻找最佳的方案，并进一步落实到行动上，完成预期的战略目标。股权投资方应该非常清楚：谁来决策，决策时考虑哪些要素，哪些是关键成功要素。我们把影响决策的主要因素称为投资决策的要素，对决策要素进行评估判断的过程就是决策的过程。股权投资决策需要从四个方面展开：投资方的战略意图和资源条件、目标企业的投资价值判断、行业竞

争发展态势,以及宏观经济与要素禀赋条件。股权投资决策的四大要素见图 2-3:

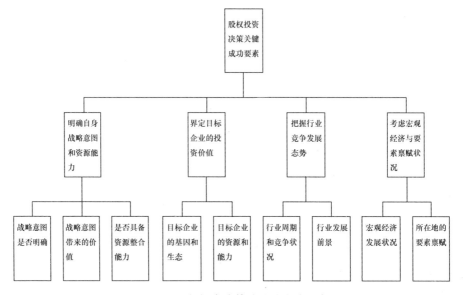

图 2-3　股权投资决策的关键成功要素

(一) 投资方明确自身的战略意图和资源条件

(1) 投资方的战略意图决定了投资的结果。股权投资的决策过程是考验决策者智慧的过程。核心决策人要非常清楚:我们到底想做什么,我们的资源和能力能否支撑? 然后,再去想具体怎么干,考虑实施步骤、投资时机、投资节奏等。按照这一思维路径,进行有效的决策。投资决策方的核心决策人员要具备预见性、果敢性和战略性的睿智特质。人性的弱点是贪婪、恐惧或存在侥幸心理,决策者也不例外。投资决策者还可能出现过度自信、认知失谐,或者羊群效应,这些都会对投资决策产生致命的影响。股权投资意在获得未来的回报,因此,投资哪个行业、哪个企业都要审慎考虑。既要准确判断发展的大趋势,又要把握时机,获得"先行者得益"的效果。同时,要有战略性思维,充分发掘企业的资源和能力,实现协同效应,创造更多的投资收益。股权投资的回报不仅仅是直接的经济收益,更重要的是战略性目标的实现,如扩大市场份额、实现企业规模经济、进入新的行业领域、获取最新技术、延伸产业链,或者实现经营多元化。针对不同的战略意图,投资决策时考虑的重点不一样。所以,股权投资方的战略意图是否明确,决定了股权投资的成败。腾讯是中国服务用户最多的互联网企业之一。通过股权投资,实现企业规模效应。既有控股性的股权收购，又有参股性的股权收购。控股性并购主要是战略性并购，谋求上下游产业链的完善，希望通过并购实现产业的发展和竞争力的提升。同时，参股性并购也快速发展，如腾讯收购大众点评 20% 的股权，又收购京东 15% 的股份。通过参股投资，建立股权关系的纽带，保持与互联网各个领域合作的畅通，保证其在互联网领域的地位。通过股权投资，在互联网领域进行战略布局，形成一个涉及互联网电子商务、移动支付、微信等各个领域的互联网巨头。

（2）投资方的资源条件和整合能力影响着投资的效果。股权投资方要非常清楚自身拥有哪些比较优势，在哪些方面可以帮助被投资方获取更多的竞争优势。对于股权投资主体来说，凡是涉及控股的股权投资，一般都需要对目标企业进行整合，实现资源和能力的优化配置。投资方自身是否具有较强的整合能力，能否对目标企业进行有效整合，能否为目标企业提供智力、经验、客户、价值链等方面的支持，投资方要非常清楚。对于新投资的目标企业，如何确定目标企业的市场定位，如何构建新的运营体系，能否寻到更合适的高层管理者来管理，这些都需要股权投资方作好充分的资源和能力准备。当然，PE 基金的股权投资，也要对目标企业提供资源和能力支持，帮助目标企业快速实现价值提升，通过上市或其他方式获利抽身。

（二）清楚地界定目标企业的投资价值

投资价值是投资决策的核心要素。股权投资决策时，重点要评估目标企业的投资价值，判断目标企业是否能够快速创造价值，为股东带来丰厚的回报。对目标企业投资价值的判断，首先要分析目标企业的资源和能力，这些资源和能力是股权投资方获取投资回报的依托和支撑。所以，在决策环节，要深入考察这些资源和能力，判断能否承担起创造价值的责任。同时还要判断股权投资方注入的新资源，目标企业的现有能力能否适应和匹配，通过协同效应创造更多新的价值。在此基础上，进一步评估企业现有的市场地位和未来的发展潜力。目标企业的市场地位决定了现有的基础，反映了企业管理能力，也决定了企业的获利水平，而未来的发展潜力决定了股权投资方获取回报的可能性。另外，还要对目标企业是否符合绿色投资的目标要求作出判断。绿色投资的理念在决策环节要得到充分体现，如果目标企业违背绿色理念，未来很可能被社会公众所摒弃，可以一票否决，终止该股权投资行为。

（三）把握目标企业所在行业的竞争发展态势

行业背景是股权投资决策的重要外部环境因素之一，投资者需要了解目标企业所在行业的发展趋势。全球化、网络化和个性化的大背景下，很多行业可能出现衰退和灭亡。在进行股权投资决策时,要充分考虑行业因素,把握行业发展的趋势、前景和竞争态势。首先,准确判断目标企业所在行业的成长周期。判断该行业现阶段是处于起始阶段,成熟阶段,还是衰退阶段。根据行业所处的发展阶段,投资者采取不同的策略,判断未来发展的潜力。如果处于起始阶段,顺利投资进入,可能获得快速发展通道。如果处于成熟阶段,股权投资之后,可能面临激烈竞争。如果处于衰退阶段,可能考虑不进入该行业。其次,测算行业的市场总量,把握行业竞争态势。在把握行业发展阶段的基础上,进一步判断该行业的市场总量有多大,距离行业的市场饱和还有多大空间。判断该行业内是"红海"博杀的竞争态势,还是处于"蓝海"阶段。这些行业判断对于股权投资的决策非常重要,帮助投资者在选择行业和时机方面作出正确的判断。

(四)充分考虑宏观经济发展趋势与要素禀赋条件

进行股权投资决策时,要考虑国内甚至国际的宏观经济发展趋势,从而选择合适的投资时机。全球经济一体化的背景下,无论国内投资还是国际投资,都应该考虑宏观的经济发展趋势。在宏观经济复苏或发展的阶段,可以根据企业的发展战略需要,考虑加大投资力度。在宏观经济出现衰败的状况下,可以减少投资,甚至暂停投资。目标企业所在地的要素禀赋条件同样重要。如果是跨国股权投资,要充分考虑东道国的要素禀赋条件。例如,东道国的人力资源、水资源等其他条件,是否能够支撑目标企业实现战略目标,能否帮助股权投资者创造预期价值。

2.2 | 股权投资视角的目标企业基因测试

企业内在价值来自于未来的盈利能力,盈利能力可以通过财务指标来反映。所以,可以用企业未来的自由现金流评估企业的内在价值。这种方法已经得到广泛认可。但是,财务数据只是企业价值的外在直观表现,属于表象范畴,真正决定企业创造价值能力的是企业的基因和生态。财务数据具有可获得性,未来的现金流也可以预测,但是企业的基因和生态却难以量化评估,更多的是主观性判断。

股权投资为何要关注目标企业的基因?因为任何企业都会有一些固有的特质,这些特质决定了该企业能否通过注入优质资源创造更大价值。正如人一样,天生带来的一些特质,有了外力的帮助,可能产生巨大的成功。所以,股权投资者需要发现和捕捉目标企业是否具有某些优良的特质，判断是否具有投资价值，判断未来能否产生协同效应。企业基因借鉴生物学基因的概念。生物学基因是指可携带遗传信息的功能片段，经过复制可以遗传给子代，保证生物特征的延续与进化。企业要经过类似生物的成长过程，而且也有传承和进化，保持传承和进化功能的载体相当于生物的 DNA，称为企业基因（enterprise Gene）。企业基因反映了企业的内在本质。我们称这些"固有特质"为企业基因。投资方筛选、发掘和评估企业的固有特质，为投资决策及未来整合提供重要依据。基因测试是生物化学的术语，企业基因测试的含义是识别判断企业有哪些固有特质，给出判断依据、判断标准、判断方法，以及基因判断结果的运用。

一、企业基因决定了企业的异质性，并在组织内长久保留和延续

（1）企业基因决定了企业的异质性（Noel Tichy，1993）。企业的基因是组织的记忆，是企业长期积累形成的，储存在组织内部并将影响企业行为的遗传因子。基因承担着传递技能和信息的功能，也可以称之为企业的"惯例"。惯例保持着企业的特征，体现了企业规则和行为方式，并且可以在本企业内传承下去（Nelson R. & Winter S.，1997）。企业基因存在于企业经营者头脑中，通过理念、价值观和行为准则表现出来。企业的各种行为体现了企业的基因，决定着企业的经营状态和健康状况（Hawel & Prahalad，1997）。企业的基因分布于企业能力要素中，通过各种能力要素的内部基因重组，可以给企业带来新的竞争优势（Aurick，2003）。学者们一般认为，企业基因隐含着组织记忆，形成遗传因子；企业基因应该既包括企业制度，又包括企业文化，两个方面反映了企业的特质并传承发展。

（2）企业基因决定了企业的固有特质。生物界的个体差异取决于生物基因的差异，而企业的异质决定于企业基因。企业无论大小，都有着独特的企业基因。企业基因隐含着组织的记忆，把组织的技能、核心价值观和行为方式等信息长期保留。企业的核心创始人和对企业有过深刻影响的管理者都会对企业产生重大影响，并形成遗传因子，也就是企业的基因。企业基因决定了企业的特质，并且有强烈的自我强化功能。企业的新掌舵人会继承企业的制度和文化基因，然后，自我完善和发展，使固有特质进一步巩固和强化，并形成"组织记忆"。企业基因决定了固有特质，还有着显著的传承功能。在有些企业内部,即使经过了百年变迁,仍然保留创立时的特质,仍然遵循创建时的核心价值观和行为规范。

(3)企业基因可以进行重组和杂交。生物学基因通过重组,可以形成更好的生物基因。企业基因也可以进行重新组合,通过内部重组升华,吸收或借鉴,形成新的企业基因。类似于生物基因,企业间的基因可以进行杂交,企业之间的并购整合过程就是基因杂交的过程。并购双方之间进行企业制度与企业文化的融合,形成新的企业基因。新的企业基因分别部分吸收了原来企业的优良制度和文化,获得更大的竞争优势。企业基因通过重组或杂交,产生优秀的基因,适应了新的环境,可以提升企业竞争力。

(4)企业基因可能发生变异或突变。生物学上的基因可以遗传,也会发生变异或突变。同样,企业基因也会发生变异或突变。企业特质和状态发生重大变化的情况都可以看作基因突变。企业基因的突变可能带来重大的冲击和动荡,造成企业的暂时性混乱。基因突变完成之后,可能适应了市场环境或社会环境,在很多情况下企业会变得更加健康。企业基因突变可以分为自发性突变和诱发性突变。企业自身为获得竞争优势而主动进行的重大变革,就可以看作自发性基因突变。比如,在发展过程中,企业感受到自身的文化或行为方式已经不能适应时代的发展,或者不能满足市场的需求,必须有计划地放弃原有制度和文化,实行"扬弃"。企业从理念到行为方式都可能发生重大的调整,从而适应外部环境,这个过程就相当于自发性企业基因突变。受外部力量的作用而发生的重大变化,可以看作诱发性突变。移动互联网的快速发展,颠覆了传统零售商的销售模式。很多传统企业被迫进行全面调整,从理念到行为模式进行彻底的适应性变革,否则将很快被淘汰出局。这个过程就相当于外部诱发的企业基因突变。

(5)企业基因与企业进化。企业基因保留了很多组织记忆,但是企业基因通过重组、杂交和变异,不断形成新的优良基因,促进企业的进化。企业进化是企业内、外要素共同作用的结果。企业与外界既有竞争又有协作,各要素之间的相互作用构成促进企业进化的外因。企业内部同样既有竞争又有协作,企业内部各要素之间的相互作用构成促进企业进化的内因。"适者生存,不适者被淘汰",这是生物进化的规则。企业进化也是"长期激烈竞争"的结果。在竞争过程中,企业要生存,必须自我否定和自我强化,持续变革调整,从而适应外部环境。在变革过程中,企业通过基因重组、基因杂交,或者通过自发性突变或诱发性突变,改变自己,跟上时代发展节拍。这个过程促进了企业的进化。竞争可以使组织充满活力,充满斗志和激情,当然,竞争也会带来"倾轧"和"敌意"等负面效应。企业要敢于面对竞争,进行自我提升。同时,要注重引导竞争,坚持良性竞争的行为规范,促进企业向"高效和活力"方向进化。如果缺乏良好的竞争行为规范,竞争可能变成恶性竞争。只有你死我活,没有双赢意识和协作意识,企业就会向"低效和失信"的方向进化。

二、选择企业基因的测试要素,设置评估维度,构建测试地图

国内外学者们的研究成果为企业基因的测试提供了良好的基础。借鉴 Aurick(2003)的企业基因分布于有形能力、交易能力和知识能力要素中间的思想,借鉴 Neilson G.(2004)的企业基因体现在决策权、组织架构、信息传导和激励机制等管理制度方面,考虑企业文化因素的核心价值观、行为方式和准则、道德规范,以及企业所遵循的运营规则,通过系统梳理,提炼企业基因的测试要素,构建企业基因的测试地图,建立企业基因的测试框架。

（一）企业文化反映企业的价值观和行为准则,构成企业基因的基础要素

企业文化是反映企业基因的基础要素。每个企业都有着独特的企业文化,隐含着企业的价值观和行为准则等内容。企业文化不是挂在墙上的口号,而是全体员工真正接受、理解并共同遵循的价值观和行为准则。企业文化反映了企业精神层面的素养。企业文化要素的评估可以分为三个维度,分别是核心价值观、行为方式和准则、道德规范三个方面。

第一个维度是"核心价值观"。企业的核心价值观主要源于企业的创始团队的价值观,经过长期演化形成的比较固定的、在企业内被广泛被受的、反映企业特质的主流价值取向。评估核心价值观要素,首先考察企业的主流价值取向是否明确,是否有明确的行为准则;其次考察企业是否有强烈的社会责任意识,是否符合绿色理念,是否真正维护利益相关者的利益;最后考察企业行为是否遵循核心价值观、是否遵循行为准则,即实际行为与核心价值观、行为准则的一致性问题。

第二个维度是"行为方式和准则"。企业的行为方式和准则是指在企业内部被广泛认同的、共同遵循的做事方式,以及所要遵循的规则。企业的行为方式和准则直观反映企业处理事务的态度,体现企业的内在本质。评估行为方式和准则要素,首先考察企业是否有明确的、大家共同认可的行为方式和准则,这

决定了企业的行为是否有据可依;其次考察行为方式和准则是否适当,每个企业规模大小、行业特点和自身特点不一样,行为方式与企业自身是否匹配,决定了企业行为的合理性;最后考察行为方式是否和企业价值观相背离。

第三个维度是"道德规范"。企业的道德规范是企业长期形成的、被广泛认可和遵循的道德观,主要表现在对社会大众和消费者健康、安全、生存环境的态度。评估道德规范要素,首先考察企业是否有被广泛认可并遵循的道德观;其次考察道德规范是否符合社会的主流趋势;最后考察企业是否履行社会责任。

(二) 管理制度的有效性反映了企业的内部运行状态,也是企业基因的基础要素

管理制度决定了企业决策、组织、信息和激励四方面的模式,有效的管理制度是企业运行发展的保证。管理制度要素的评估可以分为四个维度,分别是决策模式、组织结构、信息传导和激励机制。

第一个维度是"决策模式"。决策模式反映了企业重大事项是如何作出决定的。企业的决策模式包括谁来决策,哪些人参加,决策的内容范围,决策的时间范围,决策的具体方式,以及决策后行动的计划安排。评估决策模式要素,首先考察决策主体是否明确,决策分工是否清楚;其次考察决策方式是否得当,是否遵循既定的投资决策原则,是否经过深入论证;最后考察决策后的行动计划是否清楚。

第二个维度是"组织结构"。组织结构反映了企业内部的管理关系,直接决定着组织运行状态。组织结构有职能式的,也有矩阵式的,还有团队式的;组织结构可能是层级式的,也可能是扁平状的。企业的组织结构决定了企业的运营状态,反映了企业的做事效率。评估组织结构要素,首先考察组织结构是否合理,组织运转是否有效;其次考察信息传输是否通畅;最后考察组织运行效率是否存在提升的空间。

第三个维度是"信息传导"。信息传导反映了企业信息的传送范围、路径、传导方式,以及信息的传导效率。评估信息传导要素,首先考察信息传导的内容和传导的范围是否明确;其次考察信息传导的路径是否通畅、有效;最后考察信息的传导方式是否合适,信息传导是否富有效率。

第四个维度是"激励机制"。激励机制是激发员工工作热情的关键,良好的激励机制会给企业带来巨大的生产力。任何企业都需要激励机制,激励可以

分为物质激励和精神激励，也可以分为直接激励和间接激励。企业是否注重激励，激励机制是否有效，体现了企业的管理能力。评估激励机制要素，首先考察企业是否有合适的激励机制，有些企业根本没有激励机制；其次考察激励是否有效，是否明确规定了激励的行为和业绩。不可否认，很多企业设置了激励机制，但是基本没有效果，员工没有受到任何激励，反而变成了一种枷锁。

（三）运营规则是基于企业文化和管理制度的反映企业基因的核心要素

运营规则要素中隐含着商业模式、战略惯例、运营惯例和投资惯例四个方面的信息。运营规则体现了企业商业模式的整体谋划，体现了企业战略规划的步骤、路径和战略执行的能力，体现了企业经营发展遵循的套路和理念，还体现了企业投资决策、执行和整合所遵循的章法。因此，运营规则要素的评估可以分为四个维度，分别是商业模式、战略惯例、运营惯例和投资惯例。

第一个维度是"商业模式"。现代社会的竞争，更多是商业模式的竞争。互联网快速发展，有些商业模式不断被淘汰，新的商业模式不断涌现。企业采取何种商业模式和赢利模式，决定了企业的生存发展前景。评估商业模式要素，首先考察企业采取的是哪种商业模式，该种商业模式是否有持续性；其次考察商业模式是否容易被复制，是否可能被颠覆；最后考察商业模式是否有进一步发展的潜力，以及商业模式变革的方向。

第二个维度是"战略惯例"。战略指明方向，战略履行使命，战略明确定位，战略确定韬略。"战略性思考是高层管理者的责任"，战略是存在企业家头脑中的一种理念，一个发展蓝图或者一个战略地图。尽管战略不一定写在纸上，但任何企业都有着自己的战略性考虑。评估战略惯例要素，首先考察高层管理者是否明确企业的"发展战略"。对于企业愿景、使命、战略步骤是否清楚，对未来的发展趋势是否有明确的规划。其次考察战略制定、战略执行和战略评估是否到位，三个环节之间是否有效衔接，战略管理行为是否非常有效。最后考察企业是否具有较强的战略执行力，战略是否落地，战略执行是否形成了竞争力，要作出一个细致的判断。

第三个维度是"运营惯例"。企业运营反映了企业创造价值的过程，企业的运营能力体现了企业创造价值的能力。运营惯例隐含了企业的目标体系的形成规则、价值链管理的规则和绩效管理的规则。评估运营惯例要素，首先考察目标企业运营体系是否健全，是否具有目标管理、价值链管理和绩效管理的规则;其次考察运营的规则是否有效,各类资源是否得到有效使用;最后考察运营过程中,各个环节之间是否有效匹配,是否能够正常运转。

第四个维度是"投资惯例"。这里的企业投资主要指直接投资,如企业扩大生产规模而进行的设备、厂房、办公楼等项目投资,或者兼并、收购等股权投资。企业投资是企业发展壮大的重要途径之一,企业投资所遵循的规则反映了企业的经营发展理念。评估投资惯例要素,首先考察目标企业投资的领域、方向是否与企业发展战略保持一致,重要投资的投资目的是否实现;其次考察投资决策是否遵循既定原则,投资决策的路径和方法是否合适;最后考察投资行为是否得到有效推动,投资过程是否具有较强的执行力。

(四)能力要素是反映企业基因的关键要素,是企业基因的整体表现

能力要素是企业基因优劣的直观表现。能力越强,表明企业的现有基础越好,投资后发展潜力越大。能力要素可分为有形能力、交易能力和知识能力(Aurick,2003),能力要素的评估可以分为三个维度,分别是有形能力、交易能力和知识能力。

第一个维度是"有形能力"。有形能力是资源的体现,企业的物质资源和人力资源决定了企业的有形能力。有形能力是企业已经具备的、能持续创造价值的、促进实现规模经济的综合能力。有形能力的目标是追求规模效应。评估有形能力要素,首先考察企业现有"有形能力"是否具备,能否支撑规模化发展的要求;其次考察企业的有形能力是否充分运用,现阶段是否实现了规模经济;最后考察价值链的管理水平,是否存在提升的空间。

第二个维度是"交易能力"。交易能力是企业交易平台的信息资源整合能力和交易标准化能力。交易能力的目标是追求信息的整合。评估交易能力要素,首先考察企业交易平台的信息资源是否协同;其次考察各种交易是否实现标准化运作;最后考察企业通过交易是否获得合理的收益。

第三个维度是"知识能力"。知识能力是企业拥有的知识及其产生的能力,主要表现为各方面的创新能力,包括商业模式、产品或服务设计开发、品牌打造、营销方法等领域的创新。知识能力是追求创新的源泉。评估知识能力要素,首先考察目标企业是否具备协同创新能力;其次考察目标企业是否形成了组织学习的习惯和浓厚的学习氛围;最后考察目标企业是否建立了学习的制度保证和学习的支持体系。

根据企业基因测试要素及维度，从企业文化开始，到管理制度，再到运营规则，最后是能力要素，形成企业基因的测试地图。企业基因测试地图见图 2- 4：

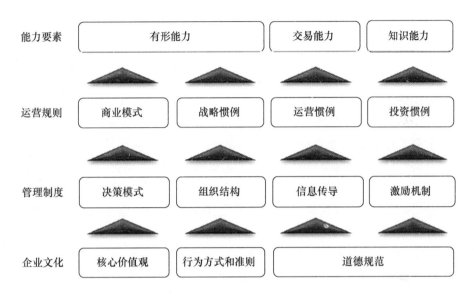

图 2- 4 企业基因测试地图

三、设定评估标准，评估企业基因的要素，判断目标企业的固有特质

股权投资的目标企业的基因到底是怎样的？是否值得投资？可以通过对企业基因的测试，识别判断企业拥有的优良固有特质，为股权投资决策提供有价值的依据。企业基因的测试开始于反映企业特质和行为特征的基本要素。对这些具有遗传功能的要素进行识辨和评估，并不是一件容易的事情，评估者需要获取大量的信息和数据。

企业基因测试并不能给出准确的结果，只能给出企业基因优劣状况的大致判断。即便如此，企业基因的测试仍然具有非常重要的意义。对投资决策者来说，对企业基因识辨的过程，就是对目标企业深入"剖析了解"的过程，为投资决策提供重要依据，为后续的整合积累了珍贵信息。

建立企业基因的评价要素和评价维度，形成企业基因的评价框架。这时候，投资决策者已经清楚从哪些方面对企业进行评估，企业基因评估的价值已经得到充分体现，为投资决策者提供了分析目标企业的视角和重点。企业基因运用"经验判断"的研究方法进行评估,基因评估者根据经验给出判断结果。当然,如果需要给出一个量化指标作为决策参考,可以进一步设置评分标准,采取合适的方法,请评估决策专家打分,给出最终的评分。企业基因要素打分,首先要建立基因评分标准。其次要选择基因测试的方法。最后是评估打分及结果的运用。

（一）企业基因要素各个评估维度的评价内容及评价标准

企业基因测试框架建立在企业基因测试要素的基础之上。企业基因的评估可以从四个方面展开,即企业文化、管理制度、运营规则和能力要素。虽然每个要素的评估很难给出准确的分数,但是每个要素有好有坏,根据投资决策者的经验判断,总是可以给出一个大致的层次。可以把每个要素的层次分为五级,最好的层次得 5 分,最差的层次得 1 分,中间层次分别是 4 分、3 分和 2 分,构成了五级分数制度。评分依据并没有统一的标准,这里仅构建一个评分样板供参考。运营规则基因要素测试评分依据样式见表 2-1。根据这个思想,分别建立企业文化要素三个维度的评分标准,管理制度要素四个维度的评分标准,运营规则要素四个维度的评分标准,以及能力要素三个维度的评分标准。

（二）企业基因的评分方法

企业基因的测试从四个方面展开,即企业文化、管理制度、运营规则和能力要素。这四个指标是一级指标,每个指标设置合适的权重。这个权重,根据具体情况不同,合理设置。每个一级指标分别设置若干个二级指标。对每个二级指标,根据具体情况,赋予权重,构成一个基因测试的框架体系。这里可以采取"德尔菲法",请相关专家"背对背"给出评分。这里的"专家"是投资方有投资经验的参加评估决策的相关专业人士。对于每个指标,采取专家打分的方法进行。专家根据上述的评分标准,结合专家的经验,给出每个指标的合理评分。最后处理并汇总所有参加评估专家的评分,最终得出综合评分。企业基因测试评分样式见表 2-2。

表 2-1 运营规则基因要素测试评分依据样式

一级指标	二级指标	测试标准				
		5 分	4 分	3 分	2 分	1 分
运营规则	商业模式	商业模式有很强的竞争力；商业模式难以复制或颠覆；商业模式发展潜力巨大	商业模式具有显著竞争力；商业模式不容易被复制或颠覆；商业模式有一定的发展潜力	商业模式具有一定的竞争力；商业模式可以被复制，可能被颠覆；商业模式发展潜力不确定	商业模式的竞争力不明显；商业模式易被复制；商业模式缺乏发展潜力	商业模式缺乏竞争力；商业模式容易被颠覆；商业模式发展潜力很小
	战略惯例	善于进行系统性战略规划，包括发展战略和竞争战略；强调战略规划、执行、评估有效衔接；注重发展战略，强调战略执行力	善于战略性规划，系统性不足；战略规划、执行和评估能够衔接；战略规划能够有效落地，有战略执行力	战略清楚，但是系统性规划不足；战略规划、执行和评估有脱节现象；战略规划部分落地，战略执行力不强	战略思路模糊，缺乏系统性规划；战略规划、执行和评估难以落地；战略规划难以落地，战略执行力较弱	企业发展战略不清；缺乏战略规划、执行和评估环节衔接；缺乏战略执行力
	运营惯例	重视企业运营体系的构建，有效性；强调运营规则的有效性，各类资源得到充分发挥；强化企业运营之间有效匹配	企业运营体系完整有效；运营规则基本有效使用，各类资源得到有效使用；企业运营环节之间能够协作配合	企业运营体系，价值链体系运行不畅；企业运营体系运行不畅；各运营环节之间出现脱节现象	企业运营体系具备基本框架；运营规则，各类资源是否得到有效使用；企业运营环节不能有效匹配	企业运营体系不够健全；运营规则处于无效状态，各类资源得不到有效使用；运营环节之间经常分离
	投资惯例	强调投资的领域、方向必须符合发展战略；投资决策遵循既定原则，采用了合适的决策路径和方法；强化投资的有效落地，强调投资执行力	重视企业投资的领域、方向符合发展战略；投资决策遵循既定原则；重视投资决策的有效推动	企业投资的领域、方向基本与企业发展战略相符；投资决策基本遵循既定原则；投资推动具有一定的执行力	企业投资的领域、方向部分不符合发展战略；投资决策有时符合既定原则；投资决策的执行力较弱	企业投资混乱，方向混乱，缺乏战略性规划；投资决策基本违定原则；投资推动力较弱，基本没有按计划实现目标

表 2-2　企业基因测试评分样式

企业基因测试评分										
一级指标	权重	二级指标	权重	分值					小计分值	一级指标分值
				5分	4分	3分	2分	1分		
管理制度	25%	决策模式	30%		√				1.2	3.7
		组织结构	30%			√			0.9	
		信息传导	20%	√					1.0	
		激励机制	20%			√			0.6	
企业文化	25%	核心价值观	40%		√				1.6	4.3
		行为方式和准则	30%	√					1.5	
		道德规范	30%						1.2	
运营规则	25%	商业模式	30%				√		0.6	3.4
		战略惯例	30%		√				1.2	
		运营惯例	20%			√			0.6	
		投资惯例	20%	√					1.0	
能力要素	25%	有形能力	40%			√			1.2	3.0
		交易能力	30%				√		0.6	
		知识能力	30%		√				1.2	
总计分值	1	**3.6**								

（三）企业基因评估结果的运用

根据每一个评估要素的分数分布,基本可以看出企业基因的状况,如企业的基因在哪方面比较优良,在哪方面存在缺陷,从而对于企业的综合特质基本可以作出判断。根据基因评估,可以清楚地把握企业的特质,列出清单,如目标企业擅长什么,缺乏什么,从而为投资决策提供重要参照。在此基础上进一步推导各个要素之间交叉的部分,寻找企业的潜在特质,包括优势和劣势,为投资决策提供更有价值的判断依据。

企业基因的最终综合评分落在某一个分数区间,反映了企业的整体基因状况。有经验的股权投资者基本可以判断企业基因的整体水平。根据基因测试的评分,投资者可以对目标企业的基因作出一个基本的判断。如果所有专家的综合评分处于(1,2],说明该企业基因存在较大问题,投资前景不好,可能考虑不投资。如果评分处于(2,3],说明该企业基因一般,投资前景存在一定的问题,是否投资,还要看其他因素。如果评分处于(3,4],说明该企业基因基本良好,可以考虑投资,同时关注其他因素。如果评分处于(4,5],说明该企业基因较好,投资前景看好,考虑其他因素的前提下,该因素明确支持投资。

2.3 | 股权投资视角的目标企业生态评估

"企业生态"借鉴"生物生态"的概念和原理。生物生态学主要揭示生物与环境之间的相互关系及其作用机理。企业生态学主要分析企业的内部系统，以及企业与外部供应商、消费者、竞争对手及其他利益相关者之间的物质、能量和信息交换的活动情况，揭示企业生态系统中各个要素之间相互作用的机理。股权投资决策环节，评估目标企业的生态状况，主要目的是判断目标企业的内部氛围和生存状态，为股权投资者的合理决策提供有价值的依据。企业生态可以研究企业的个体生态，也可以研究种群生态或者群落生态，这里主要研究目标企业的个体生态。James. F. Moore(1996)把企业生态系统定义为以组织和个体的相互作用为基础的经济联合体，供应商、生产者、消费者和竞争者等都是生态系统的成员。

一、企业的内部生态反映了内部氛围，外部生态反映了生存状态

企业的生态可以分为内部生态和外部生态。企业的内部生态反映了企业内部的竞争与协作关系及其氛围。良好的内部生态，决定了企业内部之间的和谐、奋进及合作的状态，由此产生巨大的组织战斗力。反之，恶劣的内部生态，决定了企业内部之间的争斗、倾轧及不合作的状态，表明组织缺乏可持续发展的内部环境。

企业基因和内部竞争决定着企业的内部生态。企业基因隐含着企业文化的遗传因子，包含着组织的核心价值观和行为规范，决定着企业内部的生态环境。如果基因传承友好、协作、价值等遗传因子，企业的员工们就会遵循该价值观，自我复制，自我强化，广泛传播。员工之间就会充满正能量，合作双赢，协作致胜。如果企业基因传承敌对、狭隘、争斗等遗传因子，企业内部人与人之间相互倾轧和相互敌对，相互不信任，就会带来恶劣的生态环境，导致人人自危的状况。竞争导致的内耗给企业带来的是损耗而不是活力，企业内部关系紧张，上下级和同事之间缺乏基本的信任，相互提防，企业政治和争斗频发，企业的氛围恶劣，恶性循环，企业的内部生态环境恶化。

企业的外部生态则反映了目标企业与供应商、客户以及竞争对手的关系，可以揭示目标企业的未来发展前景。良好的外部生态，决定了企业与外部利益相关者之间的默契、合作及双赢，通过企业与外部的物质、能量和信息流动，体

现组织的适应能力。反之,恶劣的外部生态,表明企业与外部利益相关者之间的不协调或不匹配,折射出组织缺乏可持续发展的能力。

企业与外部的协作状况决定了企业外部的生态环境。有些企业与客户和供应商之间保持长期的友好关系,促进物质、能量、信息的交换。有些企业与竞争者保持密切的协作关系,通过相互示范和学习进行信息交换,相互取长补短,实现共同发展。良好的外部生态环境也取决于企业的基因。如果企业基因里传承着"重视利益相关者的利益",把客户和供应商看作企业的战略合作伙伴,企业就会全身心为客户创造价值,为供应商创造价值,从而赢得客户和供应商的青睐。如果企业基因里传承着开放和包容,就不会把竞争者看成单纯的对手,也就不会对竞争者充满敌意,而把竞争者看作提升自己的标杆。在与竞争者同台竞技过程中,相信市场足够大,谁能提供独特的产品或服务,谁就能赢得先机,并通过不断提升知识和技能,赢得竞争对手的尊敬。

二、目标企业内外部生态的评估要素及评估维度

企业生态是一个系统,符合系统的所有特征,系统自组织,自学习和自进化。目标企业内部生态体现在部门之间及员工之间的相互协作或竞争的关系上,并直接为各层级管理者及员工所感受和认知。目标企业的外部生态主要反映目标企业与其利益相关者的关系状况,并直接为其供应商、客户、竞争对手或政府部门所感知。

(一)目标企业"内部生态"的评估要素及评估维度

企业内部生态的评估依据主要源于各层级管理团队以及员工的真实感受,各层级员工的感受或认知反映了企业的内部生态。企业的内部生态往往取决于企业的文化、制度、规则等因素。企业内部生态的评估是复杂的,但最终为企业内部员工所感受到的、认知的氛围,却是内部生态最直接的、最有效的反映。企业内部生态评价的基本要素可以归结为员工的安全感、协作性、使命感和成就感,分别从"归属感""合作意识""责任感"和"绩效成就"四个视角来评价。四个要素之间相互关联,其中安全感和使命感是企业内部生态最高层次的感觉和责任,而协作性和成就感是企业内部生态最直接的思维表现。每个要素的评估过程可以体现目标企业生态评估的价值,也可以进一步划分为五个档次,分别打分,作为一个量化的价值区间性质的判断。企业内部生态评价指标和标准见表2-3:

表 2-3 企业内部生态评价指标和标准

评价指标	评价标准				
	5 分	4 分	3 分	2 分	1 分
安全感	企业发展稳定增长；个人有施展才华的机会；胜任者非常受尊重	企业发展比较稳定；个人有发展规划；胜任者能受到欢迎	企业发展不明确；个人基本能展展才华；胜任者有岗位	企业发展前途模糊；个人施展才华的空间；人员流动率高	企业发展前景不好；个人施展才华的空间；随时可能被排挤掉
协作性	员工之间是协作竞争；员工之间充分包容、支持和认可；团队协作精神得到充分体现	员工之间基本可以实现协作性竞争；员工之间可以实现包容、支持和认可；团队协作精神可以体现	员工之间有一定的协作性；员工之间相互支持和认可度不高；团队协作精神不明显	员工之间协作性较弱；员工之间不能包容、支持和认可；团队协作精神不明显	员工之间缺乏协作性；员工之间缺乏相互的支持和认可；团队协作精神缺失
使命感	员工都有强烈的使命感；企业内部良性竞争相互促进和示范	员工有使命感；企业内部可以做到相互促进和示范	员工使命感不强；企业内部相互促进和示范	员工使命感普遍较弱；企业内部相互促进和示范效应较差	员工使命感缺乏；企业内部没有相互促进和示范效应
成就感	明确界定每个团队、每至每个人的贡献；对每个人的贡献给予充分的肯定和反馈	可以界定每个团队、每个人的贡献；对每个人的贡献给予肯定和反馈	每个团队、每个人的贡献界定不明确；对每个人的贡献大概能给予肯定和反馈	每个团队、每个人的贡献界定不明确；对每个人的贡献反馈不明显	每个团队、每个人的贡献缺乏界定；对每个人的贡献没有反馈

　　企业内部存在竞争是正常的,但是,竞争的性质不同,是恶性竞争还是协作竞争,反映了企业的内部生态状况。作为企业的活动主体,每个人都有自适应和自调整的特性和过程。通过学习、适应、提升等途径,尽量适应企业的环境。但是对员工来说,协作竞争带来的主动性适应,以及恶性竞争带来的被动性适应,却是两种截然不同的感受和结果。协作的竞争和恶性的竞争带给员工的感受都是刻骨铭心的,但表现出来的却是两种截然不同的企业生态,所以,员工的感受和评价最能体现企业的内部生态。当然,员工的感受只是最终的结果,但造成该结果的原因是什么呢?那就是绩效政策、激励机制等具有导向功能的管理制度,也就是企业的基因。这里主要以员工的直接感受作为企业内部生态的评价依据。

　　目标企业内部生态评价的第一个要素是员工的"安全感"。安全感是企业员工的一种感受,是对组织的发展前景和工作平台充满信心的表现。企业员工的安全感来自于对企业的认知。如果员工大都认为企业前途很好,可以提供广阔的工作平台,相信自己在企业里有很大的成长空间和发展机会,不会因恶性排挤而失去机会,这时候,企业的内部生态应该说是比较好的。企业的生存能力、价值观、行为方式、管理理念、管理制度和管理水平等直接决定了员工的安全感。企业的每个员工都需要一种安全感,上至董事长和总裁,下至每一个普通员工,每个人都非常看重安全感。有些企业的员工缺乏安全感,可能因为企业没有发展潜力,看不到发展的前途,担心企业倒闭。也可能因为内部岗位的恶性竞争,形成各类帮派,相互排挤压制,企业政治内斗盛行,每个人都感到岌岌可危。还可能因为关键高管人员频繁更换,导致中层管理人员大规模更换,甚至殃及基层员工。后两种原因都是企业内部生态问题。企业内部的帮派竞争和人员频繁更换,对企业来说是一个巨大的伤害。该类企业无论发展如何,都会给员工留下没有安全感的阴影,该企业的内部生态很糟糕。员工的安全感归根结底源于企业基因,包括绩效文化、用人文化、晋升制度等。

　　目标企业内部生态评价的第二个要素是员工的"协作性"。良好的企业内部生态应该是协作性竞争,既有合理的竞争,又有充分的协作。员工的协作性表现在员工间相互包容、相互支持和相互认可,通过协同一致,实现企业的发展。良好的企业生态环境下,把最合适的人放在最合适的岗位上,发挥每个人的专长和潜能,实现组织整体运行效率最大化。员工通过岗位尝试、能力或业绩展示,找到合适的职位。如果该企业生态打造得好,在合理的竞争过程中,员工之间就会减少相互的妒忌和猜疑,而在协作的过程中,增加相互的支持和理解。如果该企业生态打造得好，就会最大程度地减少处心积虑的逢迎与内耗，就会最大程度地增加员工的实干与绩效。

目标企业内部生态评价的第三个要素是员工的"使命感"。有了安全感和协作性，企业的内部生态还不一定就是健康的。员工的使命感更高程度上决定了企业的生存发展状况，进一步影响员工的安全感和协作性，更能体现企业的内部生态环境。企业需要生存和发展，这是企业的根本。企业的生存和发展靠什么？主要靠包括高层管理团队在内的全体员工的意志和智慧。全体员工是否有共同的愿景，是否愿意竭尽全力为"愿景"而工作，是否有强烈的使命感，决定了企业的发展进程。员工的使命感是企业内部生态系统生存发展的动力源泉，从根本上决定了企业的内部生态。如果企业的每个员工都有强烈的使命感，企业内部就会竞相发展，通过良性竞争，相互促进和示范，在很大程度上促进企业的文化传承，使企业生态向良性方向发展。

目标企业内部生态评价的第四个要素是员工的"成就感"。成就感是员工的自我感知，良好的企业生态会给员工带来更多的成就感。安全感是工作基础，协作性是工作状态，使命感是动力源泉，而成就感是成果分享。在企业生存发展的基础上，在协作竞争的背景下，员工的成就感反映了企业的生态。企业员工的成就感来源于企业的制度和文化，自己的成果是否被自己感知，是否得到了应有的认可和承认，并且得到明确的反馈，决定了企业的成果归属状态。良好的企业生态明确界定每个团队，甚至每个人的贡献，保护好每个人的成果和绩效，并给予充分的肯定和反馈。也就是说，大家的责任和成果界定明确，用制度和规则保证每个人的知识成果。良好的企业生态杜绝出现功劳归于某一个人，或者功劳被某个人独占的情况。对员工来说，如果兢兢业业地工作，但是并没有得到组织的认可和反馈，员工就没有成就感，这样的企业生态就是问题生态。让员工富有成就感是优良企业生态的重要表现。

（二）目标企业"外部生态"的评估要素和评估维度

目标企业的外部生态决定了企业的生存状态，可以通过供应商、客户或竞争对手、政府部门的评价或打分，评估并判断目标企业的外部生态。

生物在生态大环境中都有一个明确的位置，被称为生态位。生物的生态位是长期的进化和物竞天择的结果。企业也有生态位，企业生态位也是企业长期竞争的结果。企业把自己当作企业生态系统的一个成员，与所处企业大的生态系统"共同进化"。企业的生态位可以变化，并随着企业竞争能力的变化而变化。企业所处的发展阶段，所具备的竞争能力，决定了企业的生态位。

目标企业与其上游的供应商和下游的客户形成一个价值链,拓展到竞争对手、政府相关部门以及社区构成了一个相互关联的网,加上所处的经济环境、社会环境和自然环境,就构成一个生态系统,美国 James F. Moore(1996)称之为商务生态系统(business ecosystem)。目标企业是整个链条中的一环,或者是网状中的一点,相当于企业的生态位。目标企业与周围的利益相关者发生各种关联,进行着物质、能量和信息的交换。在生态系统内部,企业与利益相关者之间相互作用,促进系统整体演进。在彼此相互作用的过程中,彼此相互反馈,可能是竞争,也可能是合作,可能为对方创造价值,也可能从对方获取价值,可能是履行社会责任,也可能是承担义务。目标企业与供应商、客户属于上下游关系,不但存在正常的业务关联,还存在兼并收购的可能性。根据内部化交易理论(科斯),上下游企业之间为了完善或扩大产业链,可能选择相互并购,此时并购大都是基于战略性考虑,所以,企业的生态由其供应商、客户评价的针对性更强。每个企业都会非常关注竞争对手,在相互竞争的过程中,相互学习,相互促进。所以,竞争对手的评估也能比较直接地反映企业的外部生态。政府相关部门作为公共服务的提供者和管理者,对企业的评估也在一定程度上反映了企业的状态。基于此,客户、供应商、竞争对手或者政府部门都可以对目标企业的生态进行评价。

企业外部生态评价有四个视角,分别是客户、供应商、竞争对手和政府部门。客户是目标企业生态的最佳评价者。客户的评价要素有:对市场的反应灵敏度、产品和服务的交付、客户对产品和服务质量的满意度。供应商从另一个视角评价目标企业的生态,其评价要素有两个,分别是履约诚信度和双赢思维。竞争对手的评价要素也有两个,分别是遵守竞争规则和持续创新。一般来说,竞争对手都会强调自身的优势,强调对手的劣势。但如果一个企业遵守竞争规则、持续创新,同样也会受到竞争对手的好评。政府部门的评价要素有两个,分别是履行社会责任的愿望、履行社会责任的能力和成果。这里,政府是公共管理部门,在一定程度上,代表了广大公众的诉求或意愿,如果企业污水、废气等处理不彻底,给周边公众造成影响,或者生产安全出现过问题,造成过伤害,都会在这个环节得到反映。

股权投资方把握企业生态评估的要素和维度,遵循绿色理念,根据获取的信息,基本就可以全方位地对目标企业的内外部生存状况进行判断。如果进一步确定每个要素,甚至每一个维度指标的优劣程度,可以采取打分制,大致界定每个要素指标的好坏程度,还可以根据权重进行综合判断。以上四个评价主体的评价打分方法还是采取五分制,企业外部生态评价指标和标准见表2-4:

表 2-4 企业外部生态评价指标和标准

评价主体	评价指标	评价标准					备注
		5分	4分	3分	2分	1分	
客户	对市场的反应的灵敏度	对市场反应迅速，善于捕捉、发掘需求市场的动态需求	对市场需求反应较快，能满足客户的动态需求	对市场反应稍稍滞后，基本能跟上市场发展步伐	对市场反应比较迟钝，难以跟上市场发展步伐	对市场反应严重滞后，基本不能跟上市场发展步伐	
	产品和服务的交付	产品和服务的综合按时交付率100%	产品和服务的综合按时交付率[90%,100%)	产品和服务的综合按时交付率[80%,90%)	产品和服务的综合按时交付率[70%,80%)	产品和服务的综合按时交付率[60%,70%)	
	客户对产品和服务质量的满意度	客户对产品或服务质量满意度100%	客户对产品或服务质量满意度为[90%,100%)	客户对产品或服务质量满意度为[80%,90%)	客户对产品或服务质量满意度为[70%,80%)	客户对产品或服务质量满意度为[60%,70%)	
供应商	履约诚信度	格守诚信，值得信赖	能格守诚信，基本不违约	基本格守诚信，偶尔违约	诚信度不高，有时违约	经常违约，拖欠款项	
	双赢思维	显著的双赢思想指导行为	较好地考虑了供应商的利益	基本能考虑供应商的利益	较少考虑到供应商的利益	基本不考虑供应商的利益	
竞争对手	遵守竞争规则	严格遵守竞争规则，是值得尊重对手的竞争对手	基本能遵守竞争规则，平等竞争	能遵守一定的竞争规则	不能严格遵守竞争规则	不遵守竞争规则	
	持续创新	全面引领市场发展	在某些领域引领市场	紧跟市场发展步伐	市场创新能力不足	市场创新能力差	
政府相关部门	履行社会责任的愿望	有强烈的履行社会责任的愿望	有履行社会责任的愿望	有履行社会责任的意识	社会责任意识一般	社会责任意识缺乏	
	履行社会责任的能力和成果	具有很强的履行社会责任的能力，取得显著的成果	较好地履行社会责任，取得一定的成效	基本能履行社会责任，没有对社会造成危害	履行社会责任能力不足，对社会造成一定危害	履行社会责任能力缺失，对社会造成较大危害	
备注							

三、目标企业整体生态状况的评估方法与评估结果的运用

（一）企业生态的评估方法

根据以上内部生态和外部生态的评估要素和评估维度，可以构建企业生态的评估框架，从员工评价、客户评价、供应商评价、竞争对手评价和政府相关部门评价五个视角来评估。其中，员工评价是对企业内部生态的评价，其他四个评价是对企业外部生态的评价。每个评价主体分设若干个评价指标，每个指标设置合适的权重。这个权重，视具体情况而定，根据行业特性、企业特点，选择合理的权重。每个指标的评价标准和打分依据，根据企业内、外部生态评价指标和标准而定。企业内部生态评价指标和标准见表2-3。企业外部生态评价指标和标准见表2-4。这样，就构成一个企业生态评估的框架体系。企业生态评价表样式见表2-5。对于每个指标，采取专家打分的方法进行。这里的专家就是员工、客户、供应商、竞争对手和政府相关部门的专业人士。这里可以采取"德尔菲法"，请相关专家背对背给出评分。邀请20位有代表性的员工，适当数量有代表性的客户、供应商和竞争对手，若干个政府相关部门人员分别进行专家打分。专家根据上述的评分标准，给出每个指标的合理评分。最后处理汇总各类评分，得出企业生态的总分。

（二）企业生态评估结果的运用

可以从表2-5中看出各指标分值的分布情况。最终评分落在某一个分数区间，反映了企业的生态状况。总分计算出来之后，投资者可以判断出目标企业的生态所处的区间。根据评分，投资者可以对目标企业的生态作出一个基本判断。如果评分处于(1,2]，说明该企业生态存在较大问题，要么是内部生态很恶劣，要么是外部生态很差，可能考虑不投资。如果评分处于(2,3]，说明该企业生态一般，内外部生态都存在一定的问题，是否投资，还要看其他因素。如果评分处于(3,4]，说明该企业生态基本良好，可以考虑投资，同时关注其他因素。如果评分处于(4,5]，说明该企业生态较好，投资前景看好，考虑其他因素的前提下，该因素明确支持该项投资。

表 2-5　企业生态评价表样式

企业生态评估得分

评价主体	权重	评价指标	权重	分值 5分	4分	3分	2分	1分	小计	一级指标分值
员工的评价（内部生态）	40%	安全感	30%		√				1.2	
		协作性	30%		√				1.2	
		使命感	20%			√			0.6	
		成就感	20%		√				0.8	
客户的评价	30%	对市场的反应灵敏度	40%				√		0.8	
		产品和服务的交付	30%			√			0.9	
		客户对产品和服务质量的满意度	30%					√	0.3	
供应商的评价	10%	履约诚信度	50%				√		1.0	
		双赢思维	50%			√			1.5	
竞争对手的评价	10%	遵守竞争规则	50%		√				2.0	
		持续竞争创新	50%				√		1.0	
政府相关部门	10%	履行社会责任的愿望	50%		√				2.0	
		履行社会责任的能力和成果	50%			√			1.5	
总计分值	1								3.02	

2.4 | 目标企业的四个关键能力评估

股权投资之后,特别是战略性股权投资之后,要对目标企业进行资源的重新配置,实现预定战略目标。能否达到预期战略目标,是很多因素共同作用的结果。企业的基因和生态决定了目标企业的本质和状态,在此基础上,企业的四个关键能力直接决定了目标企业能否实现价值创造。四种能力分别是团队胜任力、价值链竞争力、持续发展能力和资产收益能力。这四种能力分别揭示了目标企业的管理团队状况、价值链状况、未来发展前景和资产收益状况。在考虑企业基因生态以及四种能力的基础上,在坚持绿色投资理念的框架下,对目标企业的投资价值作出一个合理的判断。

一、基于知识的目标企业管理团队的胜任力评估

(一) 股权投资最需要关注的是目标企业管理团队的整体素养

无论是评估目标企业现有资产的盈利能力,还是评估企业的价值链竞争能力,或者评估目标企业未来的持续发展能力,归根结底,都取决于整个管理团队的知识素养和变革创新能力。企业管理是一个系统行为,虽然企业的 CEO 的知识素养至关重要,但是,整个团队的知识素养和变革创新能力决定了企业未来的发展前景。

企业的竞争力来源于整个管理团队的隐性知识,最终取决于企业的整体知识素养水平。知识可以分为隐性知识和显性知识。隐性知识源于个人和组织的长期经验积累和沉淀,是管理者长期的善于学习和勤于归纳而形成的经验知识,特别是企业管理的隐性知识更是如此。对企业管理团队来说,隐性知识更加重要,因为隐性知识具有粘滞特性(sticky),不容易获取,也不容易被模仿。对企业管理者来说,隐性知识是长期实践的结果,是企业管理者经历失败、痛苦和反思之后的经验结晶。由于人的心智模式(mental model)和企业文化基因的差异性,隐性知识具有较强的情境性和内隐性。企业管理团队的隐性知识往往决定了其知识素养,进一步决定着企业未来的发展潜力。

管理团队的知识素养并不简单体现在学历的层次上。高学历反映了个人接受教育的水平,但不能反映管理者拥有的隐性知识水平,不能代表企业管理者的知识素养。同时,如果高学历员工各为自战,缺乏协同和共享,还是一盘散

沙,缺乏战斗力。企业管理团队的知识素养从何而来? 企业管理团队的知识素养源于管理团队的勇于实践、善于学习和勤于归纳,是管理者长期实践和经验积淀的结果,更是隐性知识在企业内部共享和转移的结果。

　　每个管理者自身的实践机会和经验知识毕竟是有限的,只有建立企业的学习机制和知识共享机制,才能真正提高全体管理者的知识素养。因此,企业隐性知识的积淀和传播,真正决定着企业管理团队的知识素养。隐性知识的共享或转移是一个难解决的问题,隐性知识转移涉及发送者、转移渠道、知识、接收者和情境(Szulanski,1996,2000;Singley,Anderson,1989)。在企业内部,个人与个人、个人与群体、群体与群体之间,都可以发生知识转移,但要具备一定的条件才能真正实现知识的转移和共享。首先,拥有知识的一方愿意把知识展示出来,实现转移和共享;其次,要有转移的通道,保证知识的传播;最后,共享知识方能够接收到知识,吸收转化为自己的知识,并可以运用该知识。隐性知识的转移更加需要关注情境因素,随着外部环境和条件的变化而灵活应变,相机抉择。隐性知识的转移和共享能力取决于企业的基因。如果企业基因里保持组织学习和知识共享的机制和文化,构建并且长期坚持组织学习、知识共享和知识转移,该企业管理团队就会有较好的知识素养。

　　(二) 高管团队胜任力的评估要素、评估维度和评估标准

　　目标企业高管团队的胜任力取决于多个方面,可以构建目标企业高管团队的胜任力模型。McClelland(1973)把胜任素质(competency)定义为与工作或绩效或生活中其他重要成果相互联系的知识、技能、能力、特质或动机。胜任力模型是胜任素质的结构形式,是胜任某工作所需知识和能力的综合。需要明确一个问题,这里胜任力模型的设计,并不是为了选拔合适人选,而是为了评估管理团队的胜任力。

　　1. 选择合适的高管团队胜任力评估要素和评估维度

　　企业管理团队的知识素养更加集中地体现在高层管理团队身上,因此,这里针对高层管理团队,建立胜任力模型,并对胜任素质指标进行评估,从而对整个管理团队的胜任力作出一个基本判断。

　　股权投资之后,目标企业的现有管理团队将成为企业发展的主要依靠力量,即使对目标企业空降新的高管人员,但主要还是依靠现有的管理团队。现有管理团队对行业和企业都非常熟悉,并且已经积累了丰富的经验,如果管理得当,激励有效,可以降低运行成本,带来企业的快速发展。当然,如果评估下

来,发现现有管理团队不能胜任企业的未来发展,股权投资方在投资决策环节就要作好人员准备,或者考虑人员因素后,判断是否还要进行投资。

现有团队能否担负未来企业发展的重任,可以从知识结构、基本胜任力、领导胜任力和职务胜任力四个维度进行评估。其中,学习能力是基础,是知识素养的重要体现。而基本胜任力、领导胜任力和职务胜任力是知识的转化和知识素养的直接表现。四个要素分别揭示了持续学习能力和在各个层面的胜任能力。

第一,评估高管团队的"知识结构"可以从三个方面进行,分别是企业的教育和学习体系、专业背景与结构、持续学习能力。"教育和学习体系"主要考察目标企业的学习体系建设情况,包括有无完整的学习计划,是否有组织的支撑机制,是否长期坚持学习,是否收到良好的效果。"专业背景与结构"主要考察现有管理团队的学科专业是否搭配合理,能否专业互补、学科交叉,是否具备完成企业运作所需的知识结构。企业高管团队需要的学科专业有管理、财务、投资、技术、营销、人力资源管理、战略等方面。"持续学习能力"反映了高管团队不断获得新知识的意愿和能力,主要考察高管团队对新的理念、新的管理知识、新的管理方法,以及新的竞争态势和经济大环境是否清楚,反映了高管团队的持续学习能力和效果。

第二,基于知识的"基本胜任力"是建立在知识素养基础之上的高管团队具有的基本素养,可以从五个方面进行评估,分别是成就欲、大局观、影响力、组织忠诚和敢担当。通过访谈和交流,可以捕捉到高管团队是否渴望成功,是否具有强烈的成就欲望。对高管团队来说,这是做好企业的基本条件。通过访谈和交流,也可以捕捉到高管团队是否具有大局观,是否善于把握大局,掌握发展方向。通过访谈和交流,还可以捕捉到高管团队是否具备较强的影响力,能否带领团队做好企业管理工作。进一步,通过访谈和交流,还可以捕捉到高管团队的组织忠诚度,又称为组织承诺(organizational commitment),反映了个体认同并参与组织的程度。最后,还可以捕捉到高管团队是否敢于担当。如果高管团队不具备担当的勇气,则无法胜任重要领导职务。

第三,基于知识的"领导胜任力"是建立在知识素养基础之上的高管团队具有的领导力素养,可以从六个方面进行评估,分别是战略思考、有效决策、持续变革、识人善任、团队激励和包容力。高管团队应该具有战略性思维,善于进行战略性思考,战略性思考是高管团队的责任,缺乏战略性思考的高管团队难担大任。高管团队要学会有效决策（effective decision）。管理者要善于做到有效决策，必须清楚问题的性质，明确边界条件，明确正确的决策应该是什么，制订行动计划，建立信息反馈制度（德鲁克，1966）。高管团队作为企业的领头者，要具有创新和持续变革的精神，这种精神也就是德鲁克提出的"企业家精神"。高管团队的领导力胜任素质还包括识人善任、团队激励和包容力。识人善任主要考察目标企业的人才是否得到合理运用，人才的潜能是否得到挖掘，合适的人是否放在了合适的岗位上。团队激励主要考察是否有激励的机制设计，员工是否受到激励，是否表现出极大的工作热情。包容力主要考察是否给员工提供平台，是否给员工提供指导，是否给予有个性、有特点的人才充分发挥的自由等。

第四，基于知识的"职务胜任力"是建立在知识素养基础之上的高管团队具有的胜任现有职务的素养，可以从五个方面进行评估，分别是市场导向、系统思考、执行力、专业技能和团队协作。市场导向是评估职务胜任力的核心指标，企业生存的依据就是满足市场需求，高管团队是否具有市场导向的思想，反映了职务胜任力。作为高管人员，要善于系统性思考。企业是一个系统，内部协同和外部协同都关系到整个企业的有效运行。只有具备系统性思考的方法，才能促进组织有效运行。高管的执行力是必备的职务胜任力素质。是否具有执行力，能否把决策或战略落到实处，能否带领大家一起行动，决定了企业的面貌。高管团队是否具有高超的专业技能，能否灵活运营，能否独当一面，成为某方面的专家，决定了企业的管理素养和水平。高管团队的团队协作则反映了职务胜任力的重要方面，缺乏团队协作的高管，不能形成协同效应，团队缺乏战斗力。

2. 构建目标企业高管团队胜任素质评估的标准

管理团队的胜任力评估过程就是深入考察目标企业管理团队素养的过程，借助评估要素和评估维度，对管理团队进行全方位了解，从而作出一个整体的、全面的判断。在这个过程中，管理团队的评估价值已经得到体现，如果进一步给出量化评价，可以采取"五分制"评分法，设定评价标准，请相关专业人员打分，最终综合评估，给出一个量化判断。

对目标企业管理团队胜任力的评估是一个复杂而且艰难的过程。通过建立胜任力评估模型，可以从多方维度，多个视角对高层管理者的胜任力进行评估，增加了评估的科学性与可信度，在一定程度上克服了传统胜任力评估的片面性和局限性。根据素质冰山模型,胜任素质显现在水面之上的部分是容易识别的、外显的特征,如知识水平、技能表现,这些显性特征容易测量,也容易提升,但往往不是决定绩效和胜任力的关键。外显的往往只是冰山一角。而水面之下的部分,却往往反映管理人员的内在特征,决定着人员的素养和特征。这些特质并不能被快速识别和判断,而是需要深入挖掘、了解和时间的检验。比如,意志力、包容性、自信心、动机等,这些往往决定了一个人的内在特质和胜任能力。另外,管理团队成员的胜任素质还与行业特征与企业规模相关,胜任力模型也具有一定的差异性。

根据高管团队胜任素质评估要素,对每一个胜任素质评估要素建立对应的评分标准。高管团队胜任力评分参照标准见表2-6。胜任素质评估标准由投资方与人力资源专业人士共同制定。评分标准反映了投资方对目标企业高管团队胜任力评估的重点。

(三) 目标企业高管团队的胜任能力评估方法与结果运用

1. 目标企业高管团队的胜任能力评估方法

根据上述的高管团队胜任素质评估要素及评分标准,进一步建立目标企业高管团队胜任能力的评估框架。高层管理团队的胜任力评估可以从四个方面展开,分别是知识结构、基本胜任力、职务胜任力和领导胜任力。这四个指标是一级指标,每个指标设置合适的权重。这个权重,根据具体情况不同,进行合理设置。每个一级指标分别设置若干个二级指标。对每个二级指标,根据具体情况,赋予合适的权重,构成一个胜任力评估的框架体系。各级指标的制定及权重的设置,由专家团队进行讨论设定,根据关注的重点,可以增加或减少指标,也可以合理调整权重。基于知识的目标企业高管团队的胜任能力评估框架见表2-7。对于每个指标,根据高管团队胜任素质的评分标准,采取专家打分的方法进行。这里可以采取"德尔菲法",请相关专家背对背给出评分。这里的专家指参与投资调研和决策、具有丰富投资经验的各类专业人员。专家根据上述的评分标准,结合专家的经验判断,给出每个指标的合理评分。最后总结专家的评分,汇总得出最终评分。

表2-6　高管团队胜任力评分参照标准

一级指标	二级指标	测试标准				
		5分	4分	3分	2分	1分
知识结构	教育和学习体系	构建了完善的教育和学习体系，运行效果非常好	拥有完整的教育和学习体系，基本正常运行	教育和学习体系不健全，但能够运行	教育和学习体系不能有效运行，经常中断	教育和学习体系缺失
	专业背景与结构	团队的专业功底深厚，搭配合理	团队的专业功底尚可，知识结构基本合理，能互补	团队专业功底能满足需要，但互补性不强	团队专业功底较弱，结构不合适	团队专业结构不合理，识结构不合理
	持续学习能力	建立长期学习的制度，并形成完善的组织记忆	能够保持组织学习，注重员工素质提升	能够定期组织学习，重视员工胜任力	能够不定期组织学习，关注员工胜任力	偶尔组织学习，缺乏系统性
基于知识的基本胜任力	成就欲	团队渴望成功，有强烈的成就欲望	团队希望成功，有一定的成就欲望	团队有获得成功意愿，但是并不强烈	团队缺乏远大抱负，成就欲不强	团队整体缺乏成功的欲望
	大局观	善于把握大局，掌控发展方向	能把握大局，明确发展方向	有大局观，基本能看清大势	能做好当前事，但大局观不强	缺乏大局观，关注局部利益
	影响力	对组织有非常强大的影响力和号召力	对组织有较大的影响力和号召力	能够影响和号召大部分员工	能够影响和号召小部分员工	缺乏影响力和号召力
	组织忠诚	热爱组织，对组织的忠诚度高	对组织有较高的忠诚度	高管团队的多数能够忠于组织	高管团队少数能够忠于组织	组织涣散，对组织缺乏忠诚度
	敢担当	团队勇于担当，把公司发展当作己任	团队愿意开拓，承担重任	团队大部分有担当的意愿	少部分人敢于担当，多数缺乏担当	整体缺乏担当的勇气
基于知识的领导胜任力	战略思考	有明确的战略意图，战略规划和执行有效	有战略性思维，关注大势和方向	有战略规划，但缺乏战略执行力	战略性思考不够深入，规划与实施分离	只顾眼前利益，缺乏战略思考
	有效决策	善于界定问题，明确边界条件，落实到行动上	能够明确界定问题，认识到边界条件和边界条件，作出判断，有行动计划	能界定问题和边界条件，缺乏行动计划	能界定问题，边界条件不清，缺乏行动计划	问题不清，边界条件不明，缺乏行动计划

（续表）

一级指标	二级指标	测试标准				
		5分	4分	3分	2分	1分
基于知识的领导胜任力	识人善任	把适合的人放在合适的岗位上	能认识到每个员工都有所长,用其所长	绝大多数员工都能发挥其作用	感觉无人才可用,总认为自己的员工素质低下	人才埋没比较严重
	持续变革	反应敏捷,快速变革,紧跟时代的步伐	顺应时代发展,能够及时变革	有变革意识,但变革推动力不够	反应迟缓,变革跟不上时代的发展步伐	保守、僵化,缺乏变革精神
	团队激励	有效激励,员工积极性饱满	激励机制发挥作用,员工状态良好	激励体系存在,员工被动接受	激励机制效果不佳,达不到激励效果	缺乏激励机制,员工状态低落
	包容力	重视能力和才华,能者都有机会或平台开展工作,发挥最佳水平	能接受各个层面的优秀人才,并容忍其缺点	能接受各个层面的人才,对其缺点难以容忍	对外来人才缺乏信任感,不能很好地使用	对外来人才比较排斥,缺乏包容
	市场导向	强烈的市场导向观念,围绕市场需求展开工作	重视市场导向,满足市场需求	有适应市场需求的观念,顺应市场需要	市场导向观念不足,不能紧跟市场需求	缺乏市场导向观念
基于知识的职务胜任力	系统思考	树立系统化思维方式,进行系统化思考	有系统性思维,能全面考虑问题	考虑问题,系统性不强	比较片面,缺乏系统性思考	分散考虑,缺乏系统性思维
	执行力	把决策或战略落实处,有很强的执行力	对战略或其他决策取项目化管理方法,有较强的执行力	能够推动决策或战略的进行,有一定的执行力	战略或其他决策执行不到位,执行力较弱	战略或其他决策难以推动,缺乏执行力
	专业技能	专业技能高超,而且专业技能可以互补	专业技能突出,基本可以互补	专业技能突出,但互补性不足	专业技能不突出,互补性不强	专业技能较差,而且不能互补
	团队协作	协作意识强烈,团队靠协作制胜	有协作意识,通过协作取得一定成效	团队协作意识不强,缺乏协同	团队协作意识薄弱,各自为战	团队分散,缺乏协作

表 2-7 基于知识的目标企业高管团队的胜任能力评估框架

基于知识的目标企业高管团队的胜任能力评估										
一级指标	权重	二级指标	权重	分值					小计分值	一级指标分值
				5分	4分	3分	2分	1分		
知识结构	10%	教育和学习体系	40%			√			1.2	2.4
		持续学习能力	40%				√		0.8	
		专业背景与结构	20%				√		0.4	
基于知识的基本胜任力	20%	成就欲	20%			√			0.6	2.8
		大局观	20%			√			0.6	
		影响力	20%				√		0.4	
		组织忠诚	20%				√		0.4	
		敢担当	20%		√				0.8	
基于知识的领导胜任力	40%	战略思考	20%	√					1.0	4.0
		有效决策	20%		√				0.8	
		识人善任	20%		√				0.8	
		持续变革	20%		√				0.8	
		团队激励	10%			√			0.3	
		包容力	10%			√			0.3	
基于知识的职务胜任力	30%	市场导向	20%		√				0.8	3.0
		系统思考	20%				√		0.4	
		执行力	20%			√			0.6	
		专业技能	20%	√					1.0	
		团队协作	20%					√	0.2	
总计分值	1	**3.3**								

2. 目标企业高管团队的胜任能力评估结果的运用

对一个人的判断和对一个团队的判断是一样的，每个人都有特点，有专长，也有短板，看我们需要他或她哪方面的技能。有些人不善表达，但功底厚实，善于务实性的工作。有些人善于表达，但功底浅薄，不适合某些务实性工作。每个管理团队也各有特点，有些管理团队善于开拓市场，但是缺乏深耕细作的能力；有些管理团队善于深耕细作，但是缺乏市场开拓的能力；有些管理团队善于运筹策划，但是缺乏付诸实践的能力；有些管理团队实践能力很强，但缺乏运筹策划的能力。评估判断一个团队能否胜任是一个慎重的过程，虽然很难精确判断该团队的胜任能力，但是基本可以判断处于哪个胜任能力区间，对管理团队的素养给出一个比较合适的评估。

目标企业高管团队的胜任能力评估的最终评分落在某一个分数区间，反映了目标企业高管团队的胜任能力状况。根据评分,投资者可以对目标企业高管团队的胜任能力作出一个基本的判断。如果评分处于(1,2],说明该企业的高管团队不能胜任现在的管理工作,现有管理团队不可依托。如果继续投资,要考虑整体加入新的管理团队;或者考虑放弃对该目标企业的股权投资。如果评分处于(2,3],说明该企业高管团队的胜任能力一般,企业的未来发展前景存在一定的问题,可以考虑空降部分管理人员,是否投资,还要看其他因素。如果评分处于(3,4],说明该企业高管团队基本具备胜任能力,股权投资后,如果建立良好的管理和激励机制,可以充分发挥现有管理团队的力量,企业具备发展所需的管理团队的基础。如果评分处于(4,5],说明该企业高管团队的胜任能力较好,高层管理团队是宝贵的财富,为股权投资提供了管理团队的保证。

二、基于准时交付率的目标企业价值链竞争力评估

（一）企业价值链是企业竞争力的重要体现

企业价值链揭示了企业创造价值的过程,不同的行业有不同的价值链特征。工业类企业的价值链从采购原材料开始,经过生产过程,由物流配送给客户,然后到售后客户服务,甚至还包括商品报废后的回收。而有些类型的企业的价值链从设计和创意开始,研发创意是价值创造的重要环节,而后期的采购、制作、销售则是前期工作的延续。创意类、艺术类、文化类、服装类行业的价值链大多属于此类。

企业价值链的价值创造过程由多个活动构成,Michael E. Porter(1985)把这些活动分为基本活动和辅助活动。基本活动包括进料、生产、发货、销售和客户服务等环节,而采购、研发、人力资源管理、企业基础设施作为辅助活动。企业价值链是由企业内部和外部共同组成一个价值增值链。企业内部各个业务单元之间存在内部价值链。企业与其供应商和客户企业形成外部价值链。供应商是本企业的上游,顾客是本企业的下游。成功的价值链管理把外部价值链和内部价值链有机协作起来,形成一个系统集成的价值链。同时,融合企业内部的物资链、信息链和资金链,形成一个创造价值的价值链条。

企业价值链的竞争力反映了企业创造价值的能力。客户或顾客是企业生存的根本,企业存在的意义就是满足并创造客户的需求。价值链精益化管理可以降低各个环节的成本,提高企业运营效率,把更多的价值转移给客户,从而赢

得更多客户的信赖和支持。客户或顾客的信赖和支持是企业生存发展的根本，也是在激烈的竞争环境中求得生存的重要法则。Aurick（2003）指出企业的每个能力要素在价值链中对业务产出有独立贡献，能力要素之间可以通过重组给企业带来新的竞争优势。该研究成果为价值链的重组优化提供理论基础。

（二）准时交付率是衡量价值链的各个环节之间有效协作的重要指标

企业"价值链"包括采购、进料、生产、发货、销售和客户服务等环节，每一个环节能否按"时间"和"质量"要求提供物料、产品或服务，决定着整个价值链的运行效率和运行质量，体现了企业创造价值的能力。企业价值链的上下环节之间需要协商预定好交付时间、交付数量和交付质量要求，这需要精确计算，并经过长期生产验证。上下环节之间要遵循一个原则：保证原料或半成品的数量，又要保证不会造成存货积压。上一环节按照预定时间和数量，及时交付半成品、产成品或服务。不能提前送达，更不能推迟送达，需要做到时间的合适性（JIT：just in time）；多交付或少交付都会对后续工作的平稳性造成冲击，从而导致整个价值链的波动，各环节必须严格执行预定的交付数量。这样要求的主要目的是保证过程存货占用成本最小化和工作效率最大化。上一环节还要按预定的交付"质量"要求交付，不得出现不合格物品或不到位服务情况。如果出现适量不合格或者服务不到位情况，后续质量无法满足要求，整个价值链的协同性被打破，企业价值链的竞争力就会下降。

（三）基于准时交付率的目标企业价值链竞争能力的评估要素、评估维度与评估标准

根据准时交付率从客户向上游延伸，依次分为对客户的准时交付率、生产环节物料的准时交付率，以及采购原材料的准时交付率。"准时交付"是指保质、按时、按量交付。

1. 基于准时交付率的目标企业价值链竞争能力的评估要素和评估维度

首先是"企业对客户的准时交付率"。这个环节是企业价值链中最接近客户的环节，也是最重要的环节，该环节的准时交付率最直接地体现了企业价值链的运行效率和运行质量。对客户的准时交付率的评估维度从以下三个方面展开：一是销售的商品是否按规定时间交付到客户手中，反映了企业物流配送能力和配送水平。二是交付给客户的商品的品质和数量是否满足了客户的要求，有无商品本身的质量问题或出现运输过程中造成的质量问题，有无发货数

量的差错等。三是对于后续的客户服务是否按客户要求及时提供,并满足了客户的要求,是否给员工带来满意的解决方案。客户服务是重要的环节,反映了企业对客户的责任。如果出现对客户后续服务的敷衍或推脱,准时交付率就出现重大问题。

其次是"生产环节内部物料的准时交付率"。生产前后环节的准时交付率反映了企业内部供应链的管理水平。生产环节的接口可能会比较多,前后环节能否按时交付,决定了整个生产环节的运行状况。前一个环节交付的及时性和数量的合理性都决定了下一个环节的成本。如果没有按时交付,或者交付的物料出现质量问题,可能导致下一个环节停止生产,进而影响整个生产过程。如果交付过多,可能导致存货积压,占用过多的空间,增加整体的库存成本。所以,既要保证下一个环节的用料,又要保持合理的供应量,还要保证供应物料的质量,三者缺一不可。每个环节之间的最佳供货量是多少,多数企业根据经验数据来确定,随机观察存货不多了,就通知上一环节供应物料,这种经验化管理可以有效运行,但是无法做到最优化管理。也可以通过准确计算,测算前后环节每批次的最佳供货量和最佳供货时间,通过量化指标信息在上下环节之间传输,确定供货时间和数量,做到精益化管理。生产环节准时交付率的评估维度从以下三个方面展开:一是交付物料的时机是否适当。物料的早到或晚到都不符合准时交付的要求。二是交付物料的数量是否适当。提供的物料过多和过少都会影响下一环节的生产。三是交付质量是否符合要求。如果物料出现质量问题,出现退回或出现次品,整个生产环节都会出现问题。

最后是"采购原材料的准时交付率"。采购原材料的准时交付率考验着采购部门的管理水平,也决定了整个价值链的正常运行。如果批量采购过多,则原材料积压,造成库存成本增加。如果采购原材料的结构不合理,则有些原材料积压,而有些原材料短缺。如果批量采购过少,可能出现采购过于频繁,不利于整体采购成本的降低,还会导致原材料的不安全,影响生产。原材料的采购批量和频率是企业经验数据的积累,也可以通过计算,寻找理论上最佳的采购批量和采购频率。两者相结合,寻找最佳的采购方案。采购原材料准时交付率的评估维度从以下三个方面展开:一是采购原材料的时机是否适当。二是采购的原材料的数量是否适当。三是采购的原材料的质量是否符合要求。

准时交付率贯穿于客户、生产和采购三个阶段,反映了整个价值链的竞争力。如果一个环节出现问题,可能影响另一个环节,甚至另外两个环节。如果采购环节没有准时交付,生产环节和客户交付环节就会出现问题。如果生产环节不能准时交付,可能影响到客户交付环节,还会造成采购环节的积压。如果客户交付环节没有准时交付,造成产成品库存积压,对生产和采购都会造成冲击。因此,采购、生产和客户三个环节,形成一个相互关联、相互影响的链条,对整个供应链的管理能力和管理水平,反映了企业的竞争力水平。

2. 基于准时交付率的目标企业价值链竞争力的评估标准

目标企业价值链的竞争力是一个企业综合实力的体现,反映了企业的管理水平。这里,用准时交付率直接反映企业价值链的竞争力,如果每一个环节的准时交付率都很高,基本可以判断企业价值链的竞争力水平了。对每一个指标采取"五分制"打分方法。各个企业可以根据行业和企业特点,采取不同的评分标准。这里假设,如果每一个指标98%以上按要求完成了,可以打5分;如果每一个指标95%—98%(包括95%,不包括98%)按要求完成了,可以打4分;如果每一个指标90%—95%(包括90%,不包括95%)按要求完成了,可以打3分;如果每一个指标85%—90%(包括85%,不包括90%)按要求完成了,可以打2分;如果每一个指标80%—85%(包括80%,不包括85%)按要求完成了,可以打1分。基于准时交付率的目标企业价值链竞争力评分参照标准见表2-8。

(四) 目标企业价值链竞争力评估方法与结果的运用

1. 目标企业价值链竞争能力评估方法

根据准时交付率的重要指标,设置目标企业价值链竞争能力评估指标体系。可以设置两级指标,一级指标分为三个指标,分别是客户环节的准时交付率、生产环节的准时交付率和采购环节的准时交付率。每个一级指标又可以分解为若干个二级指标。对每个一级指标和二级指标分别赋予权重,构成价值链竞争能力评估指标体系。权重的设置可以通过德尔菲法,请企业内、外部专家赋予各个指标权重。对每个二级指标进行加权平均,得出二级指标的分值。最后对一级指标进行加权平均,得出一级指标的最终分值。基于准时交付率的价值链竞争能力评估样式见表2-9。

表 2-8　基于准时交付率的目标企业价值链竞争力评分参照标准

一级指标	二级指标	测试标准				
		5 分	4 分	3 分	2 分	1 分
客户准时交付率	年度内销售的商品是否按规定时间交付	98%以上按要求完成	95%—98%按要求完成	90%—95%按要求完成	85%—90%按要求完成	80%—85%按要求完成
	年度内交付给客户的商品的品质和数量是否满足了客户的要求	98%以上按要求完成	95%—98%按要求完成	90%—95%按要求完成	85%—90%按要求完成	80%—85%按要求完成
	年度内后续的客户服务是否按客户要求及时提供并满足了客户的要求	98%以上按要求完成	95%—98%按要求完成	90%—95%按要求完成	85%—90%按要求完成	80%—85%按要求完成
	年度内的客户满意度	98%以上	95%—98%	90%—95%	85%—90%	80%—85%
生产环节准时交付率	年度内生产各环节之间交付物料的时机是否合适	98%以上按要求完成	95%—98%按要求完成	90%—95%按要求完成	85%—90%按要求完成	80%—85%按要求完成
	年度内生产各环节之间交付物料的数量是否合适	98%以上按要求完成	95%—98%按要求完成	90%—95%按要求完成	85%—90%按要求完成	80%—85%按要求完成
	年度内生产各环节之间交付质量是否符合要求	98%以上按要求完成	95%—98%按要求完成	90%—95%按要求完成	85%—90%按要求完成	80%—85%按要求完成
采购准时交付率	年度内采购原材料的时机是否适当	98%以上按要求完成	95%—98%按要求完成	90%—95%按要求完成	85%—90%按要求完成	80%—85%按要求完成
	年度内采购原材料的数量是否适当	98%以上按要求完成	95%—98%按要求完成	90%—95%按要求完成	85%—90%按要求完成	80%—85%按要求完成
	年度内采购原材料的质量是否符合要求	98%以上按要求完成	95%—98%按要求完成	90%—95%按要求完成	85%—90%按要求完成	80%—85%按要求完成

表 2-9　基于准时交付率的价值链竞争能力评估样式

基于准时交付率的价值链竞争能力评估									
一级指标	权重	二级指标	权重	分值					小计分值	一级指标分值
				5	4	3	2	1		
客户准时交付率	40%	年度内销售的商品是否按规定时间交付	30%			√			0.9	4.08
		年度内交付给客户的商品的品质和数量是否满足了客户的要求	30%		√				1.2	
		年度内后续的客户服务是否按客户要求及时提供并满足了客户的要求	30%	√					1.5	
		年度内的客户满意度	10%		√				0.4	
生产环节准时交付率	30%	年度内生产各环节之间交付物料的时机是否适当	40%	√					2.0	4.4
		年度内生产各环节之间交付物料的数量是否适当	30%		√				1.2	
		年度内生产各环节之间交付质量是否是否符合要求	30%		√				1.2	
采购准时交付率	30%	年度内采购原材料的时机是否适当	40%				√		0.4	1.9
		年度内采购原材料的数量是否适当	30%			√			0.9	
		年度内采购原材料质量是否符合要求	30%				√		0.6	
总计分值	1	3.5								

2. 目标企业价值链竞争力评估结果的运用

最终评分落在某一个分数区间,反映了目标企业价值链的竞争力状况。根据评分,投资者可以对目标企业的价值链竞争力作出一个基本的判断。如果评分处于(1,2],说明目标企业价值链竞争力很弱,企业内部供应链管理很差,可能考虑不投资。如果评分处于(2,3],说明目标企业价值链竞争力一般,企业内部管理存在一定的问题,是否投资,还要看其他因素。如果评分处于(3,4],说明目标企业价值链有一定的竞争力,可以考虑投资,同时关注其他因素。如果评分处于(4,5],说明目标企业价值链有很强的竞争力,该因素明确支持投资。

三、基于实物期权的目标企业的成长机会评估

对于股权投资来说,目标企业的未来发展机会是需要关注的要素之一。目标企业的成长能力,不仅要从现有要素和资源中作出判断,更要从未来选择权带来的机会视角分析评估。实物期权价值因素对股权投资者的决策非常重要。实物期权给企业带来未来的选择权,既可能避免给企业带来巨大的灾难性毁灭,又可能给企业带来巨大的发展机会。通过发现和捕捉未来选择权可能带来的机会,判断目标企业未来真正的发展潜力,为投资决策提供强有力的依据和支撑。

(一) 实物期权的基本思想

"期权(option)"最初属于一种金融衍生工具,属于金融期权范畴。期权可简单地理解为未来的选择权。期权的买卖双方签订一个交易合约,交易对象就是"权利",期权的购买方支付一定的费用,就获得了一个选择权,可以在未来某一段时间或者到某一具体日期,选择是否以约定好的价格购买(或出售)一定数量的标的物。期权买方支付的费用就是期权费,也就是期权的价格。在期权有效期内或者到某具体日期后,期权的购买方可以根据具体情况作出有利于自己的选择。如果期权购买方购买的是"买权",又称"看涨期权(call op-tion)",在未来的一段时间或到期后,可以选择买,也可以选择不买。如果选择买,卖方必须执行合约;如果选择不买,就会损失全部的期权费。如果期权购买方购买的是"卖权",又称"看跌期权(put option)",在未来的一段时间或到期后,可以选择卖,也可以选择不卖。如果选择卖,对方必须执行合约;如果选择不卖,就会损失全部的期权费。实物期权体现价值需要具备以下条件:存在不确定性;不确定性可能给企业带来价值;灵活的战略是可行的,而且是可执行的;管理层是理性的,而且有灵活性(Johnathan Mun,2006)。对期权的购买者来说,无论购买的是"买或不买"的选择权,还是"卖或不卖"的选择权,如果到期之前的任何一个交易日,期权的购买方都可以执行该选择权,该期权就是美式期权。如果必须是到期日才能执行该选择权,该期权就是欧式期权。美式期权对卖方来说,增加了随时履约的风险,因此,期权费用相对较高。

期权具有灵活性,该思想被运用到企业经营管理和项目投资领域,因为其标的物为实物资产,该期权被称为实物期权(real option)。Stewart Myers(1977,1996)指出,一个投资创造的价值来自于两方面,一是现有资产的使用,二是对未来投资机会的选择。实物期权是获得未来的一个现实选择权,通过不断完善信息,实现相机抉择,降低投资的风险。相比于金融期权,实物期权具有"非交易性"特点。实物期权思想的推广运用,给投资决策的方法带来了革命性的变革。在投资决策中,用一个预先知晓的固定成本,锁定未来的风险,而且在期有效期内，保留对未来发展机会的选择权。实物期权使投资决策获得更大的灵活性，降低风险的同时，带来更大的收益。

期权的价格包括内在价值（intrinsic value）和时间价值（time value）。内在价值是指期权立即执行所产生的经济价值。时间价值是指等待的价值，随着时间的推移，该期权的内在价值会得到提升（Frank K. Reilly & Edgar A. Norton, 2009；Haim Levy, 2000）。实物期权的定价可以参照 B-S 模型，也可以参照二项式模型。两种定价方法都有假设条件，但两种方法的假设条件不同。金融期权依托期权市场的实际价格，比较容易检验定价的合理性。而实物期权的定价信息无法通过市场直接获得，可信度存在差异。

（二）实物期权为投资决策者提供了一个新的发现投资价值的视角

传统投资决策方法属于静态的决策，决策结果相对固定。传统的投资决策方法是基于未来现金流的折现，通过计算净现值、内部报酬率、投资回收期等指标，判断投资是否可行。投资决策过程就是根据投资收益和风险分析，对未来的不确定性作出的判断，该决策方法属于单期的静态决策，决策路径是单一的，决策过程是静态的，决策结果是相对固定的。对于传统投资决策方法来说，决策者考虑越是周全，预测越是准确，预料之外的因素越是少，投资回报越有保障。传统投资决策是建立在一定信息基础之上的，但信息是不完全的，估计也不会非常准确，任何变化都会给投资决策的正确性带来影响。基于净现值、内部报酬率的投资决策方法考虑到了未来创造价值的能力，但只考虑了可感知到的业务增长所带来的价值，没有考虑目标企业潜在的选择机会或投资灵活性可能带来的机会价值，可能会低估目标企业的投资价值，从而影响正确的投资决策。

基于实物期权的投资决策突破了传统投资决策的思路，把灵活性和选择权引入投资决策过程中来，开创了投资决策的新思维。实物期权为企业管理者提供了一种在不确定环境下进行战略性投资决策的思路，为投资决策者提供了一个新的发现投资价值的视角，具有重要的理论价值和实际意义。基于实物期权的投资决策属于多阶段动态决策过程。投资者拥有未来选择权，在未来一定时期内或到一定日期后，可以选择采取对自己最有利的行动，在这期间，投资者可以得到最新的信息，为下一步投资决策提供充分依据。

实物期权给企业带来向上获利或者向下止损的选择权。如果企业拥有一个选择权，就是一个实物期权。相当于企业购买了"买权"，也就是获得了买或者不买的权利。如果不执行买的权利，就损失了已经支付的资金；如果执行买的权利,就获得了更大的发展机会,从而获得向上获利的空间。对股权投资方来说,还不确定该投资是否合适,但又不想放弃该次投资机会,可以支付一定的资金,获得一个向上获利或避免向下损失的选择权。对于实物期权,可以美其名曰首批付款,后续资金陆续到位,或称一期开发,二期后续;或者,股权投资方明确地提出支付一定资金,请求对方给予延期决策的权利。其实就是购买了一个期权,随着时间的推移,信息越来越充分,趋势越来越明朗。基于实物期权的决策相当于决策的贝叶斯规则,企业随着信息的完善,进一步实施自己的决策。如果下一步对自己有利,继续支付其余资金,或者追加投资,扩大股权收购比例;如果对自己不利,放弃继续投资,最多损失前期支付的资金。该种做法就是运用了实物期权的思想,锁定了可能的最大成本,而规避了更大的风险。企业获得向上获利的选择权,见图2-5:

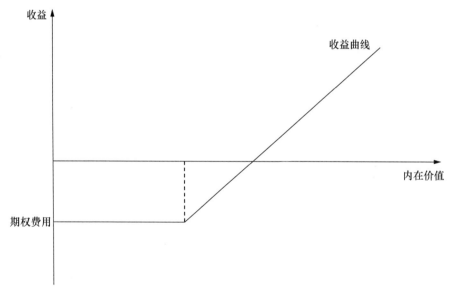

图2-5　企业获得向上获利的权利

（三）未来选择权给目标企业带来的机会评估

　　未来的选择权为股权投资方带来了额外价值。企业的投资价值不仅仅是企业未来产生的现金流的内在价值,还包括企业未来成长机会带来的价值。比如,某企业集团准备进入一个新市场,目标企业恰是合适的通道或基础。该公司通过股权投资,获得该企业的全部或部分股权,拥有一定的决策权,为以后的业务拓展提供了基础条件。实物期权带来的机会和价值是巨大的,其实,无论哪一种股权投资，都会有实物期权嵌入其中，寻找发现可能存在的期权，可以更加准确地界定真实的投资价值。

在股权投资的决策环节，投资决策者要善于挖掘和发现实物期权，分析股权投资中存在哪些未来选择权，同时通过定性描述列出机会清单，对目标企业实物期权带来的投资价值进行评估。在此基础上，进一步分析执行选择权之后，所产生的机会给企业发展带来怎样的战略价值，从而为投资决策提供更有价值的依据。投资决策者要善于识别基于实物期权的企业发展机会，并对机会的战略性价值作出评估和判断。

1. 投资目标企业，获得资源或平台之后，可能带来哪些重大的、潜在的未来成长机会

未来选择权就是隐含着的成长机会。在条件合适的时候，执行了该实物期权，从而获得企业发展的宝贵机会，就会给企业带来快速的、跳跃式的发展。企业通过股权投资获得目标企业的参与决策权，在未来的时间内，也就拥有未来成长机会的选择权。如果投资方进行战略性股权投资，投资方就获得了进入该领域的通行证，企业可以获取未来成长的机会，这就是"增长期权"在股权投资中的体现。

增长期权理论（Kester，1984）强调机会均等，所有企业都可以采取措施获得机会。股权投资的目标企业也拥有未来选择权，在条件适当时，可以执行这个权利。如果目标企业在未来某一时间没有执行未来选择权，而竞争对手捷足先登了，目标企业就会丧失该机会。另一个假设条件是不完全竞争市场。在这种市场条件下，存在"先行者得益"，企业率先执行了未来选择权，赢得客户的青睐或信任，从而优先占领了市场，后来者要进入市场，就要付出更大的代价。

拥有目标企业的股权之后，如果控股，就获得决策权，更加有能力对未来的机会进行选择。如果是参股，获得的是参与决策权，这时，也可以通过战略联盟的途径，影响企业对未来发展机会的选择。这个实物期权并没有规定执行的日期，相当于一个"美式买权"。前期投资是对未来增长机会跟进投资的先决条件。

未来选择权带来的机会需要根据具体情况而定，这些机会可能表现为生产某类新产品，进入某个新市场，或者进入某个新行业等。期权是否被执行主要看市场条件和时机是否成熟，一旦时机成熟，市场条件合适，股权投资方就会执行这个期权，实现价值的快速增加。股权投资决策者要进行深入评估，未来是否存在这些机会，在未来一段时间内，可以选择生产哪类新产品，或者进入什么

新市场,或者进入什么新行业,存在哪些障碍,获得成功的概率有多大,要作出一个综合的评估和判断。

腾讯公司从"QQ业务"到"微信业务"的拓展,实际上就是一个增长期权。QQ诞生于1999年,该公司树立了互联网思维,为客户提供了便捷、贴心的服务,该业务快速发展并得到市场的认可。2002年8月新增QQ群功能,让QQ迅速成为真实的熟人社交网络平台,变成了一种工作平台和生活方式。QQ业务集聚人气,培养了人们运用网络平台交流、社交的生活方式和习惯,培育了大量的用户。如果说QQ业务是集聚人气的第一步,第二步就是建立"微信"客户的环节。在QQ业务发展过程中,嵌入了"微信"业务发展的增长期权,为进入"微信"业务打下基础。腾讯进入"微信"业务领域时,习惯于网络平台的消费者迅速接受新的"微信"交流平台,"微信"得到原用户的积极响应和快速认可,从而实现业务的飞升。微信使用者数量快速飙升,改变了人们的思维方式,也使腾讯获得了长足发展。

2. 投资目标企业之后,是否可以获得"等待"的权利,选择更好的发展时机

股权投资方进行股权投资之后,获得了选择权,在未来一段时间内,根据外部环境的变化,确定进一步投资发展时机。当时机有利时,可以抓住机会,选择行动;当外部环境不利时,投资者可以选择等待,延迟行动,进一步获取更多的信息,然后选择合适时机,以更加有利的方式实施某个行为,这就是延迟期权(option to delay)(Johnathan Mun,2006)思想在投资中的体现。延迟期权相当于一个"美式买权"。股权收购之后,在行业、市场的未来发展趋势还不明朗的情况下,可以先选择等待,等待信息的完善,从而酝酿更大的行动计划。或者是投资者拥有有价值的资源,暂时不开发使用该资源,而是等待市场机会出现之后,更好地利用该资源。投资决策时,决策者根据后续的信息更新已有决策,即决策的"贝叶斯规则"。

股权投资者拥有了收购目标企业股权的权利之后,也可以选择等待,等信息更加全面后再实施股权收购,或者在风险可接受范围之内先投资较小比例的股份,在获得未来更有价值的信息后,进一步采取更大比例的收购行为,保证目标企业在最佳时机获得快速发展。

3. 投资目标企业之后,是否可以获得"转换"的权利,获得提升或转型的机会

各项技术都在快速发展,商业模式不断被更新,企业的生存状态变得越来越艰难,企业要随时做到相机抉择,当外部环境发生重大变化时,企业应该进行

业务转换,通过自我调整,实现企业的全面更新,这就是转换期权(Johnathan Mun,2006)思想在股权投资中的体现。股权投资之后,如果获得了目标企业的决策权,可以以此为平台,根据外部环境的需要,进行业务转换,进可攻,退可守,给企业带来的是生存保障和转换机会,这时,投资目标企业的价值就大大提升。当未来市场需求发生重大变化时,企业可以利用相同的生产要素,如设备、厂房、技术、员工等,选择生产适应市场需求的产品或服务。企业转换期权需要期初的既定投资,在投资决策环节,考察目标企业是否具备业务转换的固定资产条件,这种生产上的灵活性将使企业更具有竞争优势,给未来的业务转换提供重要基础。

股权投资方要关注目标企业过去的财务盈利能力,还要关注目标企业未来创造价值的能力,更要关注目标企业可能带来的潜在成长机会,获取这种发展期权是股权投资的重要驱动力量。投资者要作出时机的判断,如果现在进行股权投资,即使从净现值法(NPV:net present value)来判断是不合适的,但能为进一步发展战略性业务提供宝贵的资源条件,可以为企业带来更大的发展机会,该项投资也可能是值得的。实物期权将目标企业的未来发展机会纳入目标企业价值评估中,在一定程度上,完善了目标企业的价值评估体系,增加了企业投资价值评估的合理性。投资者要善于发现隐含的未来选择权,捕捉战略投资的价值,体现战略性股权投资的真正内涵。

实物期权具有异质性,同样的实物期权对不同的投资者来说效用不一样。同一个目标企业,对不同的投资者来说,实物期权带来的机会和价值可能大相径庭。同样的实物期权,对有些企业是巨大的机会,但对有些企业可能未必是机会。因此,实物期权要针对投资方的现有资源、能力状况和未来的战略规划,评估是否会给投资方带来新的发展机会,以及发展的机会有多大。无论是战略性投资,还是财务性投资,或者股权投资基金的投资,隐含在投资方案中的实物期权带来的价值都应该考虑在内,从而作出正确的判断。这里,实物期权的应用主要是用来定性分析企业价值的驱动因素,揭示目标企业的隐含价值,帮助识别有增长潜力的公司,为投资决策提供一种分析思路。同时,探索投资决策的可能路径,以及每个路径的可行性,在动态的环境下对投资机会进行评估,排列出这些路径的优先顺序,选择合适的时机执行选择权,实现投资价值最大化的目标。

四、基于杜邦模型的目标企业资产收益能力评估

杜邦分析模型基于历史的财务数据对企业净资产收益情况进行了分析,非常经典地揭示了企业净资产的收益能力。净资产收益率是反映企业净资产收益能力的重要指标。净资产收益率取决于总资产收益率和权益乘数。总资产除以净资产得到权益乘数,总资产收益率乘以权益乘数就得到净资产收益率。对企业来说,权益乘数反映了企业的资产和负债结构。企业可以通过处理无效资产或者增加负债,改变权益乘数。在权益乘数一定的情况下,总资产收益率反映了企业的盈利能力。

(一) 企业的利润空间和资产周转速度是衡量企业收益能力的重要指标

总资产收益率取决于两大因素:一个是企业的利润空间,另一个是资产周转速度。利润空间和资产周转速度的乘积,就是总资产收益率。销售利润率揭示了该企业利润空间的大小,企业的利润空间反映了企业的盈利能力,而资产周转率揭示了该企业资产周转速度的快慢,企业资产周转速度反映了企业获得利润的速度。

在进行股权投资时,要充分考虑行业利润空间的差距,作出正确的决策。利润空间有显著的行业特征。不同的行业,利润空间是不同的。有些行业利润空间比较大,销售净利率可以达到20%—40%;有些行业利润空间比较小,销售净利率只有5%—10%。行业差距注定了企业的利润空间存在巨大差异。一般来说,投资利润空间比较大的行业,比较容易获得稳定的利润现金流,容易实现投资回收的目标。投资利润空间比较小的行业,如果管理不到位,比如出现坏账等状况,很可能出现亏损,投资回收的目标较难实现。当然,再差的行业,也有卓越的企业,再好的行业,也有经营不佳的企业。

在同一行业,不同的企业,利润空间也不同,反映了企业的生产经营管理水平。造成利润空间差距的主要原因是成本不同。同行业、同品类、同质产品的市场价格是市场竞争形成的均衡价格,每个企业都是市场价格的接受者,所以,销售价格应该是基本一致的。那么,造成企业之间利润空间差距的主要因素就是成本和费用。企业的成本和费用能否比竞争对手更低,决定了企业利润空间的大小。卓越的企业,在市场价格一定的情况下,总会尽可能地降低成本,获得比竞争对手更高的利润空间,从而获得竞争优势。企业的成本主要是生产成本,从原材料的采购到生产过程,再到营销环节,若每个环节都能实现精益管理,那么就能在保证质量的前提下,最大可能地降低成本。通过精益管理降低

成本,节省的每一分钱,都可以变成利润,从而增加利润空间;或者,企业把节省的成本转移给客户,为客户创造价值,从而赢得客户的青睐。同时,优化资源配置,降低管理费用、销售费用和财务费用三大费用的水平,也可以提升利润空间。比如,企业严格控制办公场所租金,降低接待费用,严格控制差旅费用等,或者通过提高销售费用的效率降低销售费用等。费用的降低,相当于利润空间的提升。

决定总资产收益率的另一个指标是总资产周转率,总资产周转率反映了企业现有总资产的周转运营能力。总资产的周转率可以用企业的年度销售收入比上企业的平均资产总额来表示。企业的周转速度越快,说明企业现有资产创造价值的速度越快。总资产中有两项重要资产的周转率需要关注,分别是应收账款周转率和存货周转率。应收账款周转率反映企业的应收账款的周转速度。应收账款周转越快,企业的应收账款回收周期越短,应收账款占用的资金成本越小,企业的资金效率越高,企业的现金流越是顺畅。存货周转率反映存货的周转速度。存货包括原材料、半成品和产成品。存货周转速度越快,企业的运行效率越高。通过精益管理,确立合适的原材料和半成品存货,既保证生产的最低要求,又要使存货成本最小化。所谓 JIT(just in time)的基本思想就是尽可能降低存货成本,实现零库存的目标。产成品的库存是决定存货周转率的重要指标。产成品的库存状况取决于生产和销售的匹配程度。如果生产量超过销售量,造成库存增加,反之,销售量大于生产量,不能满足客户的需要,可能带来失信于客户的严重后果。产成品库存的有效管理反映了企业的经营管理水平。应收账款周转率和存货周转率也具有行业的特征,不同的企业,两个指标也有不同的表现。在对目标企业进行考察时,这两个指标是重要的考察对象。

(二) 透过财务数据,分析其背后的实际经营管理能力

财务指标是企业经营好坏的最终表现,虽然透过财务指标不能看到企业经营的一切,但是,财务指标却可以真实地反映企业经营的实际效果。首先,考察行业的平均水平,根据行业的财务数据平均状况,进一步判断目标企业的财务数据水平。其次,进一步透过财务指标,判断和揭示数据背后的实际经营情况,包括经营的问题和经验。企业总资产的收益率反映了整个企业创造利润的能力,即相对于总资产规模,企业所获得的收益的情况。在总资产一定的情况下,总资产收益率越高,企业的盈利越多;企业盈利越多,意味着企业的利润空间和资产周转速度越大;利润空间和资产周转速度越大,意味着企业的管理水平越

高。企业通过精益管理,促使企业的成本费用低于竞争对手。通过优化管理和配置,加快资产周转速度,使资产发挥最大效用。

　　企业管理的规范化也好,流程化也好,最主要的目的是降低成本,产生效益,实现利润的增加。对企业来说,创造价值的是最重要的。有些企业领导人认为自身管理非常规范,但是财务指标表现不佳,这说明企业管理的某个环节肯定出现了问题,比如客户服务方面、运作流程方面、内部员工的能力方面等。管理者要进一步探究这个问题出现在何处,如何产生的,以及如何应对。没有成效的管理,就是失败的管理。评价一个企业,关键是看企业获得的利润,而不是看该企业内部管理如何规范或者如何花哨。

　　透过财务指标并不能发现企业内部管理的一切问题,也无法判断企业未来的收益能力。"平衡计分卡"(the balanced score card)方法认为,财务指标属于结果因素,主要衡量过去经营所形成的结果,但无法评估组织未来发展的驱动因素。Robert Kaplan 和 David Norton(1992,1993)在财务指标的基础上,增加了客户因素、内部流程和学习成长因素,从四个纬度进行分解,将企业战略转化为具体的行动计划。客户因素从客户视角反映企业的经营管理能力,常见指标包括交货率、重要客户的购买份额、客户满意度指数等。内部运作流程揭示了企业的内部优势,明确自身的核心竞争力,并把它们转化成具体的测评指标,内部运作流程是公司改善经营业绩的重点。学习和成长方面主要解决如何持续提高并创造价值的问题,企业可以确定不同的产品创新、程序创新和生产水平提高指标,如员工士气、员工满意度、平均培训时间等。

 **思考与讨论**

　　1. 如何理解企业基因和企业生态是股权投资的重要因素?

　　2. 进行股权投资决策时,为何要关注基于实物期权的目标企业持续发展能力?

3. 如何理解目标企业高管团队的胜任能力是股权投资决策环节需要重点考察的内容？

 推荐阅读 2-1

复星集团：中国动力嫁接全球资源

复星集团由郭广昌与其创业伙伴创立于 1994 年。经过快速成长和发展，复星集团已经发展成为有一定国际知名度的大型投资控股集团。"复星系"直接和间接控股的公司超过 100 家，投资行业涉及金融保险、生物制药、钢铁、房产、证券、银行、商贸流通、信息行业、健康、旅游、文化等。2007 年是"复星系"的重要转折点。在此之前，复星集团的房地产、钢铁、生物医药等产业的发展获得了巨大成功。主要原因是复星集团抓住了中国经济社会快速发展的历史机遇，为企业快速发展提供了良好的外部环境。2007 年之后，随着中国的消费升级和产业升级，复星集团酝酿了一个转型计划。复星集团依托中国经济的快速发展，立足中国，聚焦领域，放眼全球资源，提出了"中国动力嫁接全球资源"的投资发展模式。复星集团积极学习巴菲特的成功模式，打造成为以保险业务为核心的投资集团，开始重点投资发展保险、文化、健康、旅游、信息、物流商贸等现代产业。

巴菲特（Warren Buffett）创造了财富神话，很多企业家不惜支付百万美元与巴菲特一起午餐，希望与巴菲特探讨创造财富的秘密。给巴菲特带来巨大成功的不是单纯的股票投资，而是"巴菲特模式"。巴菲特模式可以归纳为搭建"投资控股"平台，以保险公司为核心业务，实现资本市场和传统产业市场的相互支撑和呼应。巴菲特以伯克希尔哈撒韦公司为平台，通过股权投资方式，控股若干个大型保险或再保险公司，以此为基础获得充裕的低成本资金。然后，利用保险业务带来的低成本资金，投资回报率较高的股票。然后，用股票投资的高额回报带来的充裕现金流，投资回报率比较稳定的传统产业，涉及交通运输、家具、原料、服饰、珠宝、媒体、生活、房地产、食品等。而传统产业带来的稳定现金流，反过来又为股票投资和保险业务提供流动性支撑。巴菲特模式获得巨大的成功。

2007 年，复星参股永安财险，正式向保险进军。2011 年，复星与美国保德信金融集团合资成立复星保德信人寿。2012 年，复星与世界银行集团旗下国际金融公司在香港合资成立鼎睿再保险公司。复星集团完成了财险、寿险、再保险的保险业布局。复星集团以保险为核心，立足中国市场，借助中国经济发展动力，对全球范围内的合适企业进行股权投资。通过全球范围内的资源整合，复星集团逐步发展成为以保险为核心业务的全球性金融控股集团。复星集团用中国动力嫁接全球资源取得了巨大成功，很大程度上取决于企业投资决策的有效性。

一、复星集团准确认知自我优势，明确展现战略意图

复星集团成长于中国，熟知中国国情，把握中国经济的发展趋势。同时，复星集团不断加强自身的中国能力，成为中国专家。复星集团经过 20 年的发展，已经具备了较为深厚的产业基础，为进一步资源整合提供了强有力的资源支撑。复星集团放眼全球，具有国际化的视野，同时又不断提升自己的全球能力，有条件与国际资本有效对接。复星集团依托自身产业基础，通过股权纽带，借助国际资源，提升中国市场层级，具备整合资源的条件和能力。通过股权投资方式，入股国际一流品牌，然后进入中国市场，合作开发中国市场，从而促进了中国市场消费升级和产业升级。

复星集团借鉴巴菲特模式，明确战略定位，打造以保险为核心的投资集团，用中国动力嫁接全球资源。股权投资需要大量的资金支撑，复星将保险作为核心业务，在一定程度上为全球投资提供了支撑。保险公司提供了源源不断的低成本投资资金，投资收益归保险公司所有，但为复星集团的股权投资带来了资金支持。"中国动力嫁接全球资源"模式，不以控股为目的，而是通过股权投资方式，入股国际知名企业，引入符合中国经济发展需要的品牌、技术、人才或商业模式，通过与全球最优秀的团队合作，在中国经济成长中创造价值，并与国际合作者分享价值。复星强调"创造价值、分享发展"的理念，提升参股的国际企业在中国的业绩，与国际知名企业分享企业发展成果。

二、复星集团准确把握国际经济大势，踏准"走出去"的国家战略

2007 年美国发生次贷危机，后续欧洲发生债务危机，给世界经济造成很大的冲击。欧美国家的很多知名企业面临巨大挑战，这些曾经辉煌的企业需要寻找和开拓新的市场和出路，很多欧美企业集团有进军中国新兴市场的需求和愿望，需要寻找能够与之对话的中国企业。

中国经济处于发展阶段，各类需求比较旺盛，现代服务业快速发展，更多市场有待开发和提升,需要发达国家企业帮助中国提升产品和服务的档次和水平。这个特定阶段,中国的国际化需求也非常迫切,鼓励中国企业"走出去",每个公司都在寻找合适的国际化模式。在这个大背景下,中国企业与欧美企业进行战略合作的外部条件愈加成熟。复星集团准确地捕捉到并把握住了这个历史机遇,2007 年,复星国际在香港联交所主板上市,开始进入快速发展轨道。2010 年,复星集团提出并践行"中国动力嫁接全球资源"的发展模式。该模式的实质是依托中国经济的快速发展,立足中国市场,通过股权投资入股国际知名企业,共同开拓并提升中国市场,从而达到双赢的目标。

复星集团顺势而为,依托自身的产业基础,凭借产业整合的经验,借助全球资源的优势,对文化、健康、旅游、金融、物流商贸等领域进行资源整合。复星集团依托中国市场的快速发展以及巨大潜力,通过全球性股权投资,控股或参股全球合适的外国企业,然后合作进军和开发中国潜在市场,与城市升级和产业升级相结合,给中国消费者带来高品质的产品和服务。

三、复星集团充分考虑行业发展的趋势,注重行业领域的选择

复星集团嫁接全球资源,充分考虑行业的发展趋势,注重行业领域的选择。根据行业发展生命周期,复星进行了行业的重新选择,选择性地淡出被互联网颠覆的行业,然后把重点资源放在成长型的行业中。企业决策者认识到,中国进入新的历史发展阶段,随着消费升级和城市化的快速推进,人们物质生活水平大幅提高,文化产业、健康产业、旅游产业、金融保险产业和商贸物流产业将会有巨大的发展空间。在这些行业领域中,竞争还不是"红海"搏杀的态势,正处于快速成长阶段,复星集团充分利用自身多个产业发展的基础和资源优势,将医疗、地产、金融、健康、文化等资源优化组合。互联网对传统行业造成颠覆性的冲击,复星集团也加速移动互联网的相关布局。2012 年,复星国际就提出了积极拥抱移动互联网战略。复星集团投资高成长的互联网相关公司,包括移动互联网、大数据以及仓储、快递、智能物流等互联网伴生的高增长行业,同时投资用互联网技术升级的传统制造业。

复星集团立足于国内发展,只投资能够从中国成长受益的行业和领域,绝不跳开中国本土市场做文章。因此,复星嫁接全球资源时,主要集中在消费升级、金融服务等领域,通过入股方式,引入国际知名企业品牌,为中国消费者提供更好的文化服务、更丰富的旅游服务、更高质的医疗和养老设施等,达到提升城市功能的效果。复星集团选择海外著名的消费品牌,通过股权投资途径入股该品牌企业,然后,把国际一流品牌引入中国,聚焦大项目,实现企业的快速发

展。当然,本土市场也有一些行业龙头企业,给复星集团提供了投资和整合的机会。复星集团投资于那些目前在中国市场占有率较低,但未来有望占全球20%—40%比重的行业。对于这些项目的选择范围,复星有个量化标准,中国人口占世界人口的22%,那么某个行业或企业在中国的市场份额就应该占到22%,甚至会占到30%到40%,所有没达到这个比例的行业或企业都可进入筛选范围。

四、复星集团对于股权投资的目标企业进行审慎选择

复星集团对于嫁接全球资源的目标企业进行审慎选择,为实现战略意图提供基础条件。复星集团重点选择在中国有成长空间的全球性品牌企业,成为其有影响力的股东,合作开发中国市场,利用中国市场的高速增长带动其全球性企业的发展。复星集团投资对象瞄准在行业领域中处于全球第一或第二大品牌的国际企业,但由于外部经济环境因素,暂时遭遇困境的大企业。全球著名品牌都有着深厚的底蕴、丰富的管理经验和广受欢迎的产品。这些企业的产品或服务在发达国家被普遍接受,但是还没有打开中国市场,或者还没有进入中国市场。复星强调,选择目标企业主要看目标企业在中国的成长空间,同时,目前阶段这些企业在中国市场份额很低,有很大的发展成长空间。对该类企业进行股权投资,符合复星集团的战略目的。该类目标企业一般都有良好的企业基因和生态,有丰富的管理经验,有很强的学习能力。复星注入资金获得股份之后,共同开拓中国市场,获得成功的概率大大提升。首先,中国消费升级,需要这些品牌进入中国。其次,国际品牌的企业急需进入新兴市场国家,需要与熟悉中国的企业进行合作。最后,复星集团熟知中国市场和消费者的需求,合作后的国际品牌企业进入中国市场就容易多了。基于以上原因,复星集团收购国际企业的部分股份在国外受到的阻力小,占用的资金也会大大减少,成功率高,整体风险较小,最终能达到借助国际资源实现双赢的战略目的。

 推荐阅读 2-2

定性和定量结合的股权投资决策推演

一、基本情况

假设某公司是上海一家投资控股公司,成立于 2006 年,注册资金为 10 个亿人民币。该控股公司定位为投资控股集团公司,企业"愿景"是希望通过参

股或控股投资的方式,打造中国著名的、涉及实业和金融领域的现代金融控股集团。该公司自成立以来,通过股权投资,控股或参股十来家上市公司和非上市公司。该控股公司涉及的行业包括铜矿、铜箔、电缆、覆铜板、保险、基金、酒店等。

中国西部省份有一家国有企业,隶属省国资委,属于铜加工行业。该企业规模较大,总资产为80亿,年销售额为60亿,从业人员4000人,其中,高层次人才100人。由于机制和管理不到位,近几年连续亏损,没有改善的迹象。当地政府决定引进战略投资者,按照市场化机制进行企业运作,提升企业的管理水平,决定对其50%的股权进行转让。

上海控股公司对该国有企业进行了初步了解之后,认为该企业符合控股公司投资的对象,符合控股公司的战略发展方向,有意购买这部分股权,希望通过股权投资,成为目标企业的大股东。控股公司的决策核心人员组建团队,对目标企业进行为期3个月的尽职调查,对股权投资进行了可行性研究。信息整理完毕之后,分发给所有参与决策人员,最终召开投资决策论证会。参会决策人员都是企业的高层管理人员,对宏观经济形势以及行业发展态势的把握非常到位,对股权投资都有着丰富的经验和敏锐的洞察力。决策人员共计20位,其中核心成员10位,其余10位是参与尽职调查的具有一定资历的高级管理人员。

二、推演论证,定性决策

运用"六顶思考帽"的思考方法进行股权投资的定性决策,爱德华德·博诺(Edward de Bono)提出"六顶思考帽"的思考方法,从思考方向、客观数据、前景价值、创新考虑、主观的直觉、存在的问题和困难等视角分别作出判断。该方法用于决策,需要决策者占有详细的信息,富有丰富的股权投资经验和敏锐的洞察力。投资决策采取"会议"的方式。进行股权投资的决策论证前,要求参与股权投资的决策者都必须充分熟悉相关信息,然后集中举行决策论证会。

首先,要求所有参与决策者,同时戴某一颜色的思考帽,针对股权投资的观点和意见进行讨论,并分别写成相应的字条,由专人收集上来,整理形成某个思考方向的主要观点。然后,参会人员同时换成另外一种颜色的思考帽,按照上述方法进行讨论,并形成最终的主要观点。如此循环,六顶思考帽轮换完毕之后,从不同角度,形成了不同的分析,作为最后决策的重要论证依据。不同颜色的帽子代表不同的思考方向。

蓝色帽:代表冷色,关注讨论的思考过程,控制或组织讨论的思考方向;

黄色帽：代表阳光和价值，关注并寻找事物的优点、价值和利益等；

绿色帽：代表生机和丰富，意味着用创新思维考虑问题或者提出新观点；

白色帽：代表中性和客观，意味着关注客观的、全面的事实或数据等信息；

红色帽：代表情绪、直觉和感情因素，意味着需要对某一事物进行感觉或直觉的感性判断；

黑色帽：从事物的缺点和危险视角进行理性思考，指出可能存在的困难、危险或问题。

参会人员对该投资项目进行了论证，分别从几个方向进行思考，形成了几个方面的意见。具体如下：

决策会议刚开始，所有的决策者先带上蓝色帽，探讨决策者的讨论路径，界定决策者的思考方向，明确讨论的节奏。决策会议结束时，大家再次带上蓝色帽，回顾决策的路径，思考的过程，评估决策是否有重大偏离。

戴红色帽时所有决策者的意见主要集中在四个方面：（直觉和感觉）

（1）国有企业管理比较差，机制不灵活，但资源多，人才也不少，收购后，可以整合资源，我们有能力实现扭亏为盈。

（2）国有企业负担太重，闲置人员太多，政府干涉也多，很难按照市场化运作，收够国有企业的股份，可能背上一个包袱。

（3）我们收购50%的股份，双方股权相等，不利于我们对企业的整合和管理，对出现的一些问题的解决也不利，该股份数量不合适。

（4）我们必须收购51%的股份，要控股才行，否则，无法达到企业预定的目标。

戴绿色帽时所有决策者的意见主要集中在两个方面：（生机和丰富）

（1）该国有企业属于铜加工行业，如果收购了该企业，它就成为我们的另外一个控股子公司铜矿的下游客户，还可以作为我们其他控股公司的铜加工合作单位，通过内部化的渠道降低交易成本。

（2）通过股权收购，可以进一步打通并完善控股集团公司铜的产业链，保障铜的供应，增强整体竞争力。

戴白色帽时所有决策者的意见主要集中在四个方面：（数据和事实）

（1）国有企业4000人，年销售额60亿，人均销售收入125万元，连年亏损，负担重。

（2）总资产周转率小于 1，比一般的企业运营效率要低很多。应收账款巨大，应收账款周转率非常低。

（3）国有企业高层次人才 100 人应该是宝贵的资源，我们要留住并用好这些人才，发挥他们的作用。

（4）国有和民营各占 50% 的股份，可能对我方不利，难以改变原有国有企业的机制。

戴黑色帽时决策者的意见主要集中在两个方面：(危险和困难)

（1）国有企业的股份还在，如果当地政府过多地干预企业经营，可能使企业重新陷入国有企业的经营怪圈，反而拖累我们企业。

（2）国有企业人员太多，裙带关系比较复杂，与政府的关联性大，内部派系林立，对人员进行市场化整合，存在一定的障碍和困难。

戴黄色帽时决策者的意见主要集中在两个方面：(价值和利益)

（1）国有企业的政府资源富有，机会也多，通过管理团队的注入和市场化运作，可以盘活这批资源。

（2）与当地政府的合作是风险比较小的可行方式，共同拥有国有企业，降低我们的投资风险。

需要指出，黑色帽子不是负面消极的能量，而是审慎决策、观点碰撞的必需环节，是避免错误决策的重要思考视角。

决策会议上，工作人员把各个视角考虑问题时所产生的所有意见，分别写在白板上，再进行集体讨论，趋利避害，判断是否可行。经过反复讨论论证，得出的结果必然更加具有合理性。

三、设定标准，量化打分，最终决策

在投资决策的基本决策框架下，可以建立评估体系，设定评估标准，进行量化评估。评估体系设置两级指标，一级指标设为股权投资方的战略意图、宏观层面要素禀赋状况、中观层面行业态势、目标企业的资源和能力。每个一级指标又可以分解为若干个二级指标。对每个一级指标和二级指标分别赋予权重，构成评估指标体系。对于指标体系进行打分时，尽可能采取定量标准，如果实在没有定量标准，也可以是定性的判断，两者结合是最佳的选择。所以，先了解每一个评估指标的内涵，先进行定性分析和判断，然后，给出定量的打分，从而作出最终的判断。

可以通过以下方式设置权重，通过请专家打分的方式进行定量评估。权重的设置可以通过"德尔菲法"，请企业内、外部专家赋予各个指标权重。"德尔

菲法"是美国兰德(RAND)公司创造设立的调查研究方法,请20名左右本领域的专家,不经过商讨各自给出自己的判断,最终汇总形成专家们的综合判断。虽然专家的判断也有主观性和不合理性,也不能给出精准的判断数据,但是,基本能给出投资价值的综合判断。对每一个指标采取"五分制"打分方法。如果每一个指标完全按要求完成了,或者完全达到行业最佳水平,可以打5分;如果每一个指标80%左右按要求完成了,或者超过行业平均水平,可以打4分;如果每一个指标60%按要求完成了,或者达到行业平均水平,可以打3分;如果每一个指标40%按要求完成了,或者低于行业平均水平,可以打2分;如果每一个指标20%按要求完成了,或者远远低于行业平均水平,可以打1分。目标企业的投资决策的评估体系见表1。

分数可以划分为以下几段:(2.5,3.0]、(3.0,3.5]、(3.5,4.0]、(4.0,4.5]、(4.5,5.0]。假设设定标准,如果综合评分达到3.5分就可以投资。根据评分标准,参与投资决策的人员和相关专家参加打分。根据事先确定的可投资标准,通过专家打分确定是否投资。

表1　目标企业的投资决策的评估体系

投资决策的核心要素评估										
一级指标	权重	二级指标	权重	分值					小计分值	一级指标分值
				5	4	3	2	1		
股权投资方的战略意图	30%	战略意图的明确性	40%		√				1.6	3.8
		战略意图带来的价值	40%			√			1.2	
		是否具备资源整合能力	20%	√					1.0	
目标企业的资源和能力	40%	拥有资源状况	20%		√				0.8	2.9
		资产收益能力	10%				√		0.2	
		价值链竞争力	10%			√			0.3	
		快速增长能力	20%			√			0.6	
		持续发展能力	20%		√				0.8	
		高管团队胜任能力	20%					√	0.2	
中观层面行业态势	20%	行业周期和竞争状况	50%		√				2.0	3.5
		整体的环境发展态势	50%			√			1.5	
宏观层面要素禀赋状况	10%	要素禀赋对该产业的支撑度	50%	√					2.5	4.0
		宏观经济对该产业的支撑度	50%			√			1.5	
总计分值	1			**3.4**						

第3章　交易定价:溢价支付

 本章精要

　　股权投资的重要环节之一是股权交易,交易的重要环节是定价,而定价的基础是价值的评估。在内在价值的基础上,通过支付合理的溢价,实现股权交易的目的。本章在归纳股权定价的关键成功要素的基础上,分析各种内在价值评估方法的利弊,重点揭示股权溢价与投资方的战略价值及协同效应预期的关系。

3.1 │ 交易定价的基本框架与关键成功要素

一、交易定价的基本框架

　　股权交易是一个系统的执行方案,界定股权买卖双方的利益关系。在这个阶段,要进行目标企业的价值评估,协商最终的定价,进一步协商确定支付方式和融资方案。在股权交易过程中,投资银行将发挥重要的作用。投资银行帮助投资方对目标企业进行价值评估,帮助谈判并确定合理的交易价格。投资银行担任股权投资项目的财务顾问,需要帮助投资方制定详细的融资方案,满足收购股权所需资金的需要。这里的投资银行可能是商业银行的投资银行部门,可能是证券公司的投资银行部门,也可能是以投资银行为核心业务的资本公司,还可能是资产管理公司或投资顾问公司等。

　　(一) 内在价值评估是基础,支付溢价反映了投资方的战略意图

　　这里的价值是股权价值。股权投资可能是部分股权的收购,也可能是全部股权的收购。股权价值是股权定价的基础。股权交易的核心是股权定价,然后才是支付方式和融资方案。股权定价包括两个步骤:第一是股权价值的评估。

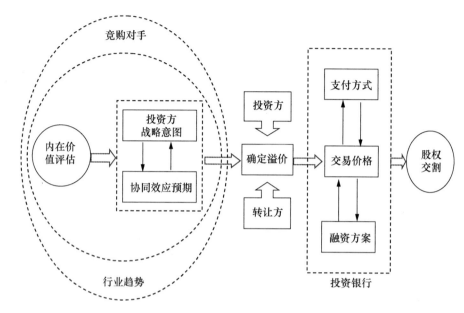

图 3-1　交易定价的基本框架

价值反映了企业创造财富的能力,是交易定价的基础。第二是在价值的基础上确定溢价水平。

在价值的基础上,根据投资方自身战略意图和协同效应预期,以及股权转让方的意愿,双方进行谈判,最终确定双方都能接受的交易价格。溢价的多少取决于投资方的战略价值大小,以及可能嵌入的期权价值。通过对战略价值和期权价值的评估,确定愿意支付的溢价。对于投资方来说,如果战略意图明显,可能愿意支付更多的溢价。如果投资方的投资意愿不强烈,属于可有可无的投资,支付的溢价可能较低,甚至不愿意支付任何溢价。溢价的多少还与目标企业转让股权的意愿相关。对于目标企业来说,如果待价而沽,提出更高的溢价要求,也可能获得更高的溢价。如果目标企业迫切转让股权或引进战略投资者,交易的溢价可能会比较低。

买卖双方通过谈判形成交易价格。如果定价合理,双方都会欣然接受,从而促成股权投资的完成。如果溢价不合理,双方存在分歧,股权投资交易可能不成功。此时,双方都付出了一定的时间和成本,但却没有实现预定结果,双方都会出现沉没成本。如果投资方支付的溢价过高,决策者就会面临较大的压力。即使支付了溢价,未来的预期目的能否实现还是个未知数。如果目标不能实现，投资方就会面临较大的风险。

（二）选择合适的支付方式

在实际支付过程中，投资银行牵头，投资双方通过协商，采取灵活的组合支付方式。可以是现金支付，可以是股权支付，也可以是资产支付，也可以是几种支付方式相互组合。比如，可以采取部分现金加部分股权的支付方式，或者采取部分现金加部分资产的支付方式。

（1）现金支付比较直接，资金可以立即派上用场。很多情况下，投资双方偏好于现金支付。现金支付容易划清双方权利和义务，各取所需。现金支付的好处在于手续比较简单，股权出让方容易达到预期目的。股权或资产的转让方可以获得现金，去做任何自己喜欢做的事。现金收购可能带来的弊端是原有股东或企业的创始人套现走人，可能带走企业的关键成功要素，对企业来说可能是一个损失。现金支付难以支付数额巨大的股权投资，还会给投资方带来财务风险。

2013 年，双汇国际收购美国 Smithfield foods 公司的全部股权。经过多次谈判，目标企业股东要求收购方全部采取现金支付股权资金，共计 47 亿美元，支付给原股东。双汇集团采取抵押贷款的方式，以中国银行为牵头行，实行银团贷款 40 亿美元。

（2）股权支付可以通过相互持股，结成战略合作关系。用投资方的股权作为支付方式，通过"换股"完成股权交易的过程。换股可以是上市公司对上市公司的收购，也可以是非上市公司对上市公司的收购。换股收购的关键是换股比例的确定。对于流通股与流通股的折股比例，一般以市场价格为主要依据。股权支付方式可以节省现金，增强资本实力。但也可能面临来自原有股东和被投资方的阻碍。因为股权支付可能给被投资方带来股票减值的风险，被投资方不一定愿意接受股权支付的方式。股权支付还会稀释原有股东的控制权，也可能招致原有股东的反对。

2009 年 11 月，东方航空通过"换股"方式吸收合并上海航空。吸收合并完成后，东方航空作为合并完成后的存续公司，上航终止上市并注销法人资格。本次换股吸收合并的对价，东航的换股价格为定价基准日前 20 个交易日东航 A 股股票的交易均价，即为 5.28 元/股。上航的换股价格为定价基准日前 20 个交易日上航的 A 股股票的交易均价，即为 5.50 元/股。双方同意，作为对参与换股的上航股东的风险补偿，在实施换股时将给予上航约 25% 的风险溢价，由此确定上航与东航的换股比例为 1∶1.3，即每 1 股上航股份可换取 1.3 股东航的股份。

（3）资产支付是一种支付方式的补充，可以促进资产的优化组合。投资方可以用资产来置换对方的股权或资产，这时就相当于用"资产"来支付。企业之间可以强化核心业务，剥离非核心业务，资产置换是有效途径。资产置换类似于换股，通过资产置换实现股权的转移，从而进一步进行资源整合。资产置换有利于双方的资源整合，如果资产置换的确有利于双方，也不失是一种好的支付方式。

2014 年 4 月，英国的葛兰素史克（GSK）和瑞士的诺华（Novartis）两大公司签署"资产置换协议"。根据资产置换计划，GSK 的抗癌药物部门将置换给诺华，作价 160 亿美元。而 Novartis 除流感疫苗之外的疫苗部门将置换给 GSK，作价 71 亿美元。两大跨国公司都可以专注于最擅长的领域，剥离非擅长的业务。资产置换完成后，GSK 专注于消费保健、疫苗、呼吸和艾滋病药物，而 Novartis 专注于制药、眼保健和仿制药。协议签署后当日，GSK 股价上涨 5.2%，Novartis 制药股价上涨 2.3%。

（三）融资方案的选择

企业进行股权投资，所需资金的来源多种多样。最简单的是通过商业银行进行借贷融资。由于股权投资所需资金额较大，可以采取"银团贷款"的方式实现银行贷款。所谓银团贷款，就是由一家银行做牵头行，联合多家银行共同对一个项目进行贷款。银团贷款可以分散风险，减小贷款行的压力。商业银行贷款可以是抵押贷款，也可以是信用贷款，可以根据实际情况采取银行认可的贷款方式。2015 年，银监会发布《商业银行并购贷款风险管理指引》，商业银行优化并购融资服务，积极支持并购；延长并购贷款期限，从 5 年延长到 7 年；提高并购贷款比例，并购贷款额占交易价款的比例，从 50% 提高到 60%，并把并购贷款担保要求改为原则性规定。

另外，也可通过杠杆收购融资。以目标公司的资产和未来收入作担保，获取商业银行的抵押贷款，或者通过目标公司发行公司债券，并用目标公司的资产或未来现金流来偿还。杠杆支付在 20 世纪 80 年代和 90 年代曾经比较盛行，主要发生在资本市场发达的国家。投资方公司只要付出 20%—40% 的价格就能够买到目标公司，其余的资金通过抵押贷款或发行垃圾债券获得。在资本市场不发达的国家，还会受到各种条件的制约。杠杆支付给目标企业带来比较大的偿债压力，对目标企业来说，面临更大的经营风险。在杠杆收购中，担任收购交易顾问的投资银行一般会事先提供过桥贷款承诺。收购执行时，如果通过债务等方式的收购资金来源不能实现时,投资银行就得提供过桥贷款。

2012年11月,光明食品集团(Bright Food Group Co.)收购英国第二大早餐麦片生产商维多麦(Weetabix)60%股份。目标企业的企业价值为12亿英镑(约合122亿元人民币),该项目的交易价格近7亿英镑(约合70亿元人民币),包括购买60%的股权和承担部分债务。光明集团使用杠杆支付的方式,先通过"过桥贷款"获得支付资金,获得3亿美元的过桥贷款,期限为1年时间。收购案交割之后,光明食品在香港发行美元债券,从而获得资金偿还过桥贷款。光明集团通过了国际信用评级机构穆迪的国际信用评级,得到"投资级"评定,为发行国际债券奠定基础。

投资银行与上市公司合作新设PE或并购基金。投资银行先持有上市公司的部分股份,然后为该上市公司提供融资服务。投资银行与上市公司共同建立投资基金,还可以与其他PE合作,为上市公司寻找更多的融资渠道。投资银行与上市公司合作融资和投资,实现产业和资本的融合。比较有代表性的就是硅谷天堂。硅谷天堂是中国发展比较好的体现投资银行功能的企业。硅谷天堂成立于2000年,注册资金4.7亿元。公司通过私募基金的方式,协助行业龙头企业进行横向或纵向的产业整合。与上市公司合作成立并购基金,对产业上下游进行股权投资。等投资的目标企业成长到一定阶段,再装入上市公司,实现多方受益。硅谷天堂非常巧妙地把资本和产业有机结合起来,凭借其高超的融资能力和投资整合经验,既为产业提供了投资资金来源,又为产业链提升提供了智力支持。对于上市公司来说,可与投资银行或者PE基金公司合作设立新的并购基金,结合上市公司的产业发展规划,用于股权投资新的项目,获得产业链提升和股权投资收益。

融资租赁也可以实现股权收购。股权收购方提出申请,融资租赁公司出钱购买被收购方资产,然后租赁给收购方。收购方按融资租赁合同支付完租金后,取得目标企业的股权,完成真正意义上的股权收购。融资性租赁的时间比较长,承租方负责租赁期间的维修、保养,并计提折旧,租赁到期后,设备一般为承租人所有。

定向增发也是股权融资的途径。通过股权获得资金或直接换取目标企业的股权。定向增发支付也属于股权支付范畴。上市公司向特定的机构投资者增发股票,可以获取现金,用于支付收购的股权。或者直接向目标企业的原股东增发股票,获得目标企业的部分或全部股权。对于定向增发对象来说,购买增发股票是一种投资方式,可以获取某上市公司的股权。

二、交易定价的关键成功要素

股权交易的关键成功要素体现在四个方面：一是投资双方的认知一致性；二是内在价值评估的合理性；三是支付溢价的合理性；四是合适的支付方式和融资方式。

（一）投资双方的认知一致性

无论是内在价值的评估，还是支付溢价的谈判，都需要双方在认知上达成一致性。投资双方对内在价值和交易价格的认知可能存在不同，但是通过谈判妥协之后，一定要达成认知上的共识。对于内在价值评估来说，所采纳的评估方法和数据基础，要得到双方认可。而对于溢价来说，要兼顾双方的承受能力，基本符合双方的心理预期。投资双方在交易前，都会有一个大致的价值判断，都会事先对交易价格有一个预估，界定了大致的支付范围和上下幅度。双方根据自己的认知，形成"心理价位"，为自身定价提供合理的依据。如果提请第三方进行价值评估，采取的评估方法和数据，需要尽可能做到公平合理，且需要双方认可。否则就会出现认知不一致的问题，为后续交易和整合设置了障碍。

（二）内在价值评估的合理性

选择合适的价值评估方法是进行企业内在价值评估的基础。投资双方通过沟通交流，选择合适的价值评估方法，保证价值评估的合理性。任何一种估值方法都有一定的局限性。基于未来现金流的折现法是重要的估值方法。该方法考虑了企业未来创造价值的能力，把未来自由现金流进行折现来确定价值。该方法理论上比较完备合理，真正反映了企业的内在价值。缺点是未来现金流预测是否合理，折现率是否合理等，在一定程度上影响了价值的合理性。基于市场类比的相对估值法在实践中被广泛使用。该方法相对容易操作，缺点是可比公司存在异质性，通过类比得出的内在价值存在较大的主观性。在实际价值评估中，可以采用两种评估方法相结合的方式，进行相互验证。最终，界定企业的价值区间，为进一步确定交易价格提供比较准确的基础。合理的内在价值是双方谈判和交易的重要基础。如果内在价值评估不合理，会阻碍双方进一步谈判和交易，导致投资项目不能顺利进行。

（三）支付溢价的合理性

内在价值是交易价格的基础。股权定价的过程就是双方基于内在价值而进行的价格博弈过程。股权的交易价格不一定正好就是股权的内在价值，而是以目标企业的内在价值为基础，围绕内在价值进行上下浮动。弗兰克·C.埃文斯（2003）指出，公平市值就是从财务角度出发，卖方可接受的最低价格。如果交易价格大于内在价值，意味着投资方要支付一定的溢价。Shannon P. Pratt（2009）指出在内在价值的基础上，投资方收购目标企业的股权价格可能高于其内在价值，也可能低于或等于其内在价值。如果交易价格等于企业价值或股权价值，就是平价交易。如果交易价格大于企业价值或股权价值，就是溢价交易。如果交易价格小于企业价值或股权价值，就是折价交易。国外学者通过实证研究发现（Alexander，1991），在企业并购的过程中，多数情况下并购方都支付了一定的溢价。在实际股权类投资过程中，支付溢价比较常见。

溢价是超出内在价值以外的补偿，取决于投资方的投资价值和协同效应预期。同时，支付溢价的大小受到竞购对手、收购权、谈判能力和买卖双方动机等因素的影响。投资双方在谈判的过程中，根据具体的条件，确定合理的溢价。合理的溢价是投资交易成功的重点。对投资方来说，愿意支付溢价，主要是看到了投资价值，对未来产生协同效应有一定的预期，相信通过投资能创造新的价值。

（四）合适的支付方式和融资方式

支付方式是双方谈判协商的结果。股权交易时，采取哪种支付方式，需要买卖双方协商，最终确定双方都能接受的支付方式。因为支付方式关系到双方的利益，还会进一步影响投资者对收购的判断，进一步影响股权收购后的目标企业绩效。股权收购可以是现金方式，也可以是换股支付，还可以是资产支付，还可以把几种支付方式相结合。比如，部分采取现金支付，部分采取换股支付，即现金支付和股票支付相结合的方式。同时，寻找灵活多样的融资方案。股权投资所需的资金巨大，需要制定可行的融资方案。这时候，要发挥投资银行的作用。投资银行不仅仅为股权投资提供交易服务和整合服务，更重要的是有能力提供融资渠道，甚至直接提供资金支持。投资银行最重要的作用就是制定融资方案，帮助股权投资融到所需的资金。只有帮助投资方成功融资，才能真正体现投资银行的作用。

3.2 | 合理评估目标企业的内在价值

一、合理评估企业的内在价值，体现交易的公平原则

价值评估是交易的基础。价格以价值为基础，受供求关系的影响，最终应

确定交易双方认可的价格。无论是商品交易，还是企业股权交易，该规律都同样适用。这里的价值可以是企业价值，也可以是股权价值。企业价值是企业本身的内在价值，包括股权价值和债权价值两部分。因为股权投资可能是收购全部股份，也可能是收购部分股份。所以，根据实际情况，确定价值内涵以及价值评估的对象。

企业价值有"市场价值"和"账面价值"之分。每个企业都有基于历史投资而形成的账面价值，但是账面价值更多地实现记账的功能，并不能反映企业的真实价值。企业的真实价值一般通过市场价值来反映。市场价值是市场认可的或者接受的价值，反映了买卖双方对价值的认同性，也称之为"公平市值"。一般，所谓的价值评估就是指对公平市值的评估。市场价值反映了企业的内在价值，主要取决于未来创造价值的能力。市场价值可以由独立的第三方来评估，关键是买卖双方最终都要认同第三方的价值评估，并形成一致性的价值表示。

企业价值或股权价值并不一定就是最终的交易价格，而是在内在价值的基础上，通过买卖双方谈判来达成最终的交易价格。正如商品交易的价格与商品价值之间的关系，价格是在价值的基础上，受到供求关系或其他因素影响而上下浮动。股权交易需要在股权价值的基础上，通过双方进行谈判来确定价格。最终的交易价格受到投资方的战略意图和实物期权价值的影响，还受到被投资方的股权交易意愿、交易条件等其他因素的影响。企业价值或股权价值的主要作用就是为交易定价提供了重要基础和依据，投资双方围绕"内在价值"进行价格谈判。

企业的价值评估是一个理论难题。主要原因是价值评估需要建立估值模型，每个模型都有一定的假设条件，造成了价值评估的局限性。所获取的信息不完备或不准确，还会影响到价值评估的有效性。同时，价值评估的各个环节，特别是未来数据的预测，都有很多主观因素。因此，价值评估并不能找到准确的价值结果，只能得到"模糊的正确"。通过两种方法的价值评估和相互验证，可以得到企业或股权所处的"价值区间"。在价值区间内，买卖双方通过协商可以逐步趋于双方认可的交易价格。

二、企业价值或股权价值的各种评估方法各有利弊

企业价值或股权价值的评估可以从两大视角展开，分别是基于历史投入的资产评估和基于未来自由现金流折现的价值评估，形成了价值评估方法的基

础。另外，基于市场类比的乘数估值法也是比较常见的价值评估方法。

（一）基于历史投入的企业资产价值评估方法述评

基本思路是将资产分解成各自独立的、有参考价值的小块资产，根据参考价格评估小块资产后，简单加总，就认为是企业的资产价值。基于历史投入的资产价值评估方法最简单的是账面价值法，即以账面价值为基础，对目标企业的资产负债表进行必要的调整。比如，对资产项目要关注应收账款可能的坏账损失，有价证券的市值是否低于账面价值等。基于历史投入的资产价值评估方法还可以用重置成本法。完全重置成本指现时条件下，重新购买一项全新状态的资产所需的全部成本。企业的资产价值就是完全重置成本和综合成新率的乘积（Haim Levy，2000；叶有明，2009）。

基于历史投入形成的企业资产价值方法的优点是操作简单，资产的价值比较容易评估。只要测算好每块资产的价值，然后累加即可得出总资产的价值。或者对每块资产进行累加，然后计算重置成本。基于历史投入形成的资产价值方法的缺点是评估方法不完备，是静态的资产价值概念，仅反映了企业资产的价值，没有考虑资产未来创造价值的能力因素，不能反映企业的真实价值。

这种方法只能在特定条件下使用，比如投资方只收购某企业的全部或部分资产，目标企业以出售资产为主要目的，只要双方认可，就可以采取这种价值评估方法。

（二）基于未来自由现金流折现的企业价值评估方法述评

企业价值取决于未来利益，企业估值就是以此普遍认可的理论框架为基础而展开的（Shannon P. Pratt，2009）。自由现金流量折现模型认为，企业价值等于公司未来各年自由现金流量按照适当贴现率计算的现值之和。企业价值扣除债权价值得出的结果就是股权价值。

该方法的基本思路是预测未来若干年的自由现金流，计算折现率，按照一定的折现率进行折现，就可以测算出企业的价值或股权的价值。基于未来自由现金流折现进行价值评估的方法见推荐阅读 3-1。企业未来的赢利能力反映了企业的真实价值。该种方法的优点是理论上比较完备，逻辑上比较严密，实行收付实现制，克服了利润的权责发生制的弊端。自由现金流量折现模型基于未来自由现金流的折现，既考虑了资金的时间价值，同时，也体现了企业的未来风险，是被广泛接受的价值评估方法（Haim Levy，2000；Frank K. Reilly & Edgar A. Norton，2009）。

该企业价值评估模型有适用的对象。只有企业持续经营，所处的经营环境比较稳定,未来经营收入发展趋势可以预测的情况下,才适用这种模型。该模型的缺点是预测数据具有一定的主观性。未来现金流的预测数据不一定合理,计算出来的折现率也可能存在一定的争议。该模型的分子和分母都可能存在一定的争议,会影响到价值评估的精确性。所以,未来现金流的折现也是估算数据,只能界定一个价值区间,双方仍存在讨论或争议的空间。

（三）基于市场类比的相对估值方法述评

Aswath Damodaran(1967)提出基于市场比较的相对估值法。基本思路是选择合适的价值驱动因素,寻找可类比的企业,构建一个估值乘数。借用可类比企业的价值,用同一时间段内目标企业的"价值驱动指标"乘以"可比企业的估值乘数",就可以估算目标企业的企业价值或股权价值。基于市场类比的相对估值法又称为基于市场类比的乘数估值法。基于市场类比的相对估值公式为:企业价值 = 价值驱动指标 × 估值乘数(Aswath Damodaran,1967;Tim Koller,2007)。

首先,选择价值驱动指标。价值驱动指标是目标企业在某一时间段的价值驱动指标。价值驱动指标可以是息税折旧摊销前利润、净利润、净资产和销售收入等。其次,选择可比企业,并计算估值乘数。估值乘数是可比企业基于价值驱动指标的乘数,是可比企业同时间段的企业价值(或股权价值)与价值驱动指标的比值。常用估值乘数有市盈率(P/E)、EV/EBITDA 倍数等。可比企业的选择,要考虑可比企业的行业、地理位置、产品类型、公司规模、资本结构和成长性。根据具体情况,对估值乘数、价值驱动指标进行修正。然后,关注估值乘数的分子、分母和价值驱动指标之间的匹配性。估值乘数的"分母"要与目标企业的价值驱动指标保持一致,并且,估值乘数的"分母"与"分子"内涵要匹配(Haim Levy,2000;Frank K. Reilly & Edgar A. Norton,2009;李凤云、崔博,2011)。

如果目标企业的价值驱动指标与"所有投资者"都相关,这时,估值乘数的"分子"只能是企业价值。目标企业的价值驱动指标与可比企业的估值乘数相乘,得到的估值就是目标企业的企业价值。比如,目标企业的价值驱动指标是2013 年的"销售收入",这时,估值乘数就是可比企业同期的企业价值与销售收入的比值,两者相乘计算出来的就是企业价值。

如果目标企业的价值驱动指标是与"股权投资者"相关的指标,这时,估值乘数的"分子"只能是可比企业的股权价值。目标企业的价值驱动指标与估值乘数相乘,得到的估值就是目标企业的股权价值。比如,目标企业的价值驱动指标是 2013 年的"净利润"，这时，估值乘数就是可比企业同期的公司市值与净利润的比值，恰是市盈率，两者相乘就是公司市值，属于股权价值。

市场类比法的优点是计算简单，如果有了丰富的数据积累和经验积累，可比公司容易确定，对估算股权价值甚至企业价值都比较高效。特别是对于仅股权参股的企业来说，该方法更加适合。市场类比法的缺点是方法看似简单，但可比企业的选择比较困难，可比企业的选择有较大的主观性，容易被操纵。同时，如果可比企业的价值不准确，那么评估目标企业的价值就会带来偏差。另外，估值乘数的计算和调整也有一定的主观性，目标企业和可比企业存在异质性，对异质性的主观性调整也会带来不准确性。因此，市场类比估值的准确性会受到一定的影响，同样存在一定的争议空间。在企业价值评估的实际操作中，同类企业之间的市场比较法只能大致反映企业的价值。当价值评估方有一定的经验和数据积累，采取该方法才具有优越性。基于市场类比的乘数估值方法对企业或股权进行价值评估，可以说是遵循"经验法则"，经验法则的特点是不太精确，但能帮助判断区间，为进一步协调价值、谈判价格提供了重要依据。

（四）对于互联网企业的价值评估的述评

未来自由现金流折现估值法和通过市场比较的相对估值法，对互联网企业估值都不是非常合适。互联网是人类面对的一场革命，互联网企业的发展速度和方向都很难预测，企业未来产生的自由现金流量难以预测，发展的进程更是难以预测。互联网行业发展周期短，各个企业的商业模式差别很大，难以寻找到两个相类似的互联网企业。企业发展变化幅度大，在一定时期内可能一直亏损，但是，到达一个关节点以后，企业业绩可能实现加速度增长，即使互联网企业自身也难以预测发展的节奏。所以，广泛使用的未来现金流的折现方法和通过市场比较的相对估值法对互联网企业估值很难适用。

如何对互联网企业进行价值评估，这是一个新的价值评估问题。互联网的独特性特点，决定了不能用传统估值法来评估。必须考虑互联网的特点，寻找新的评估思路和方法。

罗伯特·梅特卡夫（Robert Metcalfe）提出的梅特卡夫定律（Metcalfe's Law）指出，网络的价值与网络节点数的平方成正比，与联网的用户数的平方成正比。梅特卡夫定律揭示了互联网的价值随着用户数量的增长，呈现出二次方程式的增长规则。梅特卡夫指出，互联网企业的成本是呈线性增长的，互联网企业的价值随着用户数量增加而加速增长。互联网企业的价值一旦超过自身成本的关节点，企业就会出现爆发式增长。

对互联网企业进行估值,除了要重点考虑梅特卡夫定律提出的网络节点和用户数之外,还要考虑互联网企业在行业中的地位和商业模式。互联网企业在行业中的地位也是影响企业价值的重要因素。在行业中市场占有率越高,其行业地位越重要,其价值增值越快,企业的价值越大。互联网企业的商业模式也是决定互联网企业价值的重要因素。商业模式决定了赢利模式。如果赢利模式单一,靠垄断或牌照维持,企业价值也会大打折扣。如果商业模式非常先进,可以不断创造新的客户,企业价值快速提升,企业的价值就越大。

互联网通过股权收购,建立股权纽带,彼此的用户相互成为对方的用户。网络具有极强的正反馈性,联网的用户越多,网络的价值越大,出现强者愈强的马太效应。通过股权投资,实现客户资源共享,可能实现网络价值的爆发式增长,最终实现收购双方的共赢。所以,对于投资行业中处于重要位置的目标企业,股权投资方往往愿意支付一个较高的溢价。投资双方股权合作之后,带来的协同效应收益,远远大于投资方支付的溢价。

三、各种价值评估方法的主要作用是把价值锁定于某个区间

价值评估是交易的关键环节,也是股权投资的理论难点。国内外学者对价值评估方法作了很多的探讨和研究。达成理论共识的是未来自由现金流折现法。在估值操作中运用比较多的是基于市场类比的相对估值法。基于历史投入的资产评估法比较简单,该方法是静态地评估资产价值,只能反映企业资产的价值,没有考虑资产未来创造价值的能力,不能反映企业的真实价值,只适用于收购资产的情况。

抛开基于历史投入的企业资产价值评估方法,在现实操作中,投资银行更多采纳未来自由现金流的折现法或基于市场类比的相对估值法来评估企业价值或股权价值。这两种价值评估方法也都不能得到一个准确的估值,但可以把企业价值或股权价值锁定在一个相对准确的价值区间内。每种价值评估方法各有优缺点,在实际操作过程中,如果能搭配使用,相互验证,最后可以界定一个比较准确的"价值区间",可以大大提高可信度。

对于价值评估来说,找到一个绝对准确的价值点是不可能的。但是,可以采取敏感性分析的方法,逼近一个真实的价值。可以采取单一的因素变化,或者两个因素同时变化,寻找各种状态下企业价值的变化范围,从而可以把价值区间收缩到一个小的区间内,基本接近真实的企业价值。

未来自由现金流折现法或基于市场类比的相对估值法并没有考虑未来的

期权价值。股权投资之后,可能产生若干个实物期权,这时的期权带来的机会没有考虑在内,而期权恰恰可能给企业带来更多的价值。对投资方来说,未来的选择权是具有一定价值的,投资过程中隐含的投资机会,可能给企业带来更大的价值。所以,投资方既要考虑传统的投资决策判断指标,又要考虑实物期权带来的价值,从而作出止确的投资判断。

3.3 ｜ 溢价支付、投资价值与协同效应

通过价值评估,界定目标企业的价值区间。投资双方对"内在价值"评估达成共识之后,双方围绕内在价值进行"交易价格"的谈判。谈判的过程就是围绕内在价值进行溢价博弈的过程。从投资方来说,在内在价值的基础上,尽可能少支付一点溢价,毕竟支付溢价隐含很大的风险。同时,支付溢价越大,后续经营的压力越大。如果预期的协同效应没有出现,预期的投资战略没有按计划完全实现,就会给投资方带来一定的财务困境。从目标企业角度来看,希望投资方能多支付一些溢价。一方面,目标企业的股东获得更多的收益;另一方面,也体现了目标企业对特定投资方的价值,进一步暗示着目标企业在未来能创造更多的价值。溢价的决策过程考验着决策者的智慧,溢价的确定是一个谈判的过程,具有很大的不确定性和主观性,并不是一个科学决策的过程。

一、股权投资方愿意支付的溢价取决于目标企业的投资价值判断

溢价的多少最终取决于投资方的战略意图和实现协同效应的预期。交易价格是在内在价值的基础上,根据投资方的战略意图和对协同效应的预期,确定最终支付多少溢价。因此,内在价值是支付溢价的基础。

（一）投资价值和内在价值

交易价格与内在价值可能不一致。交易价格大于内在价值,说明投资方愿意支付超过内在价值以外的溢价,这对股权投资方来说,有更大的投资价值。这里需要比较两个概念的内涵,即"投资价值"和"内在价值"。

（1）投资价值在决策环节论证,而内在价值在交易环节评估。投资价值是投资项目给特定投资者带来的所有收益,投资价值是投资决策环节的重要决策依据。而内在价值是交易环节需要论证的问题,是价值评估的对象,是买卖双方交易价格谈判的基础。投资价值是投资方在特定环境下,对特定企业投资所获得的收益或回报,包括战略性价值和其他方面的价值。而内在价值是目标企

业未来若干年收益带来的价值。

（2）内在价值是交易价格的基础，而投资价值是支付溢价的依据。两个概念为何要放在一起讨论？主要原因是，对投资方来说，最终交易价格的确定，既涉及内在价值，又涉及投资价值。投资方需要对比投资价值和内在价值的大小关系：如果投资价值大于内在价值，这时存在支付溢价的可能性。支付最终溢价的大小，取决于投资价值的评估和协同效应的预期。如果投资价值等于或小于内在价值，这时支付溢价的可能性变得非常小，可能还会出现折价。

（3）内在价值具有相对的稳定性，投资价值具有显著的异质性。同一个目标企业，其内在价值是相对稳定的，但投资价值却是大相径庭的。对不同的投资方来说，战略意图和协同效应效果存在差别，投资价值具有不同的表现。每个投资方的行业和产业链不同，每个投资方的资源和能力也不同，因此，对同一个目标企业，产生的协同效应也不一样。比如，同一个目标企业，有两家企业集团拟收购该目标企业。对第一家企业集团来说，收购该企业之后，可以进一步延长和完善产业链，降低了生产成本，增强了集团价值链的竞争力。对第二家企业集团来说，收购该企业之后，进入一个与原产业不相关的市场，属于市场的尝试性开拓，能否带来预定的投资价值尚不明确。这时，我们可以判断，同一个目标企业，对第一家企业集团的投资价值显然与第二家不一样。投资价值具有异质性的特征，基于此，每个投资方对每一个目标企业的投资价值都要分别进行评估。

（二）投资方愿意支付的溢价与目标企业投资价值的判断

投资价值的异质性决定了支付溢价的异质性。溢价是投资方支付的、高于目标企业内在价值的部分。在同一个内在价值基础上，投资者愿意支付的溢价会产生很大的不同，支付溢价是特定投资方投资价值的体现。

对股权投资主体来说，投资价值不仅包括内在价值，还包括投资带来的战略价值。投资主体愿意支付溢价是因为投资价值超过企业的内在价值，愿意支付溢价的大小就是投资价值超过内在价值的部分。在股权定价过程中，要合理评估企业的内在价值，还要进一步评估战略性价值。

对于战略性投资主体来说，投资价值评估的关键是界定目标企业是否对投资方具有战略意义。投资方获得战略性资源是投资的重要动机。投资方认为投资目标企业可以获得战略性资源，而且预测能带来较大的协同效应。为确保获得战略资源，投资方愿意支付超过内在价值的溢价。投资方支付溢价是在多种约束条件下追求自身效用最大化的结果，反映了投资方的战略期望和预期。

企业资源是稀缺的，对战略性投资主体来说，为了实现企业战略，需要更多的优质资源来支撑。战略性投资是开发和引进外部资源的重要途径。通过股权投资获得战略资源，为优化整个价值链的资源配置提供基础性条件。战略性资源是为实现战略意图而需要的关键性资源，包括供应链、先进的技术、熟练的工人、高技术的人才，还包括销售渠道、知识产权和公众认可度等。因为战略性投资的目的是获得战略性资源，所以，支付的溢价与战略性资源带来的潜在价值具有很强的相关性。战略性资源对股权投资方的价值越大，或者战略性资源给企业带来的预期收益越大，企业愿意支付的溢价也越多。

对于财务性投资或 PE 基金的股权投资，其投资价值同样存在，但是与战略投资的投资价值存在一定差异。对于财务性投资主体来说，投资价值评估的关键是界定目标企业是否有稳定可靠的利润。财务性投资主体一般不参与目标企业的经营管理，而是等待定期获得稳定的利润分红。财务性投资主体更加关注目标企业的稳定性，有稳定的收益就是最大的价值。对于 PE 基金主体来说，投资价值评估的关键是界定目标企业是否有快速提升的潜力和能力。PE 基金的目的是通过股权投资，实现对目标企业的经营管理，帮助目标企业实现快速成长。然后，选择适当时机获利退出。PE 基金更加关注的是目标企业具有快速提升的条件和潜力，从而促进目标企业实现价值的快速提升。在 PE 公司的帮助下，目标企业具有快速提升企业价值的条件和潜力就是最大的投资价值。

二、股权投资方愿意支付多少溢价取决于投资方认知的投资价值

企业的内在价值是在特定条件下的估算价值。由于价值是估算出来的，无论方法多么有效，无论付出多大的努力，估算出来的企业价值总归不能摆脱主观因素的制约。因此，内在价值只能基本反映价值所处的区间。交易价格的确定需要投资双方进一步谈判。谈判的过程更加体现主观性的影响，双方的谈判能力在很大程度上影响了溢价的多少。同时，竞购的竞争对手的出价，可能进一步抬高溢价。尽管如此，谈判能力和竞购的竞争对手对溢价只能起到影响作用。股权投资方愿意支付多少溢价，取决于投资方实现战略意图带来的价值和投资方对未来协同效应的预期。投资价值考虑了对某一个特定购买者的协同效应，支付溢价考虑了各类协同效应的预期（Shannon P. Pratt，2006）。

对于战略性投资，投资方收购目标企业的股权，在很多情况下拥有了控制权。这时，投资方进行理念导入和管理团队的导入，帮助目标企业纳入投资方

价值链中来,成为产业链的重要组成部分。在此基础上,进行内部运营体系的构建,逐步消除文化冲突,实现文化的协同,达到战略清晰、供应链高效和激励有效的目标。对于 PE 基金来说,同样需要理念和人员的导入,帮助目标企业全面提升。对于财务性投资来说,一般不介入管理,而是依靠有效的管理团队和运行机制获得利润分成。

投资方根据协同效应预期,选择合理的溢价范围。投资方支付溢价是一个风险决策行为。因为溢价是预先支付的,而资产的优化配置是预期的,能否出现预期的协同效应是不确定的。支付溢价的基础是协同效应预期和投资价值判断。但未来能否实现预期,还存在一定的变数。可能实现了协同效应预期,投资方获得巨大的成功和收益。也可能没有实现协同效应预期,投资方遭受损失或失去较大的机会成本,两种可能性都会存在。考虑支付溢价的风险因素之后,投资方支付溢价获取协同效应收益应该有一个期望值。是否实现协同效应的概率可以分别估计,协同效应带来的收益也可以分别估算,这样就可以计算出未来协同效应带来收益的数学期望值。作为投资方来说,肯定会采取积极有效的措施,最大可能地实现协同效应。

协同效应是投资之后有效整合的结果,表现在价值链协同、文化协同、人员协同和财务协同等方面。预期的协同效应出现,才能创造更大的价值,产生所谓的"一加一大于二"的效果。协同效应是指未来投资整合完成后,投资双方资源优化配置,相互协同,从而创造更大的价值。投资方最终支付的溢价虽然受到多种因素的影响,但是对协同效应的预期是影响溢价的主要因素。对未来协同效应的预期越大,愿意支付的溢价也越高,反之,愿意支付的溢价就越小(Shannon P. Pratt,2009;弗兰克 C. 埃文斯,2003)。

协同效应并不是必然出现的。很多投资并购之后,预期的协同效应并没有出现,还可能出现负面的效应,导致资源配置效率降低,丧失了较大的机会成本。因此,支付溢价虽然可以保证获取投资权,但是风险随之加大。投资方一定要根据自身的条件和能力,适当选择一定的溢价范围,避免支付过高的溢价,从而承担巨大风险。投资方应该事前审慎论证并购溢价的适度性,根据战略的需要程度、协同效应的预期,谨慎制定溢价上限。如果双方谈判或多方竞购导致溢价超过上限,仍然不能获得交易成功,应该坚决放弃投资,全身而退。

对投资方来说,确定交易价格是一个艰苦的谈判过程。在企业内在价值的基础上,双方就价格方面进行讨价还价。投资方支付溢价的多少与企业的战略性动机、协同效应预期有关系,还与供求关系、竞争环境、双方谈判能力等因素有关。投资方经理人的过度自信也会在一定程度上影响溢价。Richard Roll（2007）把支付过高的溢价归因于经理人的过分自信或过度自负。如果缺乏相关激励或制约，作为理性人的经理可能出现委托代理问题。经理人为了使自己的权力范围更大，为了获得扩张的机会，为了实现自己的抱负等，宁愿支付较高的溢价，从而实现投资的成功。经理人相信通过对资源的整合能获得协同效应，并且对协同效应的预期估计过高，所以愿意支付过高的溢价。能否管理好目标企业的资源，能否产生协同效应，单纯的自信是不能解决问题的。有些经理人过于自负，拍脑袋决策，虽然获得竞价的成功，但支付了过高的溢价，结果预期的协同效应始终没有出现，也不符合目标企业的战略意图，事后对自己的行为懊恼不已。

 思考与讨论

1. 如何理解股权价值不一定是股权交易的价格？

_____

_____

2. 股权定价过程中，为什么正确评价战略性价值和实物期权价值非常重要？

_____

_____

3. 在股权投资过程中，如何设计灵活的融资方案？

_____

_____

 推荐阅读 3-1

基于未来自由现金流折现进行价值评估的方法

企业价值评估采用未来自由现金流折现法是目前公认的比较合理的价值评估方法。价值评估的基本步骤分为六步：

第一步是建立现金流折现模型。用未来 T 年企业的自由现金流折现。现金流折现模型必须满足两个假设条件：一个是企业的自由现金流是正的；另一

个是未来若干年的现金流和风险可以估算。否则,该模型没有意义。

第二步是确定未来自由现金流的预测年限 T。预测期 5—10 年比较常见。预测期满之后,计算第 T 年终值,并与预测期内每年的自由现金流一起进行折现。第 T 年的终值,用永续增长率法计算:

$$V_T = \sum_{i=1}^{\infty} (1 + g)^i / (1 + r)^i \times \mathrm{FCF}_T \times (1 + g)$$

V_T:第 T 年的终值;

g:永续增长率;

FCF_T:预测期最后一年的自由现金流;

r:加权平均资本成本率。

第三步是预测未来 T 年内的自由现金流。预期的企业自由现金流＝息税折旧摊销前收益－所得税－资本性支出－营运资本净增加。这个过程比较关键,要预测未来几年的收入、成本、费用等,编制预测期的利润表、资产负债表和现金流量表。在企业自由现金流中,除了用于偿还债务相关资金以及用于满足再投资的资金之外,剩余的现金流就是股权自由现金流。

第四步是计算资本期望回报率 r,即折现率。折现率反映了所有投资者要求的回报率,包括股东要求的回报率和债权人要求的回报率。在估算企业价值时,折现率可以采用加权平均资本成本率(WACC:weighted average cost of capital),该指标可以通过用股权回报率和债权回报率的加权平均而获得。要求的加权回报率越高,企业价值就会越低。

加权平均资本成本率计算公式为:

$$\mathrm{WACC} = \frac{E \times K_e + D \times K_d}{E + D}$$

E:股权资本总额;

D:债权资本总额;

K_e:股权资本成本率;

K_d:债权资本成本率。

其中,债权资本成本率可以简化为按照偿还债务的市场基准利率计算,而股权资本成本率可以用资本资产定价模型(CAPM)来计算。

股权资本成本率等于无风险报酬率加上风险溢价。无风险收益率可以参照长期国债的收益率。市场预期的报酬率可以根据投资方的要求,结合行业专家建议,给出合适的市场报酬率。β 系数的确定需要注意:如果目标企业是上市公司,可以用 3—5 年的每日数据进行回归,最终估计该值;如果目标企业不是上市公司,则寻找可比公司的相应系数,并进行适当调整,这需要价值评估者具有一定经验和数据基础。

股权资本成本率的计算公式为:

$$K_e - R_f + \beta(R_m - R_f)$$

K_e:股权资本成本率;

R_f:无风险报酬率;

R_m:市场预期报酬率;

β:与股票风险相关联的指标。

第五步是计算预测期后的自由现金流的折现值。

(1) 如果评估企业价值,要预测未来若干年的企业自由现金流,对未来"企业自由现金流"进行折现。折现率采取"加权平均资本回报率",得出的结果就是企业的内在价值。

此时,未来自由现金流量折现法(DCF: discounted cash flow) 的计算公式为:

$$V = \sum_{t=1}^{T} \left[\mathrm{FCF}_t / (1 + \mathrm{WACC})^t \right] + V_T / (1 + \mathrm{WACC})^T$$

V:资产的价值;

FCF_t:预期的企业自由现金流;

WACC:加权平均资本成本率;

T:预测年限;

V_T:第 T 年的终值;

t:预测期。

(2) 如果仅仅评估股权价值,只要预测未来若干年股权自由现金流,对未来"股权自由现金流"进行折现。股权自由现金流是企业自由现金流扣除债务相关资金和满足再投资之后的剩余现金流。折现率采取"股权资本成本率",得出的结果就是股权价值。

此时,未来自由现金流量折现法(DCF: discounted cash flow) 的计算公式为:

$$V = \sum_{t=1}^{T} \left[\mathrm{FCFE}_t / (1 + K_e)^t \right] + V_T / (1 + K_e)^T$$

V:股权价值;

$FCFE_t$:预期的股权自由现金流;

K_e:股权资本成本率;

T:预测年限;

V_T:第 T 年的终值;

t:预测期。

第六步是敏感性分析。敏感性分析经常用在投资项目的决策环节,通过相关因素的变化,寻找到项目效益指标的最敏感影响因素,从而为投资决策提供依据。企业价值的评估也要进行敏感性分析。因为未来现金流是预测的,折现率也是通过计算得来的,不少指标都具有一定主观性,因此,折现模型中的指标也只能确定一个大致范围,但能确定上限和下限。选择现金流折现模型中的一个指标或者两个指标,分别进行单因素敏感性分析和多因素敏感性分析。一种因素在上、下限之间变化,或者两种因素同时在上、下限之间变化,计算企业价值的变化。最后能够得到一个企业价值区间,企业的价值就在该区间范围内。

(资料来源:Frank K. Reilly & Edgar A. Norton.《投资学》[M].李月平译.北京:清华大学出版社,2009;李凤云,崔博.《投资银行理论与案例》[M].北京:清华大学出版社,2011;Tim Koller,Marc Goedhart,David Wessels.《价值评估:公司价值的衡量与管理》(第 4 版)[M].高建等译.北京:电子工业出版社,2007)

 推荐阅读 3-2

双汇国际现金收购 Smithfield Foods 100% 股权

笔者在美国访学期间,每周都要驱车去沃尔玛大卖场购买各类生活食材,包括买菜和买肉。刚到美国时,看到满眼的英文名字,还很不适应,有些词还比较陌生。在肉食类的冷箱柜里,突然发现"Smithfield Foods"的字眼。我眼睛一亮,因为对该公司的英文名字非常熟悉,而且知道是主营肉类食物的公司。在国内给金融专业硕士学生上课时,大家一起深入讨论过 Smithfield Foods 的收购案例,该公司的全部股权被双汇国际收购。在金融专业研究生的"企业并购重组"课程中,笔者先讲理论基础和分析框架,在这个基础上,安排研究生分别选择并分析国内外实际发生的并购案例。其中,有两个研究生选择双汇国际收购 Smithfield Foods 的案例。后来,为了深入了解该案例,还仔细分析了该公司的各种资料。基于对 Smithfield Foods 的熟悉,而且在美国超市看到了该公司的真实产品,很想到弗吉尼亚 Smithfield Foods 的现场去考察,但终究没有成行。因此,决定选择该股权收购案例作为交易定价的推荐阅读资料。该笔交易涉及股权交易的全部内容,从投资价值、股权定价到交易结构和融资方式,比较全面地展示了股权收购的过程。

一、双汇国际收购 Smithfield Foods 股权的基本情况

Smithfield Foods 成立于 1936 年,总部位于弗吉尼亚州的史密斯菲尔德市,是全美第二大肉制品生产商,也是美国第一大生猪养殖及猪肉生产商。目前占有 30% 的美国猪肉市场份额,具有从生猪养殖到屠宰到猪肉加工全产业链。双汇集团是中国最大的肉类加工基地。双汇发展(SZ000985)是双汇集团旗下主营肉类加工的上市公司。双汇发展主营业务包括高、低温肉制品和生鲜冻品,在屠宰及肉制品方面在业内处于领先地位。而双汇国际注册于 Cayman 群岛,是双汇集团的控股公司。在双汇国际的股东中,有知名度非常高的全球性投资公司,包括高盛战略投资和淡马锡等。

双汇国际以协议收购方式收购 Smithfield Foods 的全部股份,总价 47 亿美元,并承担其全部 24 亿美元债务。被收购后,Smithfield Foods 将从纽交所退市。股权收购价格为每股 34 美元,较前一交易日(5 月 28 日)收盘价溢价约 31%。收购股份全部采取现金支付的方式。加上承担的债务,最终成交价为 70.22 亿美元。

该股权收购案例通过了美国反垄断监管机构的反垄断调查,而且获得了美国外国投资者委员会的批准。2013 年 5 月 29 日,双汇国际与 Smithfield Foods 联合公告收购事项,5 月 29 日,Smithfield Foods 的股价大涨 28.42%,每股至 33.35 美元,逼近每股 34 美元的收购价。这说明 Smithfield Foods 被收购,市场的反应是利好。

二、股权交易的具体实施方案是股权投资双方共同协商的结果

股权交易的具体实施方案主要包括收购方式、支付方式和融资方式。收购方式主要指购买资产,还是收购股权。支付方式主要指现金收购,还是换股收购,以及具体的支付时间。融资结构主要指银行贷款,还是发行债券,或者两者同时进行。双汇国际收购 Smithfield Foods 100% 的股权,并承担全部债务。支付的方式采取现金收购,不涉及换股收购。收购方的融资结构包括银团贷款、过桥贷款和发行债券等。

股权交易实施方案不是股权投资方单方面决定的,而是股权投资双方谈判妥协的结果。股权收购方和股权转让方都是自身利益的维护者,都希望采用对

自身最有利的交易方式和支付方式。双汇国际收购 Smithfield Foods,对方要求股权全部现金收购,否则不能进行下去。双汇国际只能采取现金支付的方法进行。因此,股权交易实施方案不是一厢情愿的,而是根据双方的意愿和妥协形成的共识来确定交易的方式。

投资银行为股权收购方提供融资支持至关重要。双汇国际通过杠杆融资完成对 Smithfield Foods 的收购。在支付股权的资金中,通过中国银行纽约分行牵头的银团贷款方式,贷给双汇国际 40 亿美元,主要用于支付股权的收购款项。双汇国际要承担的债务资金巨大,通过其财务顾问摩根士丹利,实行杠杆融资的方式。摩根士丹利联合其他中资银行,提供了 15 亿美元的过桥贷款,16.5 亿美元的定期贷款,7.5 亿美元的循环承销融资,然后通过发行债券和循环信贷等形式进行杠杆融资共计 39 亿美元。

三、双汇国际支付较高的溢价,反映了目标企业对投资方的投资价值

支付溢价是双方谈判的结果。溢价必须有基础,这个基础就是内在价值。收购上市公司的股权,需要对股权价值进行评估。可以采用未来股权现金流折现的方法进行价值评估。有的简单地按照过去若干天的股价求平均值作为基础,在此基础上,进行溢价。美国的股市相对平稳,股票价格某种程度上可以反映企业的价值。中国的股市受其他因素影响巨大,股价很难反映企业的内在价值。双汇国际支付给 Smithfield Foods 的价格是每股 34 美元,较前一交易日(5月 28 日)收盘价溢价约 31%,说明股权投资方支付的溢价还是比较高的。支付较高的溢价,预示着目标企业具有一定的投资价值,投资方对未来协同效应有较高的预期。

Smithfield Foods 年生产生猪约 1600 万头,占全美年出栏生猪 1 亿头的 16% 左右。Smithfield Foods 注重上游生猪养殖的技术积累,有安全的养猪农场和干净的水源。双汇国际收购 Smithfield Foods,有机会获得优质的,但价格相对优惠的猪肉原料。双汇是中国最大的肉制品企业,以肉制品为基础。股权收购之后,双汇的业务覆盖了饲养、生产和肉类加工的各个环节,使得全公司的收入和利润能够在原材料价格波动时保持平稳,同时对源头的控制保证了猪肉制品的质量和安全。双汇国际收购 Smithfield Foods,可以丰富产品线,发展中高端肉制品。依托中国庞大的市场,实现业绩及盈利的增长,进一步巩固其在中国肉制品市场的领导地位。

Smithfield Foods 在生猪养殖方面有丰富的经验,而双汇生产肉食主要靠外购生猪,从一定意义上来说,原料供应是不稳定的,也存在原料质量不安全的因

素。市场上的养猪场大量使用廋肉精，差点把双汇推向灭亡。如果双汇发展生猪养殖行业，在技术引进和经验培育方面，有助于双汇成为真正的全产业链肉制品企业，真正保障食品安全。

四、投资方能否实现战略意图关键在于股权收购后的整合和运营

股权收购的交易只是完成了股权投资的第一步，后续的整合和运营决定了该投资项目能否实现其收购的战略目标。麦肯锡公司统计表明，绝大部分的并购失败是由于整合不成功引起的，只有小部分是由于前期交易因素造成的。此次股权交易，投资方支付了较高的溢价，未来预期的协同效应能否出现，还需要付出长久的艰苦工作。美国劳动力成本比较高，而且工会力量强大，Smithfield Foods 是属于工会力量非常强大的蓝领工人行业。双汇国际承诺"保持 Smithfield Foods 的运营不变、管理层不变、品牌不变、总部不变，承诺不裁减员工、不关闭工厂等"，在一定程度上提高了企业的人力成本。双汇国内的业务与美国的业务如何对接，资源如何整合，是否面临文化的冲突，都会成为新的挑战。未来股东与经营主体对公司战略规划是否会产生分歧，能否实现统一的战略规划，目前还存在一定的变数。高溢价能否换来预期的协同效应，这考验着双汇集团。

（资料来源：双汇发展年报，Smithfield Foods 网站资料）

第4章 整合运营：要素匹配

 本章精要

　　股权投资的过程是价值创造的过程。构建高效的运营体系是创造价值的关键。价值创造的关键环节在于目标企业的整合与管理升级。本章归纳了目标企业运营管理的关键成功因素，构建了企业运营体系的基本运作模型。在此基础上，构建基于"愿景"的目标体系，基于流程的价值链体系，基于绩效的激励体系，基于责任的学习体系，最后构建基于目标的行动计划，行动计划包括快速改善（quick-fix）和持续改善，通过 PDCA 循环，逼近每一个目标。

4.1 │ 整合运营的基本框架与关键成功要素

　　整合的过程是对投资双方资源要素进行重新优化配置的过程，也是企业运营体系构建的过程。企业是一个系统，企业内部各元素之间相互作用，同时，企业与外部进行物质、能量、信息的交换，推进系统演进和发展。企业的运营需要有目标，构建价值链，建立激励机制，保持持续学习等基本条件。基于此，企业运营体系包括基于"愿景"的目标体系、基于流程的价值链体系、基于绩效的激励体系，以及基于责任的学习体系。运营体系的有效性决定了企业创造价值的能力。

一、整合运营的基本框架

　　股权投资完成之后，投资方根据预定的战略意图进行资源的整合。投资方考虑企业集团的产业链布局，打造企业集团的产业链。根据企业集团的整体产业链布局，确定被投资方在企业集团中的功能和地位，对目标企业的作用进行定位或调整，并根据企业定位，在这个领域给予更多的资源支持。然后，进行资

源的优化配置,发挥各类资源的效用。在此基础上,帮助目标企业构建有效的
运营体系,实现目标企业的要素匹配,最终实现协同效应。企业整合运营的基
本框架见图 4-1：

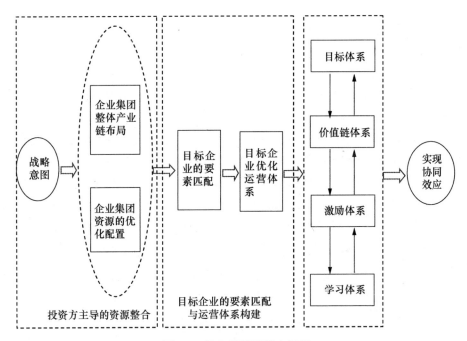

图 4-1　整合运营的基本框架

（一）投资方主导的资源整合

　　股权投资的资源整合和运营体系的构建,主要取决于投资方是否属于战略
性投资,或者股权投资方是否对目标企业实现了控股。如果是战略性投资,投
资方期望通过股权投资实现企业产业链的优化和重组,就存在投后的资源整合
和运营体系的构建问题。股权投资交易完成之后,投资方会根据预定的战略意
图进行资源整合。资源整合主要是构建或完善企业集团的整体产业链布局,提
升整个集团的生存发展能力。在构建或完善产业链的过程中,对整个企业集团
的资源进行优化配置,提升整个产业链的运行效率。

　　如果股权投资方实现控股,无论是绝对控股或相对控股,都涉及控制权的
转移问题。根据现代公司治理机制,大股东发生了变化,企业决策层也相应发
生变化。新成立的决策层一般要输入新的文化和管理理念,按照大股东的战略
意图进行资源整合。如果投资方预设了战略意图,构建或完善投资方企业集团

的产业链,也会对企业资源进行重新优化配置。

多数情况下,股权投资需要参与目标企业经营管理,需要对目标企业进行整合,从而快速创造价值。因此,投资方主导的资源整合和运营体系构建是股权投资的重要环节。

当然,如果股权投资对象运行非常有效,也可能不需要重新整合,仍然按照原来的运行模式进行,保持原有的管理团队不变。如果仅仅是参股的话,收购了部分股权,是否整合则还要看具体情况。如果目标企业的决策层认为需要整合,则可以进行投后整合。如果决策层认为不需要整合,则继续保持原来的运营模式。

整合过程也可以借助项目化管理的方法。制定整合原则,明确目标,分解任务,分配责任,制定明确的时间节点、成本预算和整合效果保证措施,进行阶段性评估和总结,按计划推进并实现整合效果。资源整合地图见图 4-2:

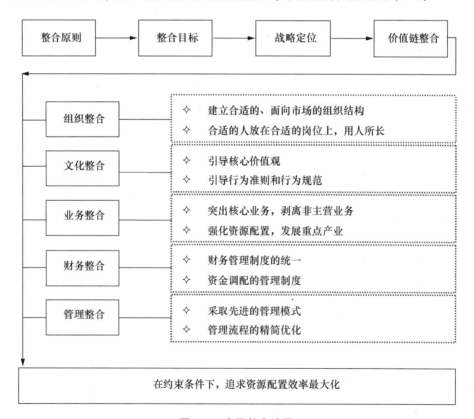

图 4-2 资源整合地图

（二）目标企业的要素匹配与运营体系的构建

资源整合之后，还涉及对目标企业要素的调整，通过构建运行体系，实现要素的匹配。目标企业运营体系优化的过程就是要素匹配的过程，应遵循一定的路径。全体员工从"愿景"分享开始，经过企业价值链优化，促进激励体系的完善，直至形成详细的行动计划。建立共同的愿景，是目标企业创造价值的目标激励。股权投资之后，目标企业的高管团队与全体员工非常有必要进行"愿景"分享。员工们真正希望企业的未来是怎样的，通过各个层面员工的参与和分享，激发调动员工创业般的激情和意愿。通过"愿景分享大会"的方式，把员工心目中的"愿景"直观地表达出来，形成一个可视化、容易感知的"愿景蓝图"。员工们发自内心的意愿一旦被激发，大家都朝着一个方向行进，这种精神层面的激励效用不可小觑。根据共同愿景，进行战略定位，制定战略目标及战略实施计划。进行价值链优化，是目标企业创造价值的关键。企业价值链在一定程度上反映了企业的竞争力，优秀的企业往往有独到的价值链。价值链的各个环节做到环环相扣，步步增值。在价值链中，准时交付率和质量合格率是衡量价值链优劣的重要指标。现代的企业价值链融入流程化的思想，打破了传统的部门观念，强调了流程的功能。各个岗位或部门对流程负责，大大优化了资源的匹配，提升了资源的使用效率。构建有效的激励机制，是目标企业创造价值的动力。目标企业构建绩效激励体系，让员工有尊严地工作着，很体面地生活着。授权得当，让员工有担当，有责任感，有成就感。让员工的工作富有成效，让员工有成就感，可以激发员工的工作热情，企业创造价值的能力大大提升。岗位或部门能否胜任关系到目标的实现和流程的顺畅。必须构建组织学习体系，通过精神激励，让员工有自觉学习的动力，提升员工的知识、能力和经验，提升员工的胜任力水平，这个过程就是创造价值的体现。

二、企业整合运营构建的体系

在企业的整个运营体系中，目标体系为企业发展指明方向，价值链体系是企业创造价值的支柱，激励体系为企业发展提供动力，学习体系为企业发展奠定基础，而具体的行动是企业发展的落脚点。基于"愿景"的目标体系为企业发展指明了方向；基于流程的价值链体系是企业创造价值的脊梁；基于绩效的激励体系是企业运转的动力源泉；基于胜任力的学习体系是企业发展的根本。整合运营构建的体系见图 4-3：

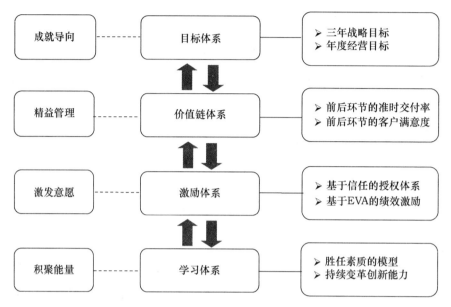

图 4-3 整合运营构建的体系

（一）基于"愿景"的目标体系，引领企业发展方向

企业无论规模大小，都应该有明确的"使命"和"愿景"。"使命"体现企业的存在价值，而"愿景"反映企业的未来蓝图。对于股权投资的目标企业来说，完成股权交易之后，全体员工需要进行"愿景"分享，达到思想共识，朝着同一方向前进。"愿景"是企业的未来发展蓝图，是全体企业员工努力的方向。企业"愿景"通过阶段性目标来实现，目标体系反映了企业的成就导向。企业目标是企业未来成就的期望值，是全体员工创造价值的方向，完成各阶段的目标是企业发展的核心。

目标是企业发展的方向，也是全体员工努力的方向。要做正确的事，必须确立正确的方向，引导企业和员工实施正确的行为。企业的"愿景"是最终的发展蓝图，而各个发展阶段的战略目标最能直接体现企业发展的方向。在制定战略规划过程中，强调战略目标的合理性，确定企业发展方向，引导全员朝正确的、统一的方向前进。战略目标、年度目标界定企业发展的阶段性方向，而"愿景"界定企业发展的最终方向。

目标是检验企业经营效果的标准。企业战略规划期间的成果、年度经营状况以及月度经营情况，都通过阶段性目标的实现来反映。因此，企业目标是检验经营成效的标准，也是衡量经营质量的标准。如果某月度经营目标没有实现，必须在下一个月度弥补，否则年度经营目标很难实现；如果某年度经营目标没有实现，必须在另一年度弥补，否则三年或五年的战略目标也会出现困难。对每一个经营团队的评估和经营效果的判断，都通过企业目标来实现。

目标是对利益相关者作出的承诺。确定目标的过程，就是企业经营团队对所有的利益相关者作出郑重承诺的过程。在制定企业目标时，要做到科学合理，特别是遵循可实现的、可度量的原则，保证对利益相关者有比较圆满的答复。对企业来说，利益相关者包括股东、管理团队、客户、供应商、社区，甚至政府等。对股东来说，实现目标才能获得丰厚的分红。对企业员工来说，实现目标才能获得丰厚的薪酬和奖金。对客户来说，实现目标才能得到更好的产品或服务。对供应商来说，实现目标才能保住自己的市场。对政府来说，实现目标才能获得可观的税收收入。企业的长、中、短期目标都是对他们的承诺。利益相关者都在密切关注经营团队的经营绩效，验证是否实现了预定的企业目标。

目标也是一种激励。明确了企业的目标，相当于在员工心目中树立了一个灯塔，变成了全体员工心目中的阶段性目的地。特别是把目标设置得稍微高一些，稍微超出员工能力所达到的高度，就相当于提出挑战性的高度，就可能激发全体员工的斗志，为新的目标付出努力。这时，鼓励企业员工为目标而战，挑战自我，挑战极限，形成一种有效的激励氛围。

企业目标有"阶段性"特征。企业目标从上向下逐层分解，企业基于"愿景"的蓝图，将其分解成三年或五年系列战略目标，每一期的战略目标分解为年度经营目标，年度经营目标再分解为月度行动目标。战略目标反映了战略期间的发展目标或经营目标。年度经营目标反映了每年所达到的目标。月度经营目标反映了每月所达到的目标。战略目标属于长期目标，年度经营目标属于中期目标，而月度甚至周的目标属于短期目标。战略目标、年度经营目标和月度行动目标之间相互匹配、相互兼容；企业集团内部各子公司之间的目标，以及各部门之间的目标，相互衔接，相互支撑，构成一个完整的系统性目标体系。

企业目标是具体的、可衡量的、可实现的，而且目标必须层次分明，相互支撑。战略目标和年度经营目标，以及月度的目标都应该是非常具体的，明确描述所要达到的效果和要求。笼统的描述不符合目标的具体性特征。战略目标和年度经营目标，以及月度的目标都应该是可衡量的，尽可能采取可量化的衡量指标，通过设置指标，判断是否实现目标，或者实现目标的程度。不具备可衡量性的目标其实是没有意义的目标。企业目标必须是可实现的。制定目标时，要做到科学合理,实事求是,战略目标和年度经营目标应该充分考虑资源和要素以及发展潜力,经过审慎论证。在此基础上,分解制定每年的经营目标,保证每个战略期间的战略目标得以实现,保证每年的经营目标得以实现。制定过高的、无法实现的目标,也是没有意义的目标。目标之间是彼此相关、相互支持的,根据市场的反馈和企业的实际运行情况及时调整企业目标。企业的目标体系应该是上下分解、下上支撑、左右协同,构成一个完整的目标体系。

制定企业目标,其实就是进行战略规划和年度预算的过程。战略目标是各个战略制定期间所要达到的阶段性目标,战略目标是战略规划的重要内容之一,在战略规划中得到体现。年度经营目标是年度预算所要达到的目标,年度经营是年度预算的重要内容之一,在企业年度经营计划中得到体现。在这里,把战略目标和年度经营目标专门提出来,主要目的是形成企业目标体系,保证目标体系的完整性。

(二) 基于流程的价值链体系,是支撑企业发展的脊梁

价值链体系的有效性是反映企业运营效率的关键因素。能否快速捕捉并满足客户的需求,反映了企业价值链的管理能力。在外部价值链中,与客户发生关系的销售环节,以及与供应商发生关系的采购环节,准时交付率、交付产品和服务的质量及客户满意度,决定着企业为客户创造价值的能力和水平。在企业内部价值链中,前后环节也可以看作"供应商"与"客户"的关系,把上一环节看作是下一环节的供应商,把下一环节看作是上一环节的客户。前后环节的准时交付率,前后环节的客户满意度,反映了企业内部价值链的管理水平。通过精益化管理,提升企业价值链的创造价值能力。通过价值链协作一致,围绕客户需求,进行资源配置和要素匹配,为客户创造更多价值,从而使企业获得长久的发展。

企业价值链体现了目标企业的管理水平。企业价值链围绕着顾客的价值观和认知需求,需要各个环节具有较强的应变能力。要善于捕捉客户的价值取向和价值观的变化,并及时作出反应,以适应快速发展变化的外部市场。企业价值链管理的能力就体现在对市场变化作出快速反应的能力方面。价值链管理的起点就是与顾客进行紧密沟通,通过营销手段解决信息滞后、信息不对称问题。现阶段,有些商家开始运用大数据、云计算等方法分析捕捉客户的需求变化信息,从而及时作出反应。企业也要善于挖掘顾客的潜在需求,可能顾客本身还没有这个意愿,但是优秀的企业可以创造需求并满足客户的潜意识的需求。价值链的竞争力主要用准时交付率和前后环节的客户满意度来衡量,准时

交付率包括按时交付产品或服务，并且保证交付产品或服务的质量。

企业价值链创造价值的能力取决于各个环节之间的协作机制。企业价值链管理的最终目标是创造更多价值，满足客户的需求，从而实现企业价值最大化。内部价值链的各个环节，能否协同一致，实现成本最小化和效率最大化，反映了企业的价值链管理水平。建立有效的激励机制是促进各个环节协同的重要保证。激励的目的是促进各个环节的员工对上下环节给予积极配合，如果做得到，就会得到表扬和奖励。准时交付率恰好体现了上下环节之间提供成品、半成品或服务的按时交付情况，准时交付率越高，各环节之间协作得越好。同时，将库存成本也设置为评估指标，如果上下游配合得好，可以把成本降到最低。

（三）基于绩效的激励体系，是促进企业发展的动力

激励体系是企业发展的动力源泉，激励体系是否有效决定了员工的工作状态和工作绩效。企业的人才是宝藏，有待于企业开发和挖掘。企业树立了目标，建立了有效的价值链，接下来就是要激发员工的意愿，为实现企业"愿景"和目标而工作。有效的激励体系可以激发员工的意愿，让员工迸发出巨大的工作热情，发挥员工的创造力。基于信任的授权体系也是有效的激励机制，员工在准备工作时，有巨大的责任感，在取得一定成绩后，员工有巨大的成就感。基于经济增加值（economic value added）的物质激励，让每个员工都为企业目标而工作，完成了目标，自身价值得到体现和认可，实现了企业和员工的共赢。有效激励的企业，员工精神饱满，工作卓有成效。反之，缺乏激励的企业，员工呈现出萎靡不振的状态。

绩效是企业追求的目标。企业没有绩效，就没有存在的理由；部门没有绩效，就没有存在的必要；个人没有绩效，就没有存在的价值。因此，基于绩效而设置激励机制，可以促使组织和个人关注绩效，创造价值。激励就是设置好的机制，让员工有工作的动力和激情。基于信任的授权体系是精神激励的范畴，如果员工获得了上级的信任，得到了上级的授权，员工具有强烈的责任感，就会给员工带来巨大的精神激励，促使其发挥主观能动性，挖掘自己和团队的潜能，完成甚至超额完成授权范围内的任务。基于 EVA 的激励体系是物资激励的范畴。如果给员工提供丰厚的奖金或股权奖励，则是物质激励。物质激励和精神激励相结合，对员工的激励效果更加明显。

激励具有层次性特点，激励的对象不同，精神激励和物质激励发挥的作用不一样。越是基层，员工收入相对越低，通过奖金等物质激励比较有效，同时采

用精神激励,可以发挥巨大的激励效用。到了一定的层级,特别是高层管理者及高层级的知识工作者,物质激励的边际效用开始递减,而精神激励的作用快速提升,这时,基于信任的授权带来的成就感,可以发挥最大的激励效用。当然,物质激励也必不可少,只是存在边际效用递减而已。

(四)基于责任的学习体系,集聚企业发展所需的能量

学习是企业成长的基础,学习体系的构建是保持企业持续竞争力的重要途径。通过组织学习,员工不断补充知识,组织不断积蓄能量,为企业后续发展提供支撑。越来越多的企业开始组建"企业大学",系统地设计课程体系,进行组织的知识储备。企业发展需要各个岗位的员工都能胜任,通过构建胜任力的素质模型,寻找员工的差距,通过学习提升胜任力。

企业建设学习体系,在很大程度上,是履行对员工、组织和顾客的一种责任。企业建立了有效的组织学习体系,既促进员工个人成长,又给顾客带来价值,同时还会让组织受益。德鲁克(1966)指出,管理者的工作必须卓有成效,卓有成效是可以通过学习获得的,一群平凡的人,可以做出不平凡的事业。企业管理者做到卓有成效的根本途径就是坚持学习,而组织的学习体系建设是基础。

组织学习体系履行对顾客的责任。企业能否满足客户的需求,取决于员工的技术能力和服务水平。通过学习和培训,促进员工建立营销理念,让员工感受到肩上的责任,为顾客提供高质量的产品和更优质的服务,从而为顾客创造更大的价值。

企业通过提供学习平台,履行对员工的责任。企业需要"高层管理者"有非凡的"领导力",有思想,敢创新,进行战略思考,永远走在时代的前列。企业需要"员工团队"有很强的"执行力",全体员工要善于把组织的战略落实到具体的行动中。无论是企业高管还是一般员工,都需要不断地学习,提升变革、创新、胜任力、执行力、项目化管理等管理素养,从而提升管理能力,胜任各自的工作岗位。企业通过学习平台,提升员工的素养和技能,构建沟通渠道,促进团队协作一致,让组织充满热情和激情。

企业要生存发展,离不开组织的记忆和组织的知识积累,组织通过构建学习体系,促进形成组织记忆,提升企业的可持续发展能力。组织的学习体系为组织持续发展提供了动力,保证企业能适应外界环境的变化,能满足市场和顾客不断变化的需求,保持企业的生命力,履行对企业的责任。

三、整合运营的关键成功要素

有效的运营体系应该目标明确、价值链协同、激励有效、持续改善、规模适当和成就导向。整合运营的关键成功要素见图 4-4：

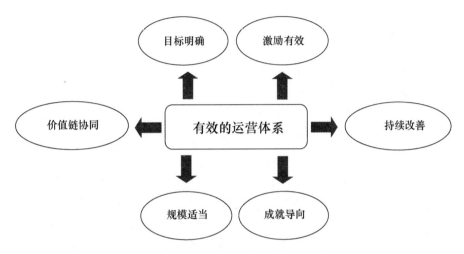

图 4-4 整合运营的关键成功要素

（一）目标明确，协调全员的行动

有效的企业运营体系需要有明确的目标体系。目标是一个层次分明且相互支撑的体系，指导着企业全体员工的行为。企业通过实现每个阶段与每个层次的目标，创造价值，履行企业使命。基于企业的愿景，构建战略目标，把战略目标分解成年度经营目标，然后，再分解成每个具体的行动目标。

目标指明了企业创造价值的方向，是检验运营效率的标准，是员工创造性工作的动力。企业围绕目标，配置资源，创造价值；只有目标明确，才能把企业的优质资源配置到最关键的环节中去；只有目标明确，才能协同全体员工的行为，激励员工为实现目标而相互支持；只有目标明确，才能建立绩效的标准，让员工感受到实现目标带来的成就感；只有目标明确，才能为价值链协同、有效激励和持续改善奠定基础，围绕目标进行价值链优化、员工激励和持续改善。

（二）价值链协同，为创造价值提供保证

波特（1985）的"价值链"理论揭示了企业与企业的竞争不只是某个环节的竞争，而是整个价值链的竞争。在企业价值链体系管理过程中，是否实现精益管理，保证价值链各个环节之间的匹配，决定了企业创造价值的能力，而企业价值链创造价值的能力决定了企业的竞争力。

企业价值链是企业创造价值的重要载体和依托,每个环节之间的准时交付率、交付产品的质量及客户满意度决定着价值链的效率。只有价值链协同,上下游之间才能环环相扣,有效对接,协同一致,保证企业的生产经营非常流畅,可以大大提高生产效率;只有价值链协同,削减多余动作和环节,才能快速改善不良状况,提高创造价值的速度;只有价值链协同,才能识别企业的价值流向,促进价值流动,实现企业成本最小化;只有价值链协同,才能发挥资源的优化组合,发挥各个要素的最大效用,增强企业创造价值的能力。

(三) 激励有效,激发全员的源动力

企业存在的价值就是创造客户,满足客户的各种需求。企业能否给客户带来满意的产品或服务,关键取决于企业的员工。要想让员工为客户提供优质的服务或产品,关键是要做到有效激励。

企业的有效激励应该是让员工有成就感,唤起员工内心的激情和愿望,让员工发自内心地、真诚地为客户提供服务或产品。有效激励必须让员工生活得满意。让员工活得很体面。有尊严感和自豪感,是企业对员工的重要激励和承诺。合理的薪酬和奖金属于物质激励,对于员工来说是必须的,但物质激励是基础,更重要的是精神激励。大道至简,充分授权。合适的授权可以充分发挥员工的创造性和主观能动性,让员工有成就感,让员工不断获得知识的营养和滋润,使员工的工作富有成效;和谐友善的企业氛围让员工感受到工作的快乐和家庭般的温暖,这些精神层面的激励效果绝对不亚于物质激励的效果。

有效的激励给员工带来巨大的源动力,激发员工的热情,提升员工的主观能动性,从而给客户带来更优质的服务。同时注意到,企业复杂而严格的考评,并不能激发员工的热情。考评不是激励,反而是一种负面的激励,员工疲于应付,失去创造力和工作兴趣。德鲁克强调,让每个员工发挥其专长,并承担相应的责任,同时能够指明共同“愿景”和努力方向,建立一个协作的团队,使个人目标与共同利益相协调。德鲁克强调用“自我控制”的管理代替“压制性管理”。缺乏激励的企业,或者激励无效的企业,都面临运营效率低下、企业氛围紧张的局面,对企业运营带来非常大的伤害。

(四) 持续改善,适应多变的环境

企业面对的是多变的市场和复杂的外部环境,客户需求有明显的个性化趋势,为了适应外部环境,满足客户需要,企业要不断变革创新,持续改善。企业需要快速改善(quick fix)，迅速解决存在的不合理、不适当、多余的环节等问题。但是，持续改善更加重要。

持续改善使企业一直处于高效运行状态，提升了企业的运营效率。首先，以企业目标为基准，从流程开始，进行持续优化，提高流程运行效率，控制风险。通过简化流程，赋予面向客户的团队更多自主权，满足客户的个性化需求。通过简化流程，消除诸多的执行障碍，提升经营效率。其次，对管理理念和工作方法进行持续改进，引入最新的管理理念，采纳最有效的管理方法，让企业处于有效运行状态。最后，对现场进行持续改善，及时进行整理、整顿、清洁，保持工作现场的有序性，为创造价值提供良好的环境。

（五）规模适当，寻找企业合适的边界

企业的合适规模与企业管理能力有关，正如科斯的论断，"企业是有边界的"。企业边界反映了企业的管理能力。企业的规模要考虑企业的实际状况，主要是企业的管理能力状况。适度的规模使企业运作简单，经营效率高。规模不当带来成本的增加，效率的低下。很多企业处于"规模不当"状态，规模过大或过小，都不能实现规模经济。所以，应根据企业定位和企业管理能力，捕捉到企业边界，避免规模不当，既实现规模经济，又保证经营效率。

寻找企业边界是有效运营的重要条件。企业需要一定的规模。通过扩大规模，可以扩大市场的影响力，可以通过内部化交易降低采购成本，可以通过规模化降低生产成本，真正实现规模经济的效应。但是随着企业规模的扩大，开始出现经营效率的降低。如果企业的管理能力满足不了企业规模对管理的要求，则企业内部的协调成本开始增加，而且是加速增加。如果规模经济性带来的成本降低，恰好被增加的协调成本抵消，就到达了企业边界。这时，企业规模不能继续扩大了，否则，规模经济性没有了，反而是效率的降低和成本的增加。

（六）成就导向，实现企业的价值

企业运营是否有效，主要看是否取得了最终的成果，应该遵循成就导向的原则。如果没有成果，没有绩效，无论运营目标体系多么有系统性，无论价值链被设计得多么完美，无论激励体系被设计得多么精致，该企业的运营都是失败的。德鲁克指出，管理是一种实践，其本质不在于知而在于行，其验证不在于逻辑，而在于成果，其唯一权威就是成就。德鲁克进一步指出，卓有成效的管理者，必须着眼于对组织的贡献，关注目标，关注成果，并履行企业的社会责任。所以，企业存在的价值是创造客户，为客户带来价值，同时，实现自己的利润。

凭绩效说话,让事实说话,都是强调成果的重要性。要达到预定的目标,必须找到合适的人,放在合适的位置上,并给予指导和支持,才能获得预想的成就。

4.2 ｜ 企业整合运营的要素匹配

一、目标体系引领全员的行动方向和节奏

企业目标的制定源于企业的"使命和愿景",落实到战略目标的制定。战略目标以企业"使命和愿景"为基础,考虑外部商业环境和企业内部条件,根据市场和客户的需求而制定。战略目标具有阶段性特征,一般是五年的战略规划期。战略规划的过程是在企业资源和能力约束条件下,寻求企业价值最大化或利润最大化的规划过程。在这个过程中,要分清现在拥有的资源和能力,以及未来五年可能获取的资源和能力,判断行业发展趋势和大的经济发展趋势,作出合理的战略规划。战略规划中的战略目标是发展导向和检验标准,引导企业发展的方向。因此,在多个约束条件下进行目标设置,要善于寻找最接近的初始条件,界定边界条件或约束条件,保证战略目标的合理性。

目标分解可以有两个维度,一个是按照时间维度,战略目标分解为年度经营目标,年度经营目标分解成月度行动目标,月度行动目标分解成每周或每天的行动目标。另一个是按部门维度,集团战略目标分解成各个子公司战略目标和部门战略目标,子公司战略目标可以分解成部门或班组目标。两类目标分解方法各有价值,分别承担不同的功能,形成不同的目标体系。

企业目标制定的过程中,基于"愿景",制定阶段性战略规划,界定战略目标。在战略目标的基础上,进行年度预算,根据预算形成年度经营计划,在经营计划中确定年度经营目标。年度经营目标可以分解成月度目标,每月的行动计划中体现具体的月度目标。进一步,还可以将月度行动目标继续分解成每周、每天的行动目标。企业的目标体系按时间分解见图4-5。

对于大型集团公司,战略目标可以按照子公司或部门进行分解。集团公司的战略目标分解到各个子公司或各个部门,各个子公司进一步分解到其各个部门和各个班组,构成了一个目标体系。集团公司目标体系按部门分解见图4-6。

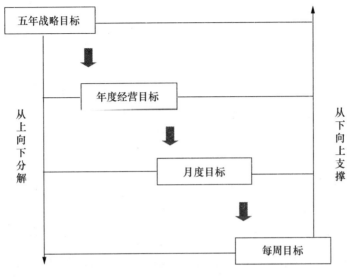

图 4-5 企业的目标体系按时间分解图

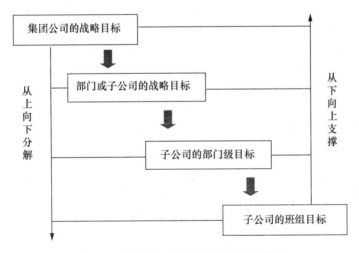

图 4-6 集团公司目标体系按部门分解图

目标分解的过程就是战略制定和年度预算的过程。为保证阶段性战略目标的实现,必须要落实到每一个年度预算内,并保证完成预算。每个年度的预算要落实到每个月,乃至每一天,每一个工作日都完成预定的目标,整个目标也就完成了,形成了从下向上逐层支撑的体系。

（一）基于企业"愿景"制定阶段性的战略规划

1. 战略目标的制定逻辑

根据"战略管理之父"安所夫（Ansoff，1965）的战略分类，企业战略可以分为总体发展战略和经营战略。总体发展战略解决了企业的"方向"和"路径"问题；而经营战略主要解决了企业相对于竞争对手的"经营和竞争"问题。对于企业来说，制定战略时，要同时考虑这两个层面的战略，既要有发展目标，又要有经营目标。发展目标界定发展的方向和所要达到的具体效果；经营目标界定经营效果和相对于竞争对手所采取的策略。

战略规划界定了企业在一定阶段的大方向和大目标，具有长期目标的特征。战略规划期间可以是三年，也可以是五年，这就形成了三年或五年战略目标。企业的资源和能力是有限的。在未来一定的时间范围内，在资源和能力的约束条件下，通过资源的优化配置，遵循效用最大化的原则，实现最终的目标，该目标就可以称为战略目标。基于此，把战略目标归结到目标体系的大范畴。战略目标是三年或者五年内实现的目标。要实现该目标，必须分解到战略期间的每一个年度里。战略目标既有描述性的目标，又有分解到年度的具体目标。

2. 战略目标最好是定量描述

战略目标可以描述如下：未来五年内，每年增加市场份额，到第五年，进入行业前三名。再比如，强化精益管理，降低成本，到第五年，单位生产成本低于主要竞争对手。如果的确不能定量描述，也可以定性描述，比如，未来五年的战略目标是加大研发力度，进行产品和服务创新，到第五年，提供与主要竞争对手有明显差异化的产品和服务。

根据企业实际需要，可以把战略目标按照时间、区域、产品、客户等维度进行分解，分解成不同的战略子目标，形成一个相互支持的战略目标体系。基于时间维度的分解，就是按照战略期间，进行战略目标分解。基于区域维度的分解，就是按照地区特点、发展等级、消费偏好等因素进行的目标分解。基于产品维度的分解，就是根据不同的产品特征而进行的目标分解。基于客户维度的分解，就是根据客户的年龄特征而进行的目标分解。

Robert Kaplan 和 David Norton（1992，1993）强调制定战略目标时不能只看财务指标，应该考虑财务指标和非财务指标的平衡。在财务指标的基础上，增加了客户因素、内部流程和学习成长因素，从四个纬度进行分解，将企业战略转化为具体的目标和行动计划。财务指标是结果，比如销售收入、利润、净资产收益率、销售利润率、总资产周转率等。客户因素从客户视角反映企业的经营管理能力,常见指标包括交货率、重要客户的购买份额、客户满意度指数等。内部运作流程揭示了企业的内部优势,明确了自身的核心竞争力,并把它们转化成具体的测评指标,内部运作流程是公司改善经营业绩的重点。学习和成长方面主要解决持续提升并创造价值的问题,企业可以确定不同的学习成长指标,如员工士气、员工满意度、平均培训时间等,这些指标可以作为战略目标,也可以作为年度经营目标。

德鲁克提出,企业目标应分布在八大领域,分别是营销目标、创新目标、人力资源、财务资源、物质资源、生产率、利润和社会责任。对于每个领域,设置需要实现的目标。该目标体系比较完善,既考虑了营销和客户,又考虑了创新和社会责任,比较全面地反映了企业存在的价值。德鲁克的八大目标的逻辑关系是寻找机会和市场,基于需求进行全面创新,有效配置各种资源,实现要素之间的匹配,提高资产运行效率,产生较好的利润成果,并且勇于承担社会责任。

(二) 基于战略目标制定年度经营目标

为了完成战略目标分解到本年度的目标,企业要进行预算。企业年度预算的过程就是年度"任务实施和机会寻找"的过程。企业预算的首要成果是确定年度的经营目标,包括为完成该目标,需要多少资源,现有多少资源,还差多少资源,如何完成主要任务,达到怎样的效果,实现怎样的指标。这个过程就是预算的过程,通过预算判断能否完成当年的目标。反过来,如果实现目标缺乏资源,包括财务资源和人力资源,企业就要去寻找资源,通过资源补充,完成当年的经营目标。

1. 年度经营目标制定的逻辑

按照杜邦分析的框架,企业的最终目标是净资产收益率,净资产收益率反映了权益资本的收益能力;净资产收益率的决定因素是总资产收益率,总资产收益率反映了整个企业的资产运营效率;总资产收益率取决于利润空间和周转速度,分别表现为销售利润率和资产周转率目标;利润空间取决于产品竞争力和成本降低程度,反映了企业创新和精益管理状况;周转速度取决于内部管理水平,反映了企业运行效率。

基于此,企业年度经营目标的制定主要从营销、成本、周转率、资源等视角展开。首先是营销领域目标,确定本年度实现多大的销售额或增长率。其次是生产领域目标,确定成本率降低的目标,或者要求本年度单位成本或人均成本达到一个目标,低于行业平均标准,或者低于主要竞争对手的标准。再次是周转率目标,包括应收账款周转率和存货周转率所要达到的目标,保证要实现的资产运营效率。最后是资源目标,包括人力资源的提升目标和财务资源的获得目标。

2. 经营目标是绝对指标和相对指标的结合

年度经营目标可以表现为各种指标。可以是绝对值指标,如销售额、利润额;也可以是相对值指标,如销售利润率、成本利润率;还可以表现为单位产品或人均指标,如单位材料成本、单位人工成本,或者人均成本、人均费用。

营销目标的确定过程就是定义客户、确定价值方案的过程。选定目标市场后,确定目标客户,分析潜在客户,并且为客户提供价值方案。在这过程中,确定可以为客户提供产品和服务的数量和质量,形成营销目标。生产成本目标的确定过程就是通过精益化管理提升质量并降低成本的过程。在这过程中,确定可以降低成本的要求和可能性,形成生产成本目标。生产过程设置的目标指标可以是成品率、合格率和准时交付率。周转率目标的确定过程就是在利润空间确定的前提下,寻找提升周转速度的空间,从而提升盈利能力的过程。在这过程中,确定可以提升周转率的数量和可能性。周转率设置的目标指标可以为资产周转率、应收账款周转率、存货周转率。资源目标是保障企业运转所需要的资源数量,包括所需财务资金和人力资源。在这过程中,确定需要的人力资源的种类、数量和质量,以及所需要的财务资源的数量。

3. 把预算的经营目标和考评的指标适当分开

预算的主要目的是寻找机会,而不是考核。预算的主要作用在于根据市场需求,发现机会,确定经营目标,并且针对目标,进行资源匹配。有效的预算既能制定合理的经营目标,又能计算出需要的资源支撑。

很多企业把预算的指标作为考核的指标,陷入预算的博弈陷阱。对经营主体来说,希望经营指标低一些,保证能完成预算,保证考评获得好的表现;对上级部门来说,希望各个经营主体预算的经营指标高一些,保证完成组织的整体目标。这样,每年预算的过程就是上下反复博弈的过程。企业上下把主要精力用在博弈上,对经营指标进行讨价还价,结果导致预算创造价值的重要功能发生偏离。

如何打破博弈的预算现状,要从机制上解决问题,把预算的经营目标和考核指标区分开,避免踏入预算的博弈陷阱。企业管理者有一种固有的思维,认为预算就要考核,没有完成预算,就没有绩效,就会扣罚奖金,甚至绩效工资。企业管理者可以打破该固有思维,考评指标可以有选择地另行设定,主要思想是对经营团队新创造的价值给予认可和奖励。

经营目标定位为反映资源匹配效果的指标，而绩效指标界定为衡量工作效果的考核指标。两者如果适度分离，可以在一定程度上减少预算博弈。预算的经营目标是经营重点，既能促进对机会的寻找和把握，又能促进内部资源的有效配置。

（三）基于年度目标的月度行动目标

月度行动目标更加具体，而且需要确保每月目标的实现。每月的目标跨度时间短，理论上来说，更加容易控制，可以准确地把握目标是否能实现。月度行动目标是年度经营目标的分解，月度目标能否完成决定了年度目标是否可以完成。月度目标可以分解到每一周甚至每一天。月度目标能否完成，取决于每一天能否完成目标。

二、基于流程的价值链，促进各种要素进行有效对接

企业价值链向全球化发展，形成了全球价值链（global value chain）。全球价值链主要是从全球的视角来研究产业链条的空间配置。全球价值链是指为实现商品或服务价值而连接采购、生产、销售、回收等环节的全球性链条。价值链横向发展，形成了"价值网"（value net），由成员企业和合作伙伴构成，把相互独立的客户联系起来，共享资源，结合彼此的优势一起开发和完成业务，企业间的竞争合作创造了更大的价值。

（一）完善和提升企业价值链的关键点

1. 建立以顾客为中心的业务流程是提升价值链的核心

顾客是企业生存的根本，企业生存的价值也就在于创造顾客，并满足客户的现实需求或潜在需求。企业对待客户的理念可以通过价值链体现出来。优秀企业的价值链，一定是以"客户需求"为导向，根据顾客的认知需求和价值取向来设计价值链，把客户的需求融入价值链的各个环节中。客户需求的细微变化可以通过销售终端、客户服务或营销部门，快速反馈到企业核心决策层。企业决策层快速作出反应，满足客户的需求，让客户感受到企业为客户创造价值的强烈意愿和果断行动，让客户感动是优秀企业的价值链的重要表现。

企业的价值链管理以客户为中心，通过自组织，实现实物流、资金流和信息流的有效协同，为顾客提供时效性和个性化的产品或服务。业务流程则是实现价值链管理的关键。20 世纪 90 年代开始，以业务流程（business process）为中心的管理思想打破传统的职能分工思想。基于流程导向的原则,建立了适应流程的组织结构,如扁平化组织、网络化组织等。业务流程开始于顾客需求,结束于顾客满意。基于满足顾客需求的业务流程,更多地考虑了工作环节和步骤,而克服了部门的隔阂和条块分割的弊端。建立以顾客为中心的业务流程,为客户增加了价值,降低了企业成本,提高了运行效率。

2. 提高内部价值链前后环节的"准时交付率",提高"客户满意度"

供应链是相对于价值链的概念。供应链和价值链共同存在于企业系统中。两者有共同的特点,都是以顾客为中心,以市场为导向。但两者也有一定的区别,价值链揭示为客户创造价值的过程,寻找建立竞争优势的根源;而供应链揭示前后环节之间的合作效率和运营成本。供应链是价值链的延伸。在这里,对供应链和价值链不作细微的区分,对企业内部价值链来说,就相当于内部供应链。前后环节的准时交付率反映了内部价值链的运作能力,是衡量价值链的各个环节之间有效协作的重要指标。在前后环节中,前一个环节能否提供满足质量要求的原料、物料、产品或服务,并且按照预定时间要求提供,决定着后一个环节的工作效率和工作质量。如果前一个环节提前提供物料,或者提供物料过多,可能造成积压,增加库存成本;如果前一个环节提供物料稍晚,或者提供物料数量不足,可能造成后一个环节的停工,造成其后供应链的联动出现问题。另外,还要进一步关注生产与销售的关系,实现生产部门的产成品数量与销售部门的销售数量的均衡。产成品存在库存成本,还会出现损耗、损坏等风险。如何实现产成品库存成本的最小化,也是价值链管理的重要内容。

强化了价值链的准时交付率之后,就要考虑提高前后环节的"客户满意度"。如果把价值链的上下环节看作"客户关系",提高客户满意度是提升价值链的重要途径。每一个环节要把其下一个环节看作是自己的客户,为客户提供优质的产品和服务是必须的,而且要严格按照客户要求,提供系统化服务。能否实现前后环节的默契配合,对于提升价值链的效率至关重要。

3. 建立与顾客沟通的平台和需求反馈体系

营销部门、销售部门和客服部门与客户具有紧密联系,有效的价值链管理可以降低该环节的成本。应发挥客服的信息分析功能,更深入地了解顾客的需要和价值观。通过给客户家庭提供贴心服务,从而建立一种长期的、互信的和融洽的关系。提供服务的过程就是建立长期互信关系的过程。通过客户档案,在销售过程中和售后提供系列服务,定期给客户发送一些有价值的服务信息,让消费者感受到与众不同的尊贵感觉。公司定期举办消费者沙龙,邀请更多客户参与公司举行的沙龙服务活动,让其亲身体验提供的价值方案,了解公司的企业文化,从而巩固对品牌的好感,建立长期的服务关系。运用"微信传播、网络视频专题、平面媒体推广"等营销方式,快速扩展知名度。

4. 优化与供应商进行有效对接的外部供应链

企业的采购部门与供应商紧密对接,通过精益管理,实现企业价值最大化。企业的采购成本状况决定着企业与同类竞争对手相比的成本水平。企业采购的数量、采购的批次,决定着与供应商的谈判地位和能力。如果每次进货过多,就会占用更多的库存,增加库存成本和库存损耗及风险。如果每次进货过少,就会增加采购频次,成本相应增加,供应商的价格可能提升,运输成本也可能增加。另外,如果发生意外事件,可能导致原材料断货,影响生产。如何合理安排库存,实现库存成本最小化,是价值链管理的重要内容,也是供应链管理的重要内容。

(二) 流程的价值创造与风险规避功能

企业价值链基于一系列的流程而创造价值。流程的重要作用是对工作路径进行标准化,同时设置关键控制点,从而控制或降低各种风险。企业价值链是一个大的流程,每一个环节里面又有很多子流程,构成了一个流程体系,从而构成了基于流程的企业价值链。

相对稳定的流程促进了工作的标准化和规范化,使得各层级的管理者都很明确工作的路径,按照规范路径执行,避免工作次序的混乱,反而容易提高工作效率。流程的稳定是相对的,变化是绝对的,任何工作流程都是一个不断优化的过程。流程优化的方向是效率提升和成本降低。流程尽可能做到简洁、高效,减少不创造价值的环节和动作,提高工作效率的同时降低成本,加快价值创造的过程。

流程中设置的审批或判断点,其实就是风险控制点。每一个关键环节都设置决策点,可以及时发现并有效控制可能出现的风险。流程中的决策点也是动态调整的,根据实际需要或流程变化而调整,调整的内容可以是增加决策点,也可以是减少决策点。

企业流程可以分为管理流程和业务流程。管理流程包括战略管理流程、投资决策流程、预算流程、组织变革流程等。业务流程主要包括采购流程、生产流程、营销和销售流程、客户服务流程等。

战略管理流程是创造价值的基础,是企业价值链管理的关键要素。战略管理包括战略制定、战略执行和战略评估三个阶段，每个阶段又可以分为更加详细的流程。战略管理流程见表4-1。

表 4-1　战略管理流程

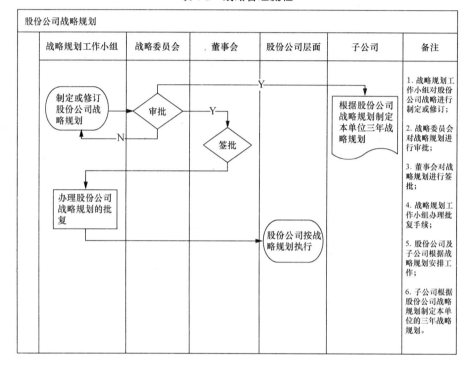

股份公司战略规划					
战略规划工作小组	战略委员会	董事会	股份公司层面	子公司	备注

从战略规划分解成年度经营计划，从战略目标分解到年度经营目标，这是一个目标和任务分解的过程。特别是大型集团公司，还存在集团公司高管团队与子公司高管团队之间的协调和沟通。具体包括集团公司对子公司的要求，以及子公司对集团公司的反馈和诉求。在五年战略规划的基础上，企业要进行年度预算。年度预算是战略目标分解到各个年度的任务和目标。预算要遵循一定的流程。企业预算的成果是一个完整的预算报表，包括预算的目标，所需要的人、财、物、资源等。在预算的基础上，形成年度经营计划。年度经营计划以预算为基础，对下一年的目标、任务、分工、时间安排、资金安排和保证措施进行系统安排，是企业遵循的行动计划。预算管理流程见表4-2。

表 4-2　预算管理流程

股份公司预算					
预算工作小组（财务管理部/业务发展部）	预算领导小组	董事会	股份公司层面		备注
年度预算制定或修订　审批（N/Y）　签批　办理年度预算或修订的批复　按预算执行					1. 预算工作小组对年度预算进行制定或修订； 2. 预算领导小组对预算进行审批； 3. 董事会对预算进行签批； 4. 预算工作小组办理年度预算的批复手续； 5. 股份公司及下属子公司按照预算执行并安排工作。

　　企业的重大投资或者融资活动是创造价值的重要途径，为企业发展提供各种途径或取得动力资源。企业的投资或融资都是风险较大的行为，需要遵循一定的路径，进行合理的论证和讨论。对于大型集团公司，各个子公司也存在投融资项目，集团要进行统一管理，统一决策路径和决策环节。对于数量较小的投融资，可以下放到子公司高管层决策，凡是超过一定数量的投融资，都需要经过预定的流程。同时，设立风险管理委员会，统一对风险进行评估，掌握统一的尺度和风险决策的规则，保证资金链的安全和适度的资产负债率，保证投资的有效性、安全性和投资回报率。重大投融资决策流程见表4-3。

　　研发是创造价值的重要环节，也要遵循一定的流程。研发体现战略，体现创新，体现客户的需求。企业投入研发资金，是否能捕捉并满足客户的真实需求，这是一个重大的问题。所以，研发投入需要控制风险，把握方向。特别是对企业来说，资金是有限的，要把有限的研发资金用在最关键的研发创新上。研发管理流程见表4-4。

表 4-3　重大投融资决策流程

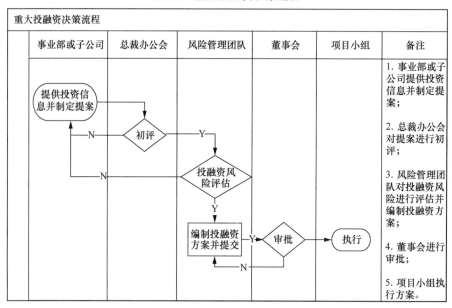

表 4-4　研发管理流程

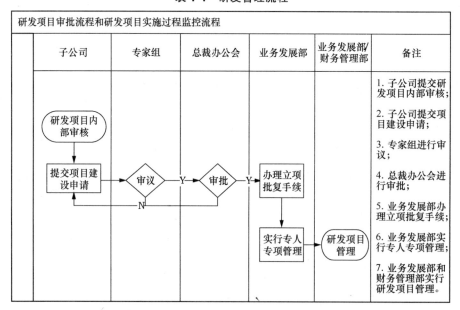

三、基于绩效的激励体系，为各种要素匹配提供动力支持

（一）基于信任的授权是一种有效的精神激励

如何做到对员工的有效激励，最重要的是让员工的工作富有成效，让员工有成就感。德鲁克指出管理的三项任务：第一项是实现组织的特定目的和使命；第二项是让员工的工作富有成效，让员工有成就感；第三项是承担社会责任。合适的授权可以给员工带来基于信任的情感激励，也可以通过授权带来巨大的责任激励。授权可以让员工发挥主观能动性，获得因工作富有成效或创造价值而带来的成就感。基于信任的授权是精神激励的重要方法和途径。

1. 授权是一种双赢的行为，可以给授权双方带来机会

为何要授权？可以从授权人和被授权人两个视角进行分析。授权人不一定都是老板，各个层级的上级对下级来说，都可以是授权人。对授权人来说，授权的出发点是让直接操作者拥有独立的决断权，发挥下属的主观能动性，从而产生更好的绩效。同时，授权者自己可以解放出来，集中精力和时间做更重要的事。这时，真正形成了团队，每个人都有自己应该做的事，每个人都能发挥主观能动性，团队的功能开始体现，绩效可能快速提升。

对被授权人来说，上级的授权是对被授权者的信任，被授权者接受了授权，就是对上级作出了郑重的承诺。被授权者感受到了承诺后的责任，就必须发挥自己和下属的潜力，想方设法履行自己的承诺。虽然被授权者会有更大的自我压力，完成承诺也需要付出艰苦的努力，但是，这是为自己的承诺而工作，是主动地、积极地完成工作和任务，没有被迫或被环境逼迫的感觉，这恰好是史蒂芬·柯维提出的高效能人士的"积极主动"的第一个习惯，这种情况下最容易做出成绩。特别是对知识工作者来说，上级的授权是给予自己的最大信任，知识工作者感受到了来自上级的尊重，就会产生更大的内生源动力，用知识创造价值，这是发挥其潜能的最佳途径。授权之后，强调被授权人的目标管理和自我控制，恰是德鲁克提出的重要思想。被授权人基于目标，进行自我组织、自我学习和自我激励，有效地提升工作能力。同时，面对市场或者专业性较强的领域，被授权人可以随机应变，灵活面对变化的环境，进而提升组织的适应性。

2. 授权是一种激励，信任本身也是一种激励

授权可以让被授权人有相应的权力，让被授权人有一种责任感，从而达到激励的效果。而信任本身也会给被授权人带来一种激励，被授权者为了不辜负授权者的信任，竭尽全力把事情做好，可以充分发挥被授权人的潜力。强调

"信任"两个字,说明在实际授权过程中,可能存在着不信任现象。不信任可能体现在两个方面:一方面是怀疑被授权人的诚信度,另一方面是对被授权人的胜任能力缺乏信心,但更重要的内涵应该是第一种。中国企业的管理还处于发展阶段,现代公司治理还不能完全有效运行,更多还是人治。大量的中小企业管理还很不规范,第一代创业者还是主要的经营者,如何授权给新的职业经理人,如何保证职业经理人的可信任,还有很多事情要做,还有很长的路要走。

为何要提出基于信任的授权?首先,基于对被授权人寄予期望,希望通过授权传达"信任"的信息,从而激励被授权人的责任感,不要辜负被信任,要充分发挥潜能,创造更大的价值。其次,授权人需要建立信任的基础,通过授权可以传递信任,虽然有些人会出现道德风险,但还是要授权,否则,企业很难做大,很难有大的发展。最后,授权之后,一定要放开让被授权人自己决策,不要过多干预,更不要直接帮助被授权人决策,否则达不到授权的目的。

当然,信任不是无条件的,任何无条件的信任都会带来巨大的伤害。经济学告诉我们,人是自己利益的维护者,一般追求自身效用最大化。当出现利益冲突时,任何人都会首先想到维护自己的利益,所以,很容易违背当初的承诺,实行相机抉择策略。很多人辜负了别人的信任,带给信任他的人更多的是伤害。现代社会,信任是如此稀缺,是如此宝贵。如果得到授权,应该珍惜被信任,完成对授权人的承诺。因此,授权后,还要建立约束机制,保证对授权后的管理,这是对信任的呵护,是达到预期授权效果的保证。

3. 积极选择并培养授权对象

授权人在授权之前,要认真思考四个问题:一是授权给谁?二是他能胜任吗?三是他会履行承诺吗?四是如果不能胜任或者不能履行承诺,由此造成的风险和损失我能承担得了吗?四个问题是有先后次序的。第二个问题能否胜任是最重要的,若被授权人不能胜任,绝不要勉强,否则,无法达到预期效果,后果很严重。如果第二个问题是肯定的回答,再考虑第三个问题,即能胜任但会履行承诺吗?会不会出现信息不对称带来的道德风险问题?在目前诚信还不够高的背景下,不少授权者受到过伤害,被授权人掌握了资源,建立了网络关系,然后,背离授权人,另立山头。被授权人是否会履行承诺也是至关重要的因素。不少创业者有同样的感受,知道应该授权,但是授权受到过伤害,一谈到授权,总会心存障碍,需要再三考虑授权的范围和对象。如果第四个问题不是肯定的回答,也不能轻易授权,要作谨慎考虑。如果后三个问题都是肯定的回答,就下决心作出决策,充分授权,并且做好授权后的管理工作。至于授权给谁,可依据帕累托"80/20 定律",80% 的成果或业绩来自于 20% 的管理人员,20% 的人员创造了 80% 的绩效,所以,可以选择 20% 的关键人员,进行充分授权。帕累托"80/20 定律"揭示了一种不平衡关系,通过授权一部分关键人员,发挥他们的主观能动性,可以产生更大的成果,当然,并不一定恰好是 80/20 的比例。

4. 界定好授权范围和授权规则

授权应做到授权范围清晰,授权内容明确。如果授权范围不清晰,授权内容模糊,被授权人就很难把握哪些必须做,哪些不能做,哪些是授权范围内的事,哪些是授权范围之外的事。结果未能在授权范围内完成承诺,这时候,就不是被授权人的问题了,而是授权不清的问题。有效的授权规定了工作责任,以及授权之后所达到的工作目标和检验标准,规定向授权人报告的次数,以及最终的奖惩措施。不同的授权有不同的特点。如果是"单项授权",只就某一项工作进行授权,完成后授权立即结束。如果是"时限授权",规定好在特定时间段内授权有效,时间一到,授权自动失效。如果是"条件授权",只有在满足条件的情况下,授权才有效,如果条件发生变化,授权自动失效。其实,各个层级的岗位都有明确的职责,在设置职责的环节,就要开始考虑授权的问题。除了岗位授权以外,在具体工作中其他授权更多,都包括在授权范畴里。对于重要的授权,要通过授权委托书的方式进行,保证授权双方形成一致的理解。对于重要事情,要明确哪些可以做,哪些不可以做,划定授权的范围,界定授权边界。对于不可以做的事情,画出红线区域。如果涉及红线内的问题,要及时反馈给授权人,让授权人作出最终的判断。这样要求,对授权双方来说,都是负责任的做法。

5. 继续指导和支持,重视授权后的反馈

授权后的管理很重要。如果授权后,被授权人不能胜任,结果没有兑现承诺;或者授权后,被授权者超出授权范围,给企业造成一定的损害;或者授权后,被授权人存在道德风险,辜负了授权人的信任,这些都会给授权带来风险。所以,要建立授权后的反馈机制,让授权人及时了解授权事项的进展情况,及时给予指导和帮助。

授权要避免两级极端,一是极端是授权之后,不闻不问,只等最后的结果。另一极端是授权后,仍然不放心,经常直接插手下属可以处理的工作,达不到授权的效果。两种极端在现实工作中都比较常见。经常听到某企业的高层管理者说:"我授权给你之后,我只看结果,不管过程,你自己看着办。"这个说法似乎有道理,完全授权给下属,只关注最终"结果"。但仔细考虑,又有不妥。授权之后,授权人应该继续关注被授权人的行为,进行过程指导,对出现的问题及时纠正。德鲁克所言的管理者的八项基本技能中,第三项是授权,而第四项就是指导。有些企业高层管理者恰相反。授权给下属之后,过度指导,甚至直接帮助下属决策,干预下属的判断。这种情况下,被授权人无所适从,不得不按照授权人的说法去做,没有发挥被授权人的主观能动性。被授权人对结果负责,而决策权又回到授权人手中,实际上没有授权,被授权人没有承担责任的使命感,达不到激励的效果。

（二）基于经济增加值（EVA）的管理团队绩效激励体系

1. 现行企业薪酬体系激励功能的局限性

人性注定了人需要激励。企业的管理团队同样需要激励,包括精神激励和物质激励,这里主要说的是物质激励。现阶段,很多公司的薪资体系更多地体现了报酬功能,而激励功能相对比较弱小。在多数公司的薪酬体系中,体现激励功能的主要有两个部分:一个是绩效工资,一个是奖金。绩效工资主要是从每个员工的工资总额中扣除一定比例,少则20%,多则40%,到年底或者半年度,根据实际绩效情况统一发放。如果绩效好,预扣绩效工资全额发放;如果绩效没达到预定目标,则把预扣的绩效工资部分发放,甚至不发放。这样的绩效工资其实达不到激励的效果,不但不能激励,反而出现了负面效应。在员工的总工资中,扣发20%—40%的工资作为所谓的绩效工资,年底最多就是全额发放,而且还可能扣掉部分甚至全部绩效工资。在员工看来,这是一种惩罚性质的措施,也就是负激励,其实,负激励很难达到预期的激励效果,反而造成员工与企业抵触的结果。另一个激励是奖金。奖金多数是年底发放,奖金数量大多为每月工资的若干倍。奖金发放的依据是全年预算完成情况。如果超额完成全年预算的主要指标,奖金会多一些,否则,少发或不发年底奖金。这样的后果是每年的预算变成了博弈过程,对于每个层级的管理团队来说,尽可能制定一个容易完成的预算,到时,可以拿到更多的奖金。否则,预算定高了,年底完不成,奖金没有了,谁会去做呢! 鞭打快牛,今年指标高了,明年还会给你加码,理性的管理团队当然要讨价还价了。

2. 经济增加值（EVA）的内涵与激励思想

针对以上激励功能弱小的现状,可以探讨更多的激励方法。基于经济增加值的激励方案,在某些程度上减少博弈,加大对企业管理团队的激励,可以增加激励效果。经济增加值 EVA（economic value added）是 Stern Stewart 咨询公司开创的方法。EVA 强调新创造的价值,最大的特点是突出考虑企业使用资本要支付资本成本的因素,更加真实地反映经营团队的绩效。EVA 可以用于绩效评估,可以用于目标设置,还可以用于战略评估。用 EVA 进行激励的思想是让企业的核心团队可以分享其创造的价值增量。EVA 进行激励的主要目的是让员工与股东一样,获得价值创造带来的收益,从而实现股东和员工的双赢。基于 EVA 的激励体系的具体操作是按照超额累进的方法,从当年的经济增加值中提取一定比例的资金,作为奖金奖励管理团队。这样,企业的管理团队就会分享自己创造的价值。摒弃基于预算完成情况的考核,采用基于 EVA 的价值激励,就会减少以前普遍存在的预算博弈,促使管理团队同心协力创造价值。

3. 经济增加值(EVA)的绩效认定

如何评价整个管理团队的绩效,寻找合适的分配体系,对管理团队进行有效激励,是企业追求的目标。EVA 界定整个企业的分配总额,既维护了股东的利益,又达到了对管理团队激励的效果。进一步来说,对于团队个人的奖励,不必由公司来确定,而是由各个团队内部评议并确定分配方案,因为团队内部每个人的情况大家都非常清楚,这时内部分配比较合理。

要对管理团队进行激励,必须先对其绩效进行评估,认定绩效之后,才能进行奖励,达到激励的效果。绩效认定的标准是什么? EVA 是指从税后净营业利润中减去资本成本后的经济利润。资本成本是公司使用的全部资本所付出的资金成本,包括股东资本和债权资本的成本。资本成本如何界定也是一个难点,可以用多种方法进行计算。对管理团队进行绩效认定时,要从税后营业利润中去掉资本成本,主要原因是资本成本是资本本身应该获得的收益,是资本的机会成本,是即使放在银行也会产生的收益。除去资金成本可以激励管理者提高资本利用效率,创造更大的价值,更加有效地对债权人和股东负责,最终实现企业价值最大化。EVA 绩效评估方法克服了杜邦分析法、平衡计分卡、KPI评估方法在某些方面的缺陷,在一定程度上适应了绩效评估的要求。

4. 基于经济增加值(EVA)的激励框架

基于 EVA 的激励体系采取超额累进的方法,把 EVA 划分成三到五个层级,对越高的层级采取越高比例的提成作为高管团队的奖金。各层级相乘相加的结果作为企业高管团队的最终奖金总额或薪资总额。具体的做法分为三个步骤:第一是找基准点,第二是设置累进台阶,第三是确定合适的超额累进比例。EVA 的基准点是计算奖金的起点,决定着激励的合理性。可以参照过去几年的 EVA 指标,或者计算过去几年的平均值作为基准点。基准点是必须完成的税后经济利润指标,否则可能没有奖金。超额累进台阶是递增的基础,选择合适的税后经济利润台阶,对激励的合理性同样重要。超额累进台阶,可以参考本企业过去几年的历史数据,选择合适的台阶点,划分为几个台阶。同时选择确定各层级的超额累进比率。比率随着层级的提高而增加,反映了激励的初衷,也就是管理团队创造的新增价值越多,管理团队获得的回报也越多,这样会促进管理团队尽可能创造更多的经济增量。EVA 历史数据、超额累进台阶和基准点选择见表 4-5。2017 年 EVA 数据层级与激励比例见表 4-6。

表 4-5　EVA 数据历史数据、超额累进台阶和基准点选择

	2013 年	2014 年	2015 年	2016 年
EVA 数据(亿元)	3.01	3.40	3.80	4.60
超额累进台阶		3.40	3.80	4.60
基准点		√		

表 4-6　2017 年 EVA 数据层级与激励比例

层级	台阶数值(亿元)	层级范围	激励比例
层级 1	3.40(基准点)	$3.40 < X \leqslant 3.80$	3%
层级 2	3.80	$3.80 < X \leqslant 4.60$	5%
层级 3	4.60	$X > 4.60$	7%

　　假设 2017 年,企业的 EVA 数据为 4.8 亿元,以 3.4 亿元为基本要求,采取超额累进的方法,计算奖金总额。具体的计算办法为:$(3.8 - 3.4) \times 3\% + (4.6 - 3.8) \times 5\% + (4.8 - 4.6) \times 7\% = 0.066$ 亿元。

　　同样,采取激励机制的同时要有约束机制。为防止企业通过调账手段提升会计利润,可以通过设置约束性指标,部分弥补该激励机制的弊端。基于 EVA 计算薪酬,应设置应收账款周转率和存货周转率两个约束性指标,以避免账面上实现了销售收入,但实际上变成了应收账款。还要防止把废品放在产品的存货里面,降低报废成本,造成虚假的盈利现象。对于约束性指标,可以设置基准点和台阶,如 EVA 的计算方法一样。应收账款周转率约束下发的奖金见表 4-7和表 4-8。可以拿出基于 EVA 计算的奖金总额的 40%,作为辅助指标是否完成的约束性措施,其中应收账款周转率占 20%,存货周转率占 20%。应收账款周转率历史数据、台阶和基准点见表 4-7。2017 年应收账款周转率层级与激励比例见表 4-8。

表 4-7 应收账款周转率历史数据、台阶和基准点

	2014 年	2015 年	2016 年
应收账款周转率(次/年)	2.29	2.46	2.78
递进台阶		2.46	2.78
基准点		√	

表 4-8 2017 年应收账款周转率层级与激励比例

层级	数值	应收账款周转率(次/年)	奖金比例	奖金基数
层级 1		$X < 2.46$	0%	按照基于 EVA 计算的奖金总额的 20%
层级 2	2.05	$2.46 \leqslant X < 2.78$	50%	
层级 3	2.46	$X \geqslant 2.78$	100%	

　　按照此方案进行计算,管理团队 2017 年可拿到的年底奖金实际总额可能有以下几种结果,见表 4-9 至表 4-13。2017 年两个约束性指标都获得全部奖金的情况见表 4-9。2017 年只有一个约束性指标获得奖金的情况见表 4-10,2017 年一个约束性指标的奖金获得 50%,另一个全部获得的情况,见表 4-11。2017 年两个约束性指标的奖金都未获得的情况见表 4-12。2017 年两个约束性指标的奖金都获得 50% 的情况见表 4-13。

表 4-9 2017 年两个约束性指标都获得全部奖金的情况

	奖金基础	权重	分指标奖金额	实际奖金总额(亿元)
关键指标	基于 EVA 的奖金总额的 60%(0.0396 亿元)	60%	0.0396	0.066
约束性指标	应收账款(0.0132 亿元)	20%	0.0132	
约束性指标	存货周转率(0.0132 亿元)	20%	0.0132	

表 4-10 2017 年只有一个约束性指标获得奖金的情况

	奖金基础	权重	分指标奖金额	实际奖金总额(亿元)
关键指标	基于 EVA 的奖金总额的 60%(0.0396 亿元)	60%	0.0396	0.0528
约束性指标	应收账款(0.0132 亿元)	20%	0.0132	
约束性指标	存货周转率(0.0132 亿元)	20%	0	

表 4-11　2017 年一个约束性指标的奖金获得 50%，另一个全部获得的情况

	奖金基础	权重	分指标奖金额	实际奖金总额(亿元)
关键指标	基于 EVA 的奖金总额的 60%(0.0396 亿元)	60%	0.0396	
约束性指标	应收账款(0.0132 亿元)	20%	0.0132	0.0594
约束性指标	存货周转率(0.0132 亿元)	20%	0.0066	

表 4-12　2017 年两个约束性指标的奖金都未获得的情况

	奖金基础	权重	分指标奖金额	实际奖金总额(亿元)
关键指标	基于 EVA 的奖金总额的 60%(0.0396 亿元)	60%	0.0396	
约束性指标	应收账款(0.0132 亿元)	20%	0	0.0396
约束性指标	存货周转率(0.0132 亿元)	20%	0	

表 4-13　2017 年两个约束性指标的奖金都获得 50% 的情况

	奖金基础	权重	分指标奖金额	实际奖金总额(亿元)
关键指标	基于 EVA 的奖金总额的 60%(0.0396 亿元)	60%	0.0396	
约束性指标	应收账款(0.0132 亿元)	20%	0.0066	0.0528
约束性指标	存货周转率(0.0132 亿元)	20%	0.0066	

5. 基于 EVA 的激励体系发挥作用的机理

如果本年度创造的价值越大，即经济增加值越大，超过基准点就越多，上升的台阶也越多，而且采用超额累进的方法计算奖金，越高层级的增加值、奖金比率越高，管理团队感受到了巨大的激励。创造的经济增加值越大，自己的奖金呈"加速度"增长，符合自身利益。当然，管理团队的奖金快速增长的同时，股东的收益以更快的速度增长，符合股东的利益，实现股东利益最大化的目标。

管理团队如何做到经济增加值最大化，这就要发挥管理层的积极性，通过提升资本使用效率、资产周转率、投资合适的项目、提高利润空间等方式实现价值最大化。具体的途径可能体现在以下几个方面：一是通过精益化管理降低生产成本，通过强化配置降低期间费用，同时，通过开拓新市场增加销售收入，从而提升企业的利润空间。当然，这种途径是采取其他激励方法也会出现的效果，并不是 EVA 特有的激励。二是加快资金周转速度，如提高应收账款的周转速度，从而提高资金的使用效率。因为资本成本要考虑在内，所以，管理层必须加快资金周转，从而获得更多的利润。三是及时处置本企业运行效率低下但对别人来说比较有价值的资产,提升资产的周转率。四是投资于投资收益率较高的项目,从而获得更大的 EVA。

6. 基于经济增加值的激励体系的局限性

该激励方法的主要目的是促进管理团队降低成本,提高资产周转率,获得更大的营业利润。但是,可能带来不良后果,比如管理团队可能故意降低研发费用,或者降低维护设备费用,追求短期效益行为。同时,会计利润数据的质量也影响激励的合理性,如何保证会计利润是真实的?不可否认,很多公司的会计利润存在信息质量问题,为了提高会计利润,有很多方法是可以调整这个数据的,这也是本激励方法存在的局限性和漏洞。该方法自身也在不断完善过程中,在对会计利润进行调整,对研发费用、维护设备费用、教育培训费用进行资本化,保证每年都有一定比例的支出。

基于 EVA 的激励体系主要适合于发展比较平稳、具备核心竞争力的企业,这类企业可以通过创新和人力资源开发等管理手段,降低成本和费用,加快资产运行效率,从而创造更大的价值,带来更多的经济增量。而对于周期性公司、风险投资类公司不一定合适。当然,各种激励方法都有局限性,都会存在缺陷。如果企业根据自身的实际情况,选择合适的激励方法,可以收到较好的效果。

四、基于责任的学习体系,为要素匹配提供智力支持

(一)坚持提案制,保持组织学习的源动力

企业的发展需要全体员工的知识和智慧,为客户提供服务和产品也需要员工的知识和智慧,而员工的知识和智慧来自于组织的持续学习。为了对客户负责,对企业本身负责,必须设置有效机制,建立合适平台,为组织学习提供基本保障。

企业坚持推行提案制,鼓励员工提案,是促进员工学习的重要机制之一。提案就是对管理或技术等领域提出自己的建议,帮助企业发现并解决运行中的问题。让员工通过提案的方式,积极参与到企业的管理中来。对于做出贡献的重要提案,根据贡献大小给予合理的物质回报。对员工来说,提案是学习的过程,是知识和思考的成果。一旦提案被采纳并认可,员工就会产生巨大的成就感。提案能得到认可,本身就是一个巨大的精神激励,再加上合理的物质回报,全体员工会迸发出巨大的提案热情。如果形成这样一种制度和氛围,每个员工都会有提案的动力。提案需要知识,需要学习,所以,员工就会主动学习,相互请教,员工之间就会互相帮助,共同提高。

通过机制设置激发全体员工的学习源动力,这是建立组织学习体系的第一步。有了学习的源动力之后,还要为员工学习提供良好的平台,构建系统性的组织学习体系,并为员工学习提供积极的指导和帮助。

首先,建立基于培训对象的分类培训体系。企业可以分设管理培训和技能培训系列课程。针对不同的对象,设立不同的、具有专业特点的课程体系。针对管理人员设置管理培训课程;针对技术和操作人员设置操作技能课程。企业可以要求每个管理者和技能工人都必须通过课程培训,并获得课程合格证书。企业定期举办培训课程,针对特定对象开设课程。培训对象必须参加,而且必须达到预定目标才能通过。每个课程完毕之后,必须考试,通过者才能获得课程证书。没有合格者,下次需要继续培训,而且需要适当交学费。培训的讲师可以内部推选,员工之间相互传授经验,也可以外请有经验的讲师。

其次,还可以基于供职时间长短建立学习体系。刚入职的员工要接受系列入职培训,主要是企业核心价值观、行为规范、行为准则及主要技能等方面的培训。入职1—2年的员工培训,主要是执行力方面的培训。入职3—5年的员工培训,主要强调创新力培训,与"提案制"相结合,发挥员工的潜能。10年以上员工的培训,主要强调领导力和创新力培训,发挥老员工的智慧。各个阶段的员工培训内容,应该各有重点,设置不同的课程。

(二) 建立促进知识共享和知识转移的理念

学者们把知识分为隐性知识(tacit knowledge)和显性知识(explicit knowledge)。显性知识一般以书籍、软件等为载体,用正式规范的语言来表述。而隐性知识源于个人的体验和感受,是个人的感悟和信念及价值观的体现(Nonaka,1994)。显性知识容易传播,而隐性知识是个人或组织长期经历而积淀下来的经验和感悟,具有明显的异质性和粘滞性。隐性知识的情境性、内隐性和复杂性,决定了隐性知识不容易被模仿和传播。个人或企业的核心竞争力往往来源于拥有的隐性知识。隐性知识更多的是体会和经验,很难在一般情境下表述和交流,只有在适当的情境或氛围下才能实施转移。而且不同的人心智模式各异,接受知识也存在路径依赖,隐性知识的传播更显艰难。正因为隐性知识具有粘滞性特征,所以,隐性知识的传播或转移需要满足特定的条件才能实现。

知识转移主要受知识的因果模糊性、知识接收者的吸收能力以及发送者和接受者之间整体的关系氛围影响(Szulanski,1996)。有效地进行知识转移和共享是提高竞争优势的关键(Kogut & Zander,1992)。知识转移分为两个阶段,先是知识共享,后是知识的吸收升华。拥有知识方愿意把知识展示出来,实现共享,获得知识的一方能够将其吸收转化为自己的知识,并可以运用该知识。学习者的吸收能力影响着知识吸收的效果,吸收能力的高低存在着自我强化机制(Cohen & Levinthal,1989)。知识拥有者把有价值的隐性知识转移到共享平台,是相信对方会给予自己"等量"的回报,任何心理契约违背都是隐性知识转移的障碍(梁启华,2006)。在知识共享的影响因素方面,可以从知识共享对象、主体、环境和技术手段四个维度进行分析(常亚平,2010)。企业家的隐性知识在代际之间的有效转移是家族企业成功传承的关键,研究发现,企业家的诚信好学对家族企业的成功传承具有非常显著的正向作用(余向前,张正堂,张一力,2013)。

知识转移可以发生在企业的内部,包括个人与个人、个人与群体、群体与群体之间,也可以发生在企业与企业之间(Singley,Anderson,1989)。知识转移的基本要素包括知识的发送者、知识转移渠道、知识本身、知识的接收者,以及所处的情境(Szulanski,2000)。知识转移的途径很多,可以面对面交流,也可通过书面往来和信息技术来实现。但是,对于具有粘滞特性的隐性知识的转移与共享,需要特定渠道和机制。隐性知识转移涉及人际互动、合作意愿和默契配合等条件,在涉及个人直觉等知识时,个人的意愿和意志起决定性的作用。

(三) 设立促进企业内部知识共享和知识转移的机制和措施

1. 促进个人层面隐性知识转移的具有可操作性的机制

建立有效渠道和机制,促进隐性知识的转移。"企业午后咖啡茶座"成为个人层面获取隐性知识的理想场所。定期正式的"绩效反馈面谈"成为个人层面隐性知识转移的重要环节。企业办公区域设立咖啡茶座制度,每天设置两个时段的茶歇,为员工之间提供宽松的讨论空间。员工在深入交流过程中,针对感悟、体会等隐性知识在个人之间进行交流。企业设定绩效反馈面谈体制,每个月、每季度、每半年和每年度,都安排工作时间,进行一次正式的、上级与下级之间的绩效反馈面谈,上级对直接下级的工作给予评价,最重要的是给予工作指导,帮助下级解决存在的问题。同时,下级也可以向上级反映自己的感受和体会,在这个过程中,双方都获取宝贵的隐性知识,实现了个人层面隐性知识的转移。

2. 企业设置"核心管理人员的适时轮岗制"和"面向任务的跨职能临时工作团队"是促进隐性知识转移的重要机制

在组织内部,核心人员在各子企业单元之间进行适时轮换。在新的重要岗位,核心员工有机会发挥原有经验等隐性知识的优势,把隐性知识和新的情境结合起来,隐性知识在各子企业单元之间有效地实现共享和转移。德鲁克指出,要安排企业内部的优秀人才去新的领域工作,而引进新的人员去做已经相对稳定、成熟的工作。基于具体任务而组建"跨职能临时工作团队",包括管理团队、新产品开发团队、特别任务组等。团队成员从每一个子企业单元选拔,每个队员在某领域都有自己的专长,同时,都拥有丰富的隐性知识,对解决问题拥有独特的经验、感悟、诀窍和灵感等。团队的工作方式是"头脑风暴研讨会"。采取研讨会的方式进行工作,这本身就是一个沟通机制,通过队员的观点、经验、感悟等隐性知识的交流、碰撞和互动,逐步形成共性的、有利于完成任务的规范和依据。因此,在实施任务的过程中,嵌入个人认知中的经验、技巧和诀窍等隐性知识转变成队员之间行动的依据,实现隐性知识的共享和转移。

3. 定期的"专题讨论会"和"管理经验沙龙",让参与者获取丰厚的知识回报

在一个企业层面,专题讨论会和管理经验沙龙都可以实现一对多的传输模式,可以进行经验、技能、诀窍的介绍,在互动式交谈环境中,促进隐性知识的交流与融合。专题讨论会要确定专题讨论的议题,大家分头提前充分思考和准备,专题讨论会上,针对议题参会者即席发言,表述自己的经验和观点,并给出依据。然后,对研讨成果进行纪要整理,以月报的方式整理成文,在内部刊物登出,或以文件方式下发,供大家仔细领会。管理经验沙龙也应该定期举行。在发言人表述自己的管理经验时,安排参会人针对这些经验提问,挖掘发言人深层次的感悟、体会,因为经验有时要具体到某个情境才会被表述出来。每个人的管理角色不同,经验当然也不一样,不同层面的员工传播自己的管理经验和体会,甚至是教训,可以收到传播隐性知识的效果。

是否真正建立起学习的机制,关键看学习的效果,以及个人或企业获取的隐性知识是否转化为行动力。在个人层面,员工对所获取的隐性知识及时进行归纳总结,并结合自身情况进行知识的再创造。在企业层面,及时对隐性知识进行归类,形成知识模型。集中时间和人员持续学习某一同类知识,学习效果会大大提升。根据学习曲线法则可知,集中时间和精力处理性质相同的事务,在外部环境无变化的情况下,工作进度会逐渐加快,可以降低成本,提高工作效率。如果有知识共享和转移的机会,但缺乏学习归纳的机制,没有做好吸收消化并转化升华的准备,仍然达不到获取隐性知识的效果。

4.3 | 目标企业有效运营的行动计划

股权投资之后，对目标企业的整合过程，就是构建企业运营体系的过程。特别指出，企业运营体系必须包括具体的行动计划。德鲁克指出，卓有成效的管理者应该做到有效决策，而有效决策的重要表现就是要有具体的行动计划，如果一项决策没有列举出具体的行动步骤，并指派为某人的工作和责任，那便不能算是一项决策，最多只是一种意愿而已。

对企业来说，为了完成战略目标、年度经营目标和月度目标，必须有相对应的行动计划，该计划也分为三个层面，分别是战略实施计划、年度经营计划、月度行动计划。三个层面的行动计划相互支撑，逐层深化，逐层具体，构成了一个系统的行动计划。行动计划分解见图4-7：

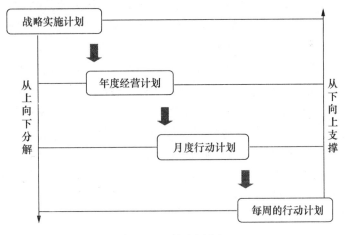

图 4-7　行动计划分解

在行动计划体系中，贯穿其中的是持续的快速改善（quick-fix）行动。股权投资之后，需要对目标企业进行快速整合，其中的重要内容是进行快速改善行动。基于战略规划和阶段性目标，对目前不合理、不适当或不方便的工作流程、工作环境或工作设备进行快速调整，使之变得通畅、合理、安全和舒适。快速改善是一个持续的过程，随着环境或条件的变化，随时可以进行快速改善，这样就变成了持续改善的过程。借鉴戴明 PDCA 循环的思想，即"计划（plan）—执行（do）—检查（check）—处理（act）"四阶段的循环方式，简称"PDCA 循环"，在各个阶段制订计划,按计划执行,执行过程中,及时检查和反馈,处理存在的问题或偏差,完成阶段性任务和目标。反复的 PDCA 循环,促进企业呈现螺旋式发展,逐步趋向预定的企业目标。

一、战略实施的项目化管理

企业战略可以看作一个大项目,按照"项目化管理"的思维方式进行战略管理。根据战略定位和战略规划的内容,制订详细的战略实施计划。战略实施的过程,又是战略评估的过程,可以按照项目化方式来管理。首先,明确并细化战略目标;其次,进行工作任务分解、责任分配,制订 TQC 计划;再次,进行资源配置和有效的团队激励,并定期进行战略评估;最后,进行阶段性总结评价。

企业战略的落地需要有具体的载体支撑,这些载体就是具体的任务,或者投资建设项目,或者并购方面的项目,称之为战略性任务或战略性项目。为保证战略有效实施,首先要明确每个战略性任务或战略性项目所要达到的战略目标。每项任务或每个项目实现战略的哪一个方面,能达到怎样的效果,要有明确的界定和要求。其次要界定战略性任务或战略性项目的边界条件。战略界定了阶段性的发展方向和目标,战略规定了阶段性的竞争方式。最后要制订战略性任务或战略性项目的行动计划。明确项目目标,进行工作任务分解、责任分配,制订 TQC 计划,进行资源配置、有效激励、定期评估、过程控制,并总结评价。另外要建立战略性任务或战略性项目的信息反馈机制。项目执行情况要及时反馈,向着战略性项目预定的方向前进,并及时与战略实施计划进行比较分析,查看是否能贯彻实现战略。

(一) 分解战略目标

根据战略规划,界定战略目标。在此基础上,分解成更加具体的目标。战略目标可以按时间的维度来分解,分解到战略期间的各个年度,战略目标也可以按照项目的维度来划分,划分到各个战略项目中去。战略目标按照时间、领域进行的分解见表 4-14。战略目标按照子公司进行的分解见表 4-15。

表 4-14　战略目标的分解（按照时间、领域划分）

五年战略规划 （2016—2020）	2016 年	2017 年	2018 年	2019 年	2020 年
市场营销	市场份额 10%； 销售收入 100 亿 人民币	市场份额 15%； 销售收入 180 亿 人民币	市场份额 20%； 销售收入 300 亿 人民币	市场份额 25%； 销售收入 400 亿 人民币	市场份额 30%； 销售收入 600 亿 人民币
创新	推行项目化管 理； 开发新产品 10 种	创新商业模式； 开发新产品 15 种	与国际著名机 构合作研发； 开发新产品 15 种	引入文国现倡 导的韩国管理 新范式； 开发新产品 20 种	组织变革，流程 优化； 开发新产品 25 种
人力资源	胜任率达 80%； 本科学历的比 例达 20%	胜任率达 85%； 本科学历的比 例达 25%	胜任率达 88%； 本科学历的比 例达 35%	胜任率达 91%； 本科学历的比 例达 45%	胜任率达 95%； 本科学历的比例 达 60%
财务资源	债务融资 10 亿 元； 定向增发 10 亿 元	债务融资 20 亿 元	债务融资 20 亿 元； 融资租赁 5 亿 元	债务融资 30 亿 元	债务融资 40 亿 元
物质资源	—	构建 1 万平方 厂房	—	购买新设备 2 套	—
生产率	产能利用率 70%	产能利用率 80%	产能利用率 85%	产能利用率 90%	产能利用率 95%
利润	净利润 10 亿元； 销售净利率 10%	净利润 20 亿元； 销售净利率 11%	净利润 36 亿元； 销售净利率 12%	净利润 52 亿元； 销售净利率 13%	净利润 84 亿元； 销售净利率 14%
社会责任	排污必须全部 达标	节约能源型设 备和技术改造	低排放标准进 行战略规划	与跨国公司合作 推进绿色战略	与跨国公司合作 推进绿色战略

表 4-15　战略目标的分解（按照子公司划分）

五年战略规划 （2016—2020）	2016 年	2017 年	2018 年	2019 年	2020 年
子公司 1	市场占有率 3%； 销售收入 30 亿 元； 净利润 3.0 亿元	市场占有率 4%； 销售收入 48 亿 元； 净利润 5.3 亿元	市场占有率 5%； 销售收入 75 亿 元； 净利润 9.0 亿元	市场占有率 6%； 销售收入 96 亿 元； 净利润 12.5 亿元	市场占有率 8%； 销售收入 130 亿 元； 净利润 22 亿元
子公司 2	市场占有率 3%； 销售收入 30 亿 元； 净利润 3.0 亿元	市场占有率 4%； 销售收入 48 亿 元； 净利润 5.3 亿元	市场占有率 5%； 销售收入 75 亿 元； 净利润 9.0 亿元	市场占有率 7%； 销售收入 112 亿 元； 净利润 14.6 亿元	市场占有率 8%； 销售收入 130 亿 元； 净利润 22 亿元

（续表）

五年战略规划（2016—2020）	2016 年	2017 年	2018 年	2019 年	2020 年
子公司3	市场占有率2%；销售收入 20 亿元；净利润2.0 亿元	市场占有率4%；销售收入 48 亿元；净利润5.3 亿元	市场占有率5%；销售收入 75 亿元；净利润9 亿元	市场占有率6%；销售收入 96 亿元；净利润12.5 亿元	市场占有率8%；销售收入 130 亿元；净利润22 亿元
子公司4	市场占有率2%；销售收入 20 亿元；净利润2.0 亿元	市场占有率3%；销售收入 36 亿元；净利润4.0 亿元	市场占有率5%；销售收入 75 亿元；净利润9.0 亿元	市场占有率6%；销售收入 96 亿元；净利润12.5 亿元	市场占有率6%；销售收入 110 亿元；净利润18 亿元
备注					

（二）战略的任务分解、责任分配和时间安排

每个战略性任务的推进，都存在一定的边界条件，明确这些边界条件，对于实现战略目标具有重要意义。界定哪些任务是战略期间必须完成的，哪些任务不是战略期间必须完成的；哪些资源是必须具备的，哪些资源是可以支配的。即明确在时间、质量、成本（TQC）的约束条件下，界定好战略期间要完成的战略任务。

基于战略目标，对战略期间的战略性任务进行分解，形成 WBS（work breakdown structure）的形式。具体可以分成战略性项目 A、战略性项目 B 和战略性项目 C，所有的战略性任务或战略性项目构成战略实施的项目载体。这些载体是战略落地的保证。战略性任务的分解结构见图 4-8。

根据战略性任务分解图，进行责任分配，构建战略性任务或战略性项目的责任分配矩阵图。责任分配遵循的原则是：每一项重要战略任务都有明确的责任人，每一个高层管理者都有具体负责的战略性任务。对于每一项战略性任务，要规定好具体的直接负责人，并赋予其适当的权力，做到权、责、利的统一。

作好战略性任务或战略性项目的时间安排。可以明确规定每一项战略性任务或战略性项目的开始时间和完成时间。每一项战略性任务或战略性项目的具体开始时间和结束时间，可以用"甘特图"直观地展示出来，同时设立重要任务的里程碑计划，里程碑计划是不允许推迟的，保证战略实施按计划推进。

任务分解、责任分配，以及时间安排，可以通过一张表格表示出来，这样简单直观，而且比较全面地展示了整个战略工作的安排，为战略执行提供了行动地图。2016—2020 年战略性任务与战略性项目见表 4-16。

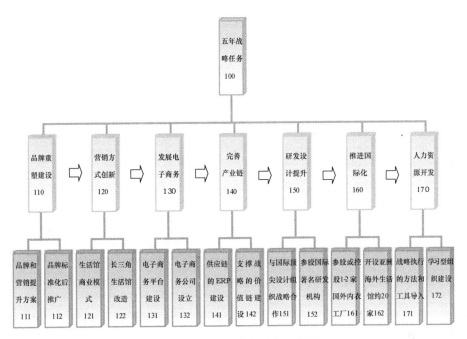

图 4-8 战略性任务的分解结构图

（三）战略期间所需资源的有效配置

根据战略目标,计算所需的人力资源、财务资源和其他自然资源,其中,最主要的是人力资源和财务资源。人力资源是企业发展的根本,如何寻找到合适的人员,并发挥人力资源的作用,是实现战略目标的关键环节。财务资源是实现战略目标的能量源泉,要提前规划好战略期间的资金计划。战略期间,既要保证资金链的安全,又要进行必要的投资。所以,要规划好战略期间的融资计划,实现投融资的资金平衡。如何保证一个战略期间的资金需求,保证资金链的安全,是每个企业的 CEO 和 CFO 最需要关注的经营重点。特别是集团公司,各个子公司要制订资金使用计划,集团总部要指定资金使用计划,并且统筹安排,保证资金的安全,同时提高资金的配置效率。未来五年的资金需求计划见表 4-17。未来五年集团和子公司的融资计划见表 4-18。未来五年整体的融资计划见表 4-19。

表 4-16 2016—2020 年战略性任务与战略性项目

编号	战略任务	项目载体	责任人	开始时间	完成时间	资金需求	关键工作	达到的目标
110	品牌重塑建设	品牌和营销提升方案	分管品牌副总	2016.7	2016.10	500万元	外请著名的、具有相关经验的品牌营销策划公司	寻找业务著名策划公司
		企业品牌形象实施项目	分管品牌副总	2016.10	2017.1	1000万元	进行品牌形象设计,达到鲜明化品牌差异化的要求	年度执行
		品牌巩固项目	分管品牌副总	2017.1	2018.6	1000万元	固化品牌要素,逐步形成标准化品牌	形成标准化的品牌要素
		品牌推广传播项目	分管品牌副总	2017.6	2019.12	5000万元	强势的、连续的国际、国内品牌宣传,包括各种发布会、走秀等活动形式	品牌和营销策划公司制定方案
120	营销方式创新	网上和网下生活馆相结合的商业模式	分管营销副总	2016.1	2018.1	5000万元	形成一种有效的、标准化的商业模式	网上网下生活馆可以正常运行
		对上海现有网点,进行生活馆改造项目	分管营销副总	2018.1	2020.1	10000万元	统一标识,统一布局,严格按照统一的品牌和营销要求	逐家完成
130	发展电子商务	电子商务平台及支持系统建设	分管电商副总	2016.1	2016.12	5000万元	初步建立与电商匹配的研发设计系统、生产系统、仓储系统、物流配送系统	业务外包
		电子商务公司设立并正常运营	分管电商副总	2017.1	2019.6	10000万元	完善与电商匹配的研发设计系统、生产系统、仓储系统、物流配送系统,开始独立公司化运作	制定整体方案并落实

（续表）

编号	战略任务	项目载体	责任人	开始时间	完成时间	资金需求	关键工作	达到的目标
140	完善产业链	内部供应链的 ERP 建设项目	分管信息的副总	2017.1	2017.6	1000 万元	内部供应链 ERP 系统的相互衔接和匹配	业务外包
		支撑生活馆和电商的价值链建设项目	分管生产的副总	2017.1	2018.1	1000 万元	包括研发、生产、仓储、物流等硬件设施的完善和建设	业务外包
150	研发设计提升	与国际顶尖设计师组织或专家合作	分管研发副总	2016.1	2019.1	5000 万元	与法国、意大利著名设计师工作室合作，把握潮流方向	合作方案实施
		参股国际著名研发机构或国内设计研究院	分管研发副总	2016.1	2017.1	10000 万元	获得最新产品款式的使用权	合作方案实施
160	推进国际化	参股或控股 1—2 家国外内衣工厂	总经理	2016.1	2017.6	30000 万元	获得技术、市场、渠道等资源，为开拓国际市场提供支撑	制定详细的投资方案
		开设亚洲海外生活馆约 20 家	总经理	2016.1	2019.12	10000 万元	按计划陆续开设，不可一哄而上	开始运营
170	人力资源开发	战略实施的方法和工具导入项目	分管人力资源的副总	2016.7	2016.10	500 万元	战略执行的项目化推进方法：明确战略执行目标，明确战略性任务、责任分配清楚，形成 TQC 计划	通过培训的方式导入
		学习型组织建设项目	分管人力资源的副总	2016.1	2019.12	500 万元	成立企业的内部职业管理学院，设置课程，分批次、分层级系统学习	开始正常运行

表 4-17　未来五年的资金需求计划　（单位：亿元人民币）

编号	未来五年战略性项目	2016 年	2017 年	2018 年	2019 年	2020 年	总计
1	经营性资金补充	2	3	3	4	5	17
2	投资项目性资金	2	2	3	3	4	14
	小计	4	5	6	7	9	31

表 4-18　未来五年集团和子公司的融资计划　（单位：亿元人民币）

公司名称	融资目标	定向增发	银行长期贷款	流动资金贷款	融资租赁	发行债券	小计
集团公司	底限目标	8	—	—	—	2	10
	进取目标	10	—	—	—	4	14
	挑战目标	12	—	—	—	5	17
子公司	底限目标	—	8	14	1	—	23
	进取目标	—	9	15	2		26
	挑战目标	—	10	16	3		29
合计	底限目标	**8**	**8**	**13**	**1**	**2**	**32**
	进取目标	**10**	**9**	**15**	**2**	**4**	**40**
	挑战目标	**12**	**10**	**16**	**3**	**5**	**46**

表 4-19　未来五年整体的融资计划　（单位：亿元人民币）

	融资目标	定向增发	银行长期贷款	流动资金贷款	融资租赁	发行债券	合计
2016 年	底限目标	—	2	3	—	—	5
	进取目标	—	3	3	—	—	6
	挑战目标	—	3	4	—	—	7
2017 年	底限目标	8	1	2	—	—	11
	进取目标	10	1	3	—	—	14
	挑战目标	12	2	3	—	—	17
2018 年	底限目标	—	1	2	1	2	6
	进取目标	—	1	2	2	4	9
	挑战目标	—	1	2	3	5	11
2019 年	底限目标	—	1	3	—	—	4
	进取目标	—	1	3	—	—	4
	挑战目标	—	1	3	2	—	6
2020 年	底限目标	—	3	3	—	—	6
	进取目标	—	3	4	—	—	7
	挑战目标	—	3	4	—	—	7
合计	底限目标	**8**	**8**	**13**	**1**	**2**	**32**
	进取目标	**10**	**9**	**15**	**2**	**4**	**40**
	挑战目标	**12**	**10**	**16**	**3**	**5**	**46**

（四）保证战略落地的行动安排

明确要达到的战略目标,实行专人负责。保证资金到位,进行团队激励,实施过程检查和战略评估,及时进行信息反馈,最后定期总结。企业的资源是有限的,针对战略目标,要制定合理的资源配置方案,把资源配置到能发挥最大效用的环节中去。战略执行的步骤见图4-9:

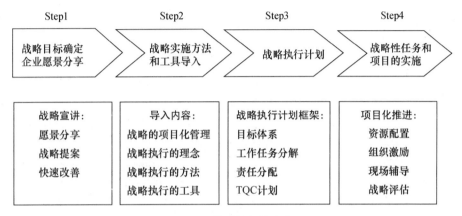

图 4-9　战略执行的步骤

对企业员工进行战略实施的项目管理方法导入,具体包括确定目标,界定任务,责任分配,制订 TQC 计划,资源配置,团队激励,过程控制,总结验收。通过集中学习的方式,让项目管理团队快速掌握项目化管理理念,统一工作语言,为后续项目的实施奠定知识基础。战略执行方法和工具导入见表4-20。

发挥好外部管理专家的作用。请外部专家与本公司战略团队联合办公,借助外部专家团队的知识和经验,打造好的项目运作环境,双方通过深入论证,共同制定实施方案和实施计划,确保方案的可行性和科学性。专家团队提前介入战略项目管理,专家团队发挥知识和经验特长,指导并协助项目工作团队制定实施方案,根据推进进度,适时评估实施方案的可行性和行动计划的科学性。在资源配置和团队激励的过程中,专家团队定期深入项目现场,进行现场查看和座谈,发现瓶颈和问题后进行现场辅导,以推进建设项目的实施和落地。

表 4-20　战略执行方法和工具导入

编号	课程单元	重点内容	主讲	学时	达到的目标	具体做法
1	战略分享	愿景分享 战略提案 快速改善	总裁	1天	明确企业发展的战略意图；明确企业发展战略的目标；明确企业采取的竞争战略；明确战略任务；明确战略实施路径	参会人员包括高管团队(1个小组)、中层管理团队(1个小组)、基层管理团队(2个小组)、一线员工(1个小组)，分成五个小组，每个小组推选出一位发言人。开会前，每个小组完成对战略的熟悉和讨论。 每个小组需要做三件事： (1)提出企业的愿景。针对未来五年发展预期，每个小组提炼出企业发展的愿景，分别上台分享。最终提炼企业的共同愿景。 (2)形成一个战略提案。针对未来五年发展，提出战略提案，包括如何发展，如何与竞争对手竞争，如何实施战略。 (3)提出快速改善方案。提出实现未来五年战略，现在需要快速改善的地方，改善前什么样，改善后达到什么效果，要有具体的描述。 评选出最有价值的方案，推前三名，给予物质奖励
2	战略执行方法	战略执行的理念 战略执行的方法 战略执行的工具	外部专家	1天	建立项目化管理的理念；掌握项目化管理的方法；熟练应用项目化管理的工具	通过讲座的方式，介绍项目管理方法、项目管理框架。 通过引导，参会者现场操作使用战略落地的项目化管理的工具。 熟悉战略落地的项目化管理的方法和工具，为战略执行奠定基础
3	战略执行计划	目标体系 工作任务分解 责任分配 TQC计划	战略总监	1天	战略目标明确；战略性任务清楚；责任分配清楚；形成TQC计划	参会者参与建立战略目标体系，分解到年度目标。 对于未来五年的战略性任务进行分解，形成战略型工作任务的分解结构。 建立战略性任务的责任分配矩阵。 制订时间计划、资金使用计划和质量保证计划

二、年度经营工作的项目化管理

年度经营计划源于年度预算,所以,年度经营计划是年度预算后编制的具体行动计划。全面预算管理被越来越多的企业接受和使用,通过全面预算,对企业内部资源进行配置，以便有效地完成企业的经营目标。全面预算管理可以是以"目标利润"为导向的预算管理，但容易导致片面追求利润的短期行为。全面预算管理开始变为以"战略"为导向的预算管理，全面预算的目的是实现战略和经营目标。所以，全面预算管理非常有生命力。年度经营计划是全面预算的直观表现，反映了企业的经营行为安排。当然，很多企业按照是否完成预算进行考核，出现了预算前上下博弈的弊端。所以，绩效评估方法需要改进，基于 EVA 的绩效评估方法可以在一定程度上减少博弈。

（一）年度经营计划的基本框架

1. 年度经营目标

根据战略目标分解，制定年度经营目标。年度经营目标还可以根据不同的维度，分解成更加具体的经营目标。可以按时间的维度进行划分，分解到每个月。也可以按照部门的维度，分解到各个部门。也可以按照任务的维度划分，分解到各个项目。还可以按照产品的维度，分解到各种产品。2017 年度经营目标分解见表 4-21：

表 4-21　2017 年度经营目标分解

	总计	1 月	2 月	3 月	4 月	5 月	6 月	7 月	8 月	9 月	10 月	11 月	12 月
营销目标	180亿元	10	12	14	15	16	16	18	18	18	17	15	11
创新目标	新产品15种	—	1	3	—	3	—	3	—	3	—	2	—
人力资源目标	264学时/年	22学时/月	22学时/月	22学时/月	22学时/月	22学时/月	22学时/月	22学时/月	22学时/月	22学时/月	22学时/月	22学时/月	22学时/月
财务目标	融资1.5亿元	—	—	—	0.5亿	—	—	1亿	—	—	—	—	—
物质目标	设备更新			1套				2套					
生产率	产能利用90%												
利润	净利19.8亿元	1.1	1.32	1.54	1.65	1.76	1.76	1.98	1.98	1.98	1.87	1.65	1.21
社会责任	节约能源改造				投入2000万元								

2. 年度经营任务分解和责任分配

根据年度经营目标,分解年度的经营性任务或项目,形成 WBS 的形式。界定哪些任务是本年度必须完成的,即明确在 TQC 约束条件下要完成的任务和项目。建立年度经营性任务的责任分配矩阵,规定好具体的负责人。制订年度经营工作的时间计划。可以明确规定每一项经营性任务的具体完成时间,也就是里程碑计划。每一项经营任务或项目具体的开始时间和结束时间可以用甘特图来描述。2017 年度重要经营工作安排见表4-22:

表4-22　2017 年度重要经营工作安排(人物均为虚构)　(单位:万元人民币)

编号	年度重点任务	项目载体	直接责任人	开始时间	完成时间	资金需求	关键工作
110	电子商务平台建设	单独生产车间和仓库建设	张 航	2016.1	2016.9	5000	电子商务公司化运作
		电子商务支持体系	李 关	2016.1	2016.5	1000	
120	市场占有率提升到5%	新客户开拓的项目化运作	赵 佳	2016.1	2016.5	3000	三家新客户的成功开发
		原有客户的增加采购量	孙 宝	2016.3	2016.9	1000	
130	开发出指定的三种新产品	组建关键研发团队,完成重点攻关项目1项	王 佳	2016.1	2016.5	1000	完成1项重点攻关项目
		组建研发工作团队,开发研究项目2项	殷 华	2016.1	2016.5	3000	

3. 年度经营目标或项目所需的资金安排

根据年度经营目标,计算所需的财务资源。然后,制订详细的年度资金需求计划和详细的年度融资计划。年度所需资金更加具体和详细,必须提前落实融资方案,银行贷款需要提前落实银行的信用额度;发行债券的债权融资或者定向增发的股权融资,都需要相关部门的审批或核准,所以要预留出一定的时间,保证资金链的绝对安全。年度经营目标是完成战略目标的保证,是企业密切关注的重点。2017 年度新增资金需求计划见表4-23。2017 年度融资计划见表4-24。

表4-23　2017 年度新增资金需求计划　(单位:亿元人民币)

编号	项目	1月	2月	3月	4月	5月	6月	7月	8月	9月	10月	11月	12月	总计
1	经营性资金新增需求	0.1	0.1	0.2	0.2	0.4	0.4	0.3	0.1	0.1	0.1	—	—	2
2	并购项目资金需求	—	—	—	—	0.5	0.5	—	—	—	—	—	—	1

（续表）

编号	项目	1 月	2 月	3 月	4 月	5 月	6 月	7 月	8 月	9 月	10 月	11 月	12 月	总计
3	投资建设项目资金需求	—	—	—	—	—	—	0.2	0.5	0.3	—	—	—	1
	总计													4

表 4-24　2017 年度融资计划　（单位：亿元人民币）

公司名称	融资目标	定向增发	银行长期贷款	流动资金贷款	融资租赁	发行债券	合计
公司	底限目标	—	2	3	—	—	5
	进取目标	—	3	3	—	—	6
	挑战目标	—	3	4	—	—	7
授信的银行	—	—	建设银行招商银行	浦发银行民生银行	—	—
	—						
	—						

4. 如何保证实现年度经营目标

年度经营计划更加具体,时间跨度相对较小,所以,参与年度经营管理的人员更多。对于年度经营任务,运用项目化管理的方式,结合年度经营目标,明确责任人,签署目标责任书,确定年度激励政策。对于实现目标的,给予年度奖励,对于连续两年没有完成目标的,考虑换岗或调整人员。财务部门保证经营资金按时到位,为经营提供重组的资金。如果资金不能到位,影响了生产经营,财务部门要承担相应的责任。在年度生产经营和营销开拓过程中,要进行过程信息的及时反馈,如果出现不能完成目标的状况,要及时采取有效措施,借助内外部资源,及时补缺纠偏,完成每一个目标。否则,小目标没有完成,就会影响整个目标的完成。做好月度经营工作的阶段性总结,分享经营中的经验,继续保持和发扬;同时,分析经营中的问题,设法规避和解决。企业可支配的人力资源和财务资源是非常有限的,用好有限的资源,发挥最大的资源效用,提升配置效率,对完成年度经营目标起到关键性作用。

（二）年度的重要经营任务的行动安排

1. 逾期应收账款催收的行动安排

按照客户进行分类,掌握每个客户的逾期应收账款的情况。对于重要客户,按照产品进行分类,建立逾期应收账款数据库。对于逾期的应收账款,按照逾期时间的长短进行分级,分为逾期一个月、两个月、三个月等。逾期应收账款的结构分析见表 4-25。掌握每个客户、每种产品的逾期账龄情况。根据逾期账龄的长短,采取不同的措施,建立具体的行动计划。逾期应收账款问题分析与行动计划见表4-26。

表 4-25　逾期应收账款的结构分析　　　（单位：万元人民币）

客户名	产品	30 天内	30—60 天	60—90 天	90—180 天	180 天以上	备注
客户 1	产品 1	—	—	—	—	200	
	产品 2	—	—	400	—	—	
客户 2	产品 1	—	—	—	—	—	
	产品 2	260	—	—	600	—	
客户 3	产品 1	—	—	300	—	200	
	产品 2	—	500	—	100	—	
总计		260	500	700	700	400	

表 4-26　逾期应收账款问题分析与行动计划（人物均为虚构）

编号	问题	主要原因	对策	责任人	完成日期	上级检查人	备注
1	客户 1 有 200 万元逾期应收账款超半年	产品质量存在瑕疵	研究解决方案，内部审批后，主动上门，折让后追回货款	销售员王 欣	2016.8.8	销售主管赵 茜	
2	客户 2 有一个大单 600 万元，逾期四个月；又有 260 万逾期在一个月内	客户故意拖延支付	现场催要，直至追回账款	销售主管李 环	2016.8.9	销售总监张 欣	
3	客户 3 有四笔逾期应收账款，应重点关注	客户资金紧张	减少发货，对已有逾期账款进行催要	销售主管孙 达	2016.8.9	销售总监张 欣	

2. 加强存货管理行动安排

存货管理水平决定了资产的运营效率，反映了企业的精益化管理能力。为了实现年度经营目标，要加强存货管理，定期进行存货分析。首先，按照原材料、半成品和产成品进行分类，每个类别再进行细分，具体到某一个具体的品种；其次，按照存货的时间进行分别统计。存货的结构分析见表4-27。在此基础上，定期进行存货梳理，分析存在的问题，找到解决问题的途径和对策，建立解决问题的行动计划。存货的问题分析与行动计划见表4-28。

表 4-27 存货的结构分析 （单位：吨）

材料名称	明细	30 天内	30—60 天	60—90 天	90—180 天	180 天以上
原材料	原材料 1	300	200	—	80	20
	原材料 2	600	—	100	—	—
	原材料 n	400	200	200	—	—
半成品	半成品 1	400	300	100	—	—
	半成品 2	700	200	—	80	—
	半成品 n	800	—	200	—	—
产成品	产成品 1	2000	300	—	80	—
	产成品 2	800	400	200	—	—
	产成品 n	900	500	—	—	—

表 4-28 存货的问题分析与行动计划（人物均为虚构）

编号	主要问题	主要原因	对策	责任人	完成期限	上级检查人
1	原材料 1 三个月以上的 80 吨，半年以上的 20 吨	存在质量问题，多次与供应商协商，还没有解决	快速解决问题，处置存货。否则停止采购该供应商原材料	采购员张晶	2016.8.10	采购总监李杰
2	半成品 280 吨存货超过三个月	存在瑕疵，需要返工	协调上一个工序，重新加工	生产主管王杰	2016.8.10	生产总监赵宛
3	产成品 1 存货快速增加，需要关注	销售下降，一个重要客户停止进货	降低生产数量，开拓新的客户	生产总监负责产量调整；销售总监负责维持销量水平	2016.8.10	副总经理王欢

三、月度工作的项目化管理

（一）明确月度的经营目标

月度目标要与年度经营目标相互对接，以保证完成年度经营目标。同时，月度目标进一步分解成更加具体的经营目标，按时间的维度划分，可以分解到每天。有些目标可以分解到每一天，有些目标很难分解到天。比如生产量可以分解到天，而销售量可能更多的是分解到月。如果每天的目标都完成了，每个月的目标也就完成了，如此递推，每年的目标也就完成了。

（二）界定月度经营任务的具体责任人

根据年度经营目标，分解月的经营性任务或项目，形成 WBS 的形式。建立年度经营性任务的责任分配矩阵，规定好具体的负责人。月度经营目标的责任人更加具体和深入。生产任务可能要落实到每一个车间,然后继续分解到每个班组长,销售任务可能要落实到每个销售主管,然后继续分解到每一个销售人员。对于分解到本月的项目,要严格按照项目化运作,按照计划推进和完成。

(三)注意应该完成的里程碑计划

对于每月的具体工作,要注意时间安排。特别关注本月内应该完成的重要事项,是否有战略执行的里程碑计划,或者年度经营的里程碑计划。如果有里程碑计划,必须提前做好完成的准备工作,如果完成里程碑的工作存在问题,必须提前采取有效措施,里程碑计划是不能拖延的,否则影响整个大局。

(四)落实本月所需的资金

制订月度资金需求计划,准备好经营资金。对企业来说,每月都有采购和运营费用发生,有效使用资金,保证资金的使用效率是重要的工作。如果出现采购资金紧张,而且必须付现才能采购,就可能影响到生产,进而影响到对客户的交付期,从而影响整个企业的信誉。

思考与讨论

1. 如何理解建立目标企业的高效运营体系是创造价值的基础?

2. 如何理解目标体系、价值链体系和激励体系之间的关联性?

3. 针对特定企业,探讨应该构建怎样的激励体系?

推荐阅读 4-1

韩国企业管理新范式

一、缘起与背景

韩国企业管理新范式的缔造者是柳韩—金佰利(Yuhan-Kimberly)前 CEO

文国现先生（Kook Hyun Moon）。文国现先生长期实践德鲁克的管理思想，把德鲁克的思想与实际工作结合起来，并进行创造性的运用。管理新范式重视"小微工作团队"，发挥每个小微团队的力量和智慧。管理新范式倡导终身学习，采用弹性工作制，持续创新，保持高绩效状态。管理新范式强调工作和生活的平衡，关注家庭。管理新范式倡导企业家精神，使组织逐渐焕发出生机。管理新范式建立基于信任和知识的高绩效组织，通过透明和正直，建立彼此的信赖。经过长期实践，逐步形成了独到的管理新范式，成立了韩国新范式学院（NPI：new paradigm institute）。

柳韩—金佰利是韩美合资企业，韩方是柳韩公司，美方是金佰利公司。1995 年，柳韩—金佰利几乎被其竞争对手跨国公司宝洁（P&G）和尤妮佳（Unicharm）挤出韩国市场。1995 年，文国现先生开始担任柳韩—金佰利 CEO，着力推行新范式，公司经营开始出现转机。到 2007 年文国现卸任时，在韩国，柳韩—金佰利婴儿用品市场份额占 73%，卫生用品市场份额占 57%，把强大的竞争对手宝洁和尤妮佳挤出韩国市场。柳韩—金佰利和三星公司一样，被评为韩国最受尊敬的公司之一。

韩国管理新范式在中国开始尝试的倡导者应该是彼得·德鲁克管理学院创始人邵明璐先生。邵先生致力于推广德鲁克思想，把韩国实践德鲁克思想的成果介绍到中国。中国企业家开始关注韩国新范式，中科英华成为中国实践韩国管理新范式的第一家。第一个吃螃蟹的人可能面临巨大的风险，也可能获得先行者的收益。中科英华韩国新范式的组织者和执行者出于对新范式的初步认识，开始了谨慎导入新范式的历程，先在其下属子公司郑州电缆推行试点。中科英华高技术股份有限公司是一家上市公司，致力于成为新能源领域关键材料及其制品的重要供应商。中科英华的"愿景"是成为广受崇敬的、具有国际竞争力的、对环境改善做出重要贡献的知名上市公司。郑州电缆股份有限公司是中科英华下属子公司，中科英华 2008 年完成对郑州电缆的收购工作，经过重组、整合、新场地建设和搬迁，整合调整后的郑州电缆逐步走向正轨，进入快速发展阶段。中科英华决定把韩国的企业管理新范式在郑州电缆展开试点，韩国管理新范式开始在中国进行实践。韩国新范式活动剪影见图 1。

郑州电缆与韩国新范式学院、德鲁克管理学院和中科英华四方进行了长达半年的集中合作研究，通过思想碰撞、头脑风暴，逐步形成共识。先后进行了愿景分享、快速改善、提案制、胜任力模型构建、终身学习体系建设。韩国新范式学院负责人文国现先生一行四人，德鲁克管理学院院长杜绍基先生一行三人，与企业的新范式工作团队、专家组一起到郑州电缆股份有限公司进行现场调研。

通过多方讨论,最终确定具体的新范式导入计划。首先,进行郑州电缆的"愿景"分享,明确企业的愿景。制定发展目标,达成集体共识的愿景、使命、价值、战略,并进行目标分解。其次,根据目标,明确关键岗位所需的胜任力,建立胜任力的素质模型。接下来,基于胜任力的素质要求,设计终身学习体系,全体员工长期坚持学习,企业给予全面的支持和保障。为促进学习,建立提案制。全员可以提案,对有价值的提案有效实施,保证落地到位,对提案者进行奖励。这是促进全体员工参与经营和学习的重要保证。再次,进行快速改善,基于工作中的不协调、不方便等因素,进行快速改善活动。最后,培养全员的执行力,制订详细的行动计划。

图1　韩国新范式活动剪影

二、方法与观点

（一）韩国管理新范式的工作方法

1. 推行"肯定式探询法"讨论问题。肯定式探询(appreciative inquiry)搜寻人群间、组织内以及其他相关群体世界中的最好的、最美的一面,组织成员互相欣赏对方的优点和长处,采用积极肯定的态度,去分享对方的人生梦想,实现个人与群体、成员与组织的共同发展。David L. Cooperrider(1999)鼓励人们探索、梦想和创建,拒绝否定和批评。肯定式探询包括四步,即探索(discovery)、梦想(dream)、设计(design)、命运(destiny)。企业强化整个系统积极肯定的正面性思维,鼓励新知探索、构筑梦想和组织设计。德鲁克也提醒人们不要把时间和精力花费在问题和修正等方面,重视未来而非过去,注重机会而非问题。Sorenson(1996)指出,肯定式探询正成为组织发展理论的坚实基石。

2. 运用"六顶思考帽方法"进行决策。在进行投资决策或者重大问题的讨论时,爱德华·德·博诺(Edward d. Bono)倡导采取六顶思考帽的讨论方式。参与讨论决策的人员,同时戴某一颜色的思考帽,采取水平思考的方法,使每个参与者的经验和智慧都能得到充分发挥。"蓝色帽"代表对思考过程和其他思考帽的组织和控制。"黄色帽"代表阳光和价值,是充满希望的、乐观的、积极的思考。"绿色帽"代表生机和希望,是创新性和新观点。"白色帽"代表中性与客观,思考的主要是客观的数据和事实。"红色帽"代表情绪、直觉和感性,提供的是感性的看法。"黑色帽"代表冷静和严肃,考虑任意观点的风险和问题。

3. 实行"5S"方法进行现场管理。5S 就是整理、整顿、清洁、素养、安全。该方法最初在日本企业里运用,随时整理、整顿、清洁,生产管理收到较好的效果。韩国管理新范式吸收该方法后,进行灵活运用。柳韩—金佰利要求企业现场进行随时整理,保持整齐状态;随时整顿,清理不需要的东西;随时清洁,保持现场的持续整洁;提高素养,保持良好的习惯;时刻注意安全,进行安全生产。这样每个人都保持着良好的习惯,企业现场每时每刻都非常整齐有序,体现了现场的管理水平。

4. 运用"终身学习和提案制"进行创新管理。柳韩—金佰利员工每天坚持学习 1 个小时,长期坚持,从不松懈,收到很好的效果。柳韩—金佰利要求员工保持自律、持续学习、学会变通,不断推陈出新,长期坚持,永远走在竞争对手的前面。只有能够适应社会变化的组织才能够生存下去。只有通过对危机征兆的捕捉和测量,并在组织成员中达成共识,才能获得成员们对变革的支持。变革需要长期的坚持、完善,最终形成制度沉淀下来,实现恒久的转变。在变革过程中,领导者的作用在于整合资源,构建优势。领导者要敢于面对挑战,充分信任组织成员,发挥组织的最大潜力。同时,领导者要有预测危机、并带领成员安然度过的能力。在现场访谈时,每到一个车间,车间都有人在门口列队相迎,好像每个人都能用英语与我们交流。陪同参观者告诉我们说,他们长期坚持学习英语,公司的管理者一般都能用英语进行简单对话。

(二) 韩国管理新范式的重要观点

1. 发挥"小微团队"的力量是企业制胜的基础。各个员工的力量是微小的,而几个人形成一个团队之后,团队力量是强大的。所以,企业作战能力的提升,不能靠单兵作战,而要靠团队作战。建立有效机制,促进各个"专业营销团队"自我激励,各个业务团队自我管理、自我激励。公司进行总量控制,而各个团队进行内部分配,营销团队的负责人带领自己的团队制定内部分配激励政策,报公司人力资源部备案。

2. 做正确的事,选择正确的方向,沿着正确的路径。管理新范式倡导建立顾客为中心的组织,保证正确的方向,不能偏离跑道,否则没有意义。管理新范式提出,一个人走不远,更多的人合作走,需要地图,相互之间需要信赖,价值观需要有共识。在共同前进过程中,首先,看准方向,有先驱者,有观察者。其次,看好路径,团队协作,试点工作,试错行为,坚持不懈。最后,快速通过,记录成功,与队员分享,阶段性的小成果可以提高群体的士气。知识共享很重要,接受前人的经验,可以加速进程。是否能带着团队完成既定目标,对领导者的能力是个考验,也是对团队执行力的考验。探求真理的过程是困难的,但成功后复制就容易了。新范式学院文国现先生和彼得·德鲁克管理学院专家们带领中科英华管理团队做了一个走迷宫游戏。新范式学院咨询专家团队设立了迷宫地图,有入口,有出口,但组员们并不知道行走的路径。管理团队成立了两个小组,每个小组推选一个组长,走出迷宫时间短的一方获胜。游戏规则设定,组长知道预定的路径,组长只告诉组员探索路径的每一步是对还是错,而不能告诉组员正确的路径。组员通过反复尝试,反复试错,探索给定的路径。两个小组组建团队,协同作战,先后通过了迷宫。兴奋之余,有很多方面值得思考。该游戏是探索企业参与式管理、建立学习型组织、构建高效组织的一个感受环节,对于开发企业宝藏具有很深的启发意义。

3. 平衡好工作与家庭、工作与生活、工作与学习之间的关系。新范式鼓励员工努力工作,但是,要求平衡好工作与家庭和生活的关系。企业要关爱自己的员工,让员工生活幸福是企业的责任,因为员工是企业最宝贵的财富。让员工有成就感,有归属感,可以激发员工发挥最大的潜能,为组织创造财富。企业要关爱自己员工的家庭、社区和环境,紧紧依托员工及其家庭和亲戚等社会关系,为赢得消费者的信赖打下基础。如果不能很好地平衡工作与生活的关系,以及工作与学习的关系,企业就会失去群众基础,就会远离市场、远离消费者,企业就可能衰败。

4. 集体永远胜过集体中的任何聪明的个人。专家是教练,员工才是运动员。专家不能每次都提供正确答案,但集体可以,要提供给每个员工参与公司管理的机会。在组织中得到认可，让员工有价值感，倡导表扬文化。"提案"成为自我开发的激励方法，员工会投入更多的时间对自己最熟悉的领域进行思考，积极提出改进的方案。建立上下游的信赖环境，领导引领，其他人跟随。减轻负担，有计划地、系统地放弃，实行 8∶2 或 9∶1 放弃。

三、韩国管理新范式在中国企业的实践

（一）组织员工共同进行"愿景"分享

通过"愿景"分享，让员工直接参与企业的未来设计，让员工产生强烈的主人翁责任感，从而产生巨大的精神激励效用。文国现先生与郑州电缆的管理团队及员工一起，召开了气氛热烈的"愿景分享"大会。根据安排，200 多个员工分成了若干个小组，每个小组提前进行准备，把自己对企业的"愿景"写在便条上。每个小组派代表上台在白板上集中贴上本小组的"愿景"便条，然后，大家提炼企业的愿景。如此反复，每个小组都提炼出愿景，最后形成了全公司的全员参与的愿景。企业"愿景"是广大员工参与的、共同提炼的结果，深入人心，得到广泛认可，代表广大员工的意愿，这样的愿景是真正落地的愿景，为战略规划奠定基础。

通过员工集体的"愿景"分享，界定企业的使命是承载动力，传递光明，希望成为本行业受社会尊重的最佳企业。提出核心价值观：包容、创新、和谐、发展。明确战略定位，坚持以品牌为引领，以技术为支撑，以创新为动力，瞄准和跟踪国民经济发展的重点行业和关键项目。坚持高端领域、高端产品的经营战略，把郑缆建成战略定位清晰、产品结构优化、资源配置合理、管理体系运行高效、经济效益持续提升、员工收入明显增长、关系和谐、具有较强社会影响力的名牌企业。

（二）发动员工展开"快速改善"行动

快速改善的目的是对企业现场存在的不顺畅、不合理、不合适或者可简化的动作进行快速整改，使工作更加顺畅合理，提高工作效率，降低成本损耗。快速改善可以提升创造价值的能力。企业在经营过程中，会随时出现一些问题，快速改善与提案相互配合，可以及时发现问题，解决问题。企业组建的快速改善团队分成五个快速改善小组，分别制定了详细的改善方案，完成快速改善课题。各个快速改善小组，针对自己最熟悉的环节进行快速改善活动，进行阶段性整理和汇总。然后，快速改善小组举办改善发布会，并对后续采取的措施和方案继续跟踪，做到持续改善。对快速改善小组的活动进行整理、完善，形成模板，并推广至公司整体快速改善活动中。

快速改善要遵循一定的原则。首先,改善是无限的,把现在的方式想象成是最差的方式,提出可行的改进方法,永远不要说"不可能"。其次,要用公司独特的智慧和方法,在改善上尽量少花钱,多花智慧,没有智慧就花汗水。

快速改善要分三步走。首先,明确需要改善的问题本质。通过分析讨论,确定快速改善的方法和工具,制订实施计划和检验标准。其次,按照预定的要求实施改善活动,尽可能降低成本,达到改善效果。最后,进行改善的效果评估,进入下一轮快速改善。快速改善的对象广泛,包括工艺的改善,车间布局的改善,工序的精简改善,剔除浪费的改善,质量和安全的改善,员工作业方法的改善,困扰工序的改善,以及顽固问题的改善。

改善是个持续的过程,只有开始,没有结束。通过管理新范式的导入,郑州电缆的管理团队开始用另一种眼光看待问题,发现很多原来不认为是问题的问题。员工开始用一种新的眼光重新审视已经习以为常的工作环境,发现问题并及时解决,提高了工作效率。细节决定成败,从细节入手解决问题,好的想法,加上行动就更有价值。人心齐,泰山移,团结一致,集思广益,分享经验,分享快乐,共同进步。

韩国新范式强调企业的物品放在指定位置,摆放整齐,保持整洁。这种做法形成习惯,长期坚持下来,工厂车间就会变得非常有序、整洁和整齐,便于现场管理,形成标准化、规范化的车间。规范化、标准化摆放见图2:

图2　规范化、标准化摆放

(三) 请员工团队自己设计胜任素质要求

基于流程设置合适的岗位或部门,把合适的人配置在合适的岗位上,建立基于责任的胜任素质模型。通过员工们分组讨论,构建胜任素质模型,可以分为三个方面,分别是基本素质、职务胜任力和领导力。

　　基本素质是在本公司就职必须具备的条件。第一,诚实。践行社会道德规范,遵守国家法规和公司规章制度,拥有积极向上的人生观和价值观,具有健康的心态,能对事物进行公正、公平的评价,对人尊重、真诚和守信。第二,敬业。热爱本职工作,兢兢业业,任劳任怨,勇于承担责任,乐于奉献,有良好的职业道德和强烈的职业使命感,关注客户需求和利益,注重工作质量和效率,精益求精,追求卓越。第三,团队。树立维护和促进创新发展的大局意识,建立以信任为基础的内外部工作关系,形成资源共享、优势互补、默契配合、高效运转的组织。第四,向上。树立终身学习的理念,注重个人知识积累和能力培养,工作、生活质量持续改善;有追求成功的强烈愿望,善于学习,敢于完成具有挑战性的任务。

　　职务胜任力是员工胜任岗位必须具备的条件。第一,专业。对其岗位职业有独到的见解,具备长期从事某一特定业务的能力。熟悉相应工作领域内所涉及的知识、原理、方法和流程。第二,沟通。通过倾听、交流、协调等方式,促成相互理解,求得共识,获得支持与配合的能力。第三,卓越。能够较好的达到或超越工作的要求,成为他人行为的榜样;能够塑造开放、亲和、自信和正直的职业形象;能够大力倡导共同进步、追求卓越的企业发展理念;勇于承担责任,具备坚韧的意志力,并能获得员工的信任与支持。第四,激励。激发员工内心的希望、愿望、动力等需求,鼓励员工为实现自我、客户、企业、社会的共同价值和目标而努力奋斗。

　　领导力是管理人员必须具备的条件。第一,战略。对企业的发展能够作出全局性、方向性、对抗性、预见性、谋略性的策划。第二,决策。具备开阔的视野,能够洞察内外部各种资源的价值、需求和增值前景;制定和选择最佳解决方案,保证公司总体目标的实现。第三,知人。善于洞察人的品德、才智、潜能及未来发展的趋势,并给予相应的支持和培养。第四,善任。合理使用人才,并赋予相应的职务和职权,给予充分的信任和支持,做到人尽其才。使员工对企业产生信赖,具有归属感和成就感。第五,包容。具有海纳百川的胸襟和坦荡真诚的气概,能适应不同环境、不同个性和不同人群,并以开放的心态对待员工、客户及不同意见,坚持原则并促进信任与尊重。第六,创新。善于突破旧的思维定势和常规,密切关注业内外的新动态和新发展,能够领导组织变革,提出新的观点、见解和方法,积极应对未来的挑战。

（四）构建组织的终身学习体系

史蒂芬·柯维（Stephen R. Covey）提出，终身学习不仅可以使个人成功，也可以使集体、团队成功。企业建立终身学习体系，可以培养员工的企业家精神。德鲁克指出，企业家精神是一种基于理论和观念的行动，敢于决策，敢于创新，就体现了企业家精神。员工们尝试从未用过的方法，做与众不同的事情，开拓前所未有的领域等，都体现了企业家精神。通过提案制等制度设计，员工要提出有价值的提案，就必须主动学习。员工尝试没用过的方法或开拓新的领域的过程，就是系统学习的过程。通过学习，发现存在的问题，找到解决问题的方法。这种学习是发自内心的，而不是被强迫的，这时的学习效果是最佳的。共享"愿景"让全体员工方向一致，而持续学习促进全体员工每天在进步。全体员工持续提案，进行自我改进，可以缩短创新周期，永远走在竞争对手的前面。

建立终身学习体系，首先要建立基于胜任力的课程体系，包括专业知识、技能、管理等课程。根据员工胜任力出现情况及原因分析，增加胜任力的终身教育课程。其次，为员工专设健身和文艺，以及职工子女心理教育辅导等方面的特色课程。这样不仅丰富员工的业余生活，还为员工提供一定的精神支持和教育。最后，鼓励员工做内部讲师，选择自己最擅长的领域，进行内部讲解。根据课程开发、授课课时、传播效果等进行评估，对每个主讲人的综合素质进行评定。凡是为组织的知识转移做出贡献的，都要给予物质和精神的奖励，为促进内部知识转移提供平台和激励。讲座人自己要准备，本身就是系统学习的过程，每个人把最擅长的知识和技能分享给其他员工，整体素质就会快速提升，真正变成学习型组织。

 推荐阅读 4-2

边缘突破与有效整合
——中国对美国直接投资的策略选择

一、引言

中国开始进入资本输出的新阶段，包括民营企业在内的中国企业开始走向世界。2015 年世界投资报告显示，2014 年中国吸收的 FDI 与对外的 FDI 基本持平。在对外直接投资过程中，如何顺利进入东道国，如何顺利融入东道国，如何进行有效整合，成为中国企业对外直接投资面临的现实问题。中国对外国直接投资的发展态势与日本90年代前后投资美国比较相似。20世纪90年代，日本企业大规模直接投资美国，日本大型公司三菱、松下、索尼等竞相购买美国标志性资产，收购美国著名企业。但投资几年之后，不少购买的资产价值大跌，收购的企业出现巨额亏损，被购买方申请破产重组，投资方不但没有获得投资收益，反而付出惨重的代价。中国对外直接投资，似乎在走同样的道路。中国企业热衷于购买外国地标性建筑。比如，2013年7月，平安保险集团购入伦敦金融城的标志性建筑劳埃德大厦；2014年10月，安邦保险以19.5亿美元的价格收购美国的纽约华尔道夫酒店大楼。中国对外国的直接投资项目巨大，比如，2013年，双汇国际收购美国最大猪肉生产商Smithfield Foods，对标的为71亿美元的目标企业进行现金收购。再往前追溯，2007年11月，中国平安集团收购荷兰—比利时被称为银保双头鹰的富通集团，共计238.7亿元人民币，持有4.99%股权，成为最大的单一股东。该投资损失惨重，2008年，富通集团经过一系列资产变卖后，由中国平安投资时的均价19欧元下跌到不足1欧元，缩水近95%。

　　基于历史上国际直接投资的经验和教训，中国对外直接投资者要对投资前景作出审慎分析，从商业模式到经济大势，再到政治环境，需要全方位分析后作出判断和抉择。如果投资对象有持续发展的空间和机会，且成功的概率达到一定的水平，可以进行直接投资，否则，不可盲目投资。直接投资后，能否保持投资对象的稳定发展和持续盈利，是直接投资者需要考虑的首要问题。投资者一定要重视整合环节，强化完善企业的全球价值链，明确投资对象在企业集团价值链中的位置。同时，重视并充分行使股东的权利，推动变革创新，不断提升投资对象的竞争优势，保持企业的活力，促进企业的盈利和发展。避免购买资产或收购企业后，因缺乏有效的整合，目标公司的价值大跌或破产重组，投资者的价值被转移。

　　中国作为发展中国家，对发达国家进行投资的时候，会遇到自身经营管理能力不足的问题，还会遇到东道国管制约束、文化差异、法律差异、政治因素、环保要求差异等问题，对刚刚走出国门的中国企业来说是一种巨大的挑战。在此背景下，这里以中国对美国直接投资所遇到的问题为对象，研究中国对美国直接投资发展趋势，揭示中国对美国直接投资可能存在的进入障碍和整合难题，提出边缘突破和有效整合的理论分析框架。

二、理论基础的简单回顾

国际直接投资理论为直接投资提供了有力的理论支撑。从产品生命周期理论(Vernon,1966),到国际生产折衷理论(Dunning,1977,1981),再到边际产业转移理论(Kiyoshi Kojima,1978),以及比较优势理论(Helpman and Krugman,1985),从各个视角分别揭示了国际直接投资的原因和依据。产品生命周期理论指出不同发展水平的国家,其产品生命周期发生的时间和过程不一样,同一产品在不同国家市场上的竞争地位存在差异,导致国际贸易和国际投资的不同。国际生产折衷理论指出企业必须同时具备所有权优势、内部化优势和区位优势,才能从事有利的海外直接投资活动。边际产业转移理论指出某些产业在投资国的比较优势较低,而在东道国的比较优势较高,这时通过国际直接投资途径,实现边际产业转移。古典经济学提出的比较优势理论指出不同国家的生产技术存在相对差别,由此产生相对成本的差别,在此基础上,通过引入规模经济、产品差异、技术差异、专业化等概念进一步完善比较优势理论,为国际贸易和国际直接投资提供了重要依据。

Mehra 和 Prescott(1985)提出的股权溢价之谜(equity premium puzzle))成为学者们研究的热点。Tim Congdon(2002)指出,20 世纪是股权投资的时代,股权投资的回报率远远高于现金或债权的投资回报。股权投资比债券投资面临更大的风险和不确定性,得到的回报理应更高一些。在美国,股权投资的长期年实际回报率平均为6%左右。股权投资是直接投资的重要方式,获得更高的投资回报是企业直接投资所追求的重要目标。

Brown 和 Eisenhardt(1998)提出边缘竞争战略理论,为中国在美国直接投资提供了重要的理论启发。在高速变革的行业,企业要善于动态调整,把握节奏,适应环境,不断地获得竞争优势,要善于在无序和有序之间保持一种微妙的平衡。边缘具有不成熟、不稳定的特性,具有一定的灵活性和变通性。在合适的边缘,可以寻找到变通的空间,可以获得调整的时间,以适应外部环境。当然,边缘也不是没有任何规则,有时候,规则可能已被广为接受,但是相对于非常成熟的领域,边缘仍然是最佳的突破区域。

如何用最小的代价直接投资进入经济发达、行业相对成熟、技术绝对领先、管理引领世界的美国? 如何在竞争激烈、环保要求高、人工成本非常高的美国建立竞争优势,获得预期的投资回报? 如何避免受到美国各层级相关者的排挤,最大程度地获取更多美国人的支持? 这些问题如果能给出一个理论分析框架,将会给中国的企业提供一定的思路和启发。作为学者,有责任进行深入的理论研究,针对中国到美国进行直接投资面临的困境和障碍,寻找理论的支撑点和实践的突破点,减少跨国直接投资的代价,为中国对美国直接投资提供有价值的指导。

三、中国对美国直接投资的描述性统计

（一）中国对外直接投资快速发展，开创了资本输出的新阶段

改革开放 30 多年来，中国积累了资本和企业管理经验，开始对外直接投资。中国对美国直接投资快速发展。改革开放前 20 年，中国更多地关注 FDI 的流入，希望通过引进外商直接投资，实现技术、管理的溢出效应，以促进中国经济的持续快速发展。相比较而言，中国的对外直接投资还没有提高到应有的地位，主要原因是中国企业国际投资和经营管理的能力不足，对跨国投资的风险把控能力不够，在国际收支体系中，中国人民币的资本项目还没有做好完全开放的充分准备，同时，还没有足够的经济实力对外进行大规模投资。近几年来，中国企业逐步积聚了一定的国际直接投资的能量和经验，中国人民币的资本项目逐步开放，为民营企业对外直接投资提供了政策支持，中国企业开始尝试对外直接投资。2010—2014 年，中国持续稳定吸收 FDI 的同时，对外直接投资总额快速提升，中、日、美 FDI 流出量见表 1，中、美 FDI 流入量见表 2。以这个发展趋势，2015 年或 2016 年中国吸收的 FDI 与对外直接投资总额可能实现平衡，中国将从以商品输出为主，转变为商品和资本输出并存。

表 1　中、日、美 FDI 流出量　　（单位：亿美元）

FDI 流出量	2011	2012	2013	2014
美国	3838	3380	3280	3370
日本	1156	1230	1360	1140
中国	651	840	1010	1160
中国香港	816	840	920	1430

数据来源：贸发会议发布的《2012 年、2013 年、2014 年、2015 年世界投资报告》。

表 2　中、美 FDI 流入量　　（单位：亿美元）

FDI 流入量	2011	2012	2013	2014
美国	2107	1610	1880	920
中国	1240	1210	1240	1290
中国香港	830	750	770	1030

数据来源：贸发会议发布的《2012 年、2013 年、2014 年、2015 年世界投资报告》。

美国作为世界上经济最发达的国家，在吸收 FDI 方面加大力度，FDI 增加

速度明显加快,FDI 存量快速提升。美国 1993—2013 年 20 年间吸收的 FDI 存量增加趋势见图1。从图中可以看出,2010 年以来,美国正在加大吸收 FDI 的力度,通过扩大吸收外国直接投资,实现本国经济发展。

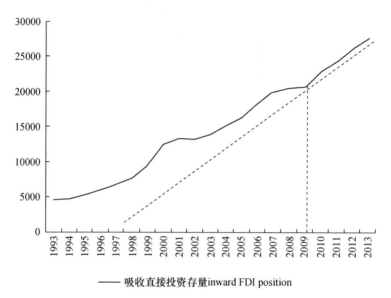

—— 吸收直接投资存量inward FDI position

图1 美国 20 年吸收的 FDI 存量增加趋势
数据来源:美国商务部网站。

(二) 中国在美国的 FDI 存量还非常小,尚处于起步阶段,发展空间还很大

根据美国商务部数据计算,2012 年,中国大陆在美国的直接投资存量为 69.43 亿美元,占美国吸收的 FDI 总量的 0.27%;中国香港在美国的直接投资存量为 88.56 亿美元,占美国吸收的 FDI 总量的 0.34%;而同年日本在美国的直接投资存量为 2991.2 亿美元,占美国吸收 FDI 总量的 11.5%。而 2013 年,中国大陆在美国的直接投资存量为 80.73 亿美元,占美国吸收的 FDI 的 0.29%。中国香港在美国的直接投资存量为 58.60 亿美元,占美国吸收的 FDI 的 0.21%。而同年日本在美国的直接投资存量为 3423.27 亿美元,占美国吸收 FDI 总量的 12.4%。在研究过程中发现,中美各个机构的统计口径存在差异,所以数据也存在一定的差别,但是美国商务部提供的 FDI 数据是按照统一口径统计的,可以反映各个国家在美国的 FDI 的占比。2013 年,世界各国在美国的 FDI 存量占比见图2:

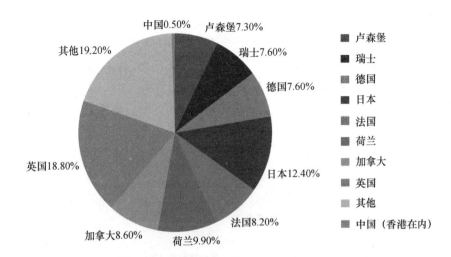

图 2　2013 年世界各国在美国的 FDI 存量占比
数据来源：美国商务部网站。

（三）中国对美国的直接投资有快速增加的趋势

2008 年以来，美国吸收的外国直接投资中，来自中国的 FDI 增长速度最快。美国商务部统计了 2008—2012 年外国对美国直接投资存量的复合增长率，数据显示，中国对美国直接投资平均复合增长率达到 70.82%。对美国直接投资存量复合增长率最快的前 15 名国家见图 3。2013 年和 2014 年，中国对美国直接投资存量持续快速增长，分别达到 153 亿美元和 200 亿美元。

中国在美国的 FDI 存量还非常小，但是中国投资者对美国市场的投资意向比较强烈，美国以其较高的投资开放程度吸引了更多的中国直接投资。2013年到 2014 年，中国对美国的直接投资的快速增长证明了这一点。中美相对直接投资的潜力巨大。根据美国商务部的数据，2013 年，美国对外直接投资存量中，在中国的直接投资仅占 1.32%，而 2013 年中国大陆和香港在美国的直接投资存量仅占美国吸收的 FDI 总量的 0.5%。中国在美国的累计 FDI见表 3。

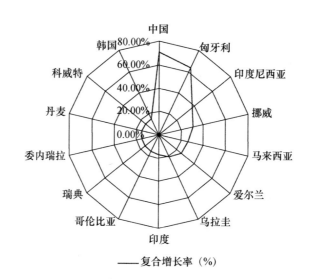

——复合增长率（%）

图 3 2008—2012 年对美国直接投资复合增长率最快的前 15 名国家
注：卢森堡占 76.58%，共计 209.69 亿元，但不参加美国商务部排名。
数据来源：美国商务部网站。

表 3 中国在美国的累计 FDI （单位：亿美元）

中国在美国的非金融类 FDI	2010 年	2011 年	2012 年	2013 年	2014 年 1—10
	13.64	5.76	13.70	42.3 亿	41.9 亿美元
名次	18	26	19	—	—
中国在美国的累计 FDI	—	60	104.65	153	193.9

数据来源：根据中国商务部数据整理。

四、边缘突破和有效整合的理论分析框架

20 世纪 90 年代初，日本大规模直接投资美国，引起美国国内的排日浪潮，对日本直接投资造成一定的冲击，日本为此付出了一定的代价。中国对美国进行直接投资，可能会出现当年日本炫耀投资的状况，也会遇到东道国各个方面的管制约束。借鉴日本投资美国的经验和教训，充分认识中国企业的特点和经营管理发展水平，充分考虑在美国可能出现的负面政治气候和担忧情绪因素，寻找中国在美国直接投资的策略选择，实现中美两国的双赢。基于中国对美国直接投资面临的特定环境和投资方自身管理能力不足的实际情况，以及可能遇

到来自美国各层面的阻力和文化障碍,强调边缘突破,首先,在边缘突破,顺利进入美国。其次,在边缘突破,顺利融入美国,进一步,在整合环节实现边缘突破,实现有效整合。这里强调有效整合,是因为中国企业在进行股权投资之后,缺乏对目标企业整合的理念和能力,缺乏整合并打通全球价值链的经验,预期的协同效应难以实现。检验有效整合的标准是打造全球价值链,提升企业的全球竞争力。边缘突破和有效整合的理论分析框架见图 4:

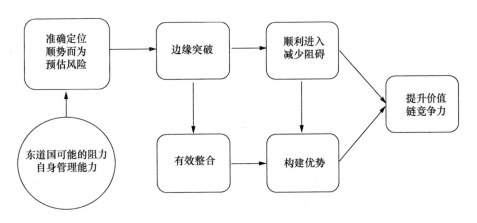

图 4 边缘突破和有效整合的理论分析框架

（一）企业对外直接投资所要实现的最终目标

直接投资最需要关注的是能否获得预期的投资回报,包括经济效益方面的回报和战略意图实现所带来的回报。企业对外直接投资的目标是投资收益最大化,这个投资收益不仅仅是投资收益率的具体指标,还包括企业战略意图实现所带来的竞争力提升。投资收益率是反映投资回报的重要直观指标,直接反映了直接投资带来的经济回报,不关注投资收益率的投资是荒唐的投资。除了投资收益率这个直观指标外,还可以设置直接投资带来的竞争力提升指标。比如,企业通过直接投资打通企业的产业链,完善企业的全球价值链,提升企业集团的价值链竞争力,保持企业的全球竞争优势,为企业可持续发展提供支撑,因此,提升企业竞争力的目标也可以设置为企业对外直接投资的重要目标。

（二）中国对美国直接投资面临的约束性条件

1. 中国企业自身经营和管理能力的约束

中国企业大多刚走出国门,缺乏对外直接投资和整合的经验。很多企业认为,股权投资交易完成之后,就完成了投资,对整合环节的重要性缺乏认识。整合是股权投资的重要环节,是实现投资战略目标不可或缺的步骤。如果忽视该环节,没有把整合环节放在应有的高度,或者不具备较强的整合能力,直接投资之后,很难以实现预期目标。

中国企业存在跨国经营能力、整合能力和经验不足等因素制约,直接投资的战略目标不一定能完全实现。中国企业在美国的直接投资发展速度很快,但是中国是新兴市场国家,对美国进行直接投资并没有技术或管理方面的优势,投资方也不具备特别的资金优势。对外直接投资经验缺乏,跨国管理人才缺乏,对美国的法律不够精通,对美国的文化不够熟悉,所以充满了不确定性和风险。中国对美国进行直接投资,无论是绿地投资还是股权投资,都会遇到一定的条件制约,可能需要交付一定的学费,付出一定的代价,才能获取跨国投资管理的实践经验。

2. 来自于东道国的管制阻力的约束

中国企业投资的羊群效应比较明显,在国家倡导"走出去"的战略引导下,很多中国企业会热衷于对外直接投资,不管自身是否具备对外直接投资的条件,往往会形成一哄而上的局面。不少企业缺乏对外直接投资的战略性规划,缺乏对外直接投资的经验,有些企业甚至是为了赶时髦而进行国际投资,这样造成的结果往往是带来巨大的投资损失,很难实现预期的投资战略目标。

中国是新兴市场国家,在亚洲乃至在全球都是美国既合作又竞争的主要对手,加上双方制度、文化等方面的差异,中国对美国的直接投资会遇到一些障碍。但是,中国对美国直接投资会继续加大,对美国经济的影响度也会逐步增加。随着中国对美国直接投资范围的扩大,来自美国内部的阻力也会相应增加。美国一方面吸收直接投资,促进本国就业和经济增长,另一方面又会以国家安全、经济安全、技术安全等理由限制或管制外国直接投资。

对美国直接投资将会面临东道国管制约束的挑战。投资自由化是直接投资发展的大趋势,但东道国管制和制约措施会逐步加强。《2014 年世界投资报告》中的贸发会议政策监测显示,2000—2010 年,整个趋势是投资自由化有逐步减小的趋势,而管制或限制有增加趋势。2013 年,59 个国家和经济体实行了87 项涉及外国投资的政策措施,导向依然是投资促进和自由化,但监管或限制性投资政策比重从 25% 上升到 27%。美国外资投资委员会(CFIUS)强化对外来投资的监管,在一定程度上加强了对外国直接投资的管制力度。

（三）基于约束性条件，选择合适的投资进入和融合策略，实现企业的投资目标

基于目前中国企业国际化经营和管理水平以及东道国的管制性约束，在这个约束条件下，中国直接投资者追求自身收益最大化的目标，即获得的投资回报率最大化或者战略意图实现的最大化。投资者则要准确定位投资目的，明确界定投资回报，顺应美国经济发展趋势，采取合适的投资策略，规避存在的风险，寻找合适的边缘，实现投资突破。

1. 准确定位对美国直接投资的目的，明确界定将取得的投资回报

国际化虽然是大势所趋，但并不是所有的企业都适合去海外投资，特别是到经济发达的美国进行直接投资。投资者要对美国的投资环境进行深入研究，明白面临的障碍和阻力以及可能存在的巨大风险，企业要评估投资回报，判断能否承受投资失败带来的损失。直接投资具有个性化特点，每个投资方根据自身优势和战略需要，选择合适的投资对象和投资方式，投资不是赶潮流，更不要盲目跟随，而要有明确的战略目的，并且制定详细的实施步骤。中国企业对美国进行直接投资，可能基于国际化战略，纳入全球价值链，提升企业竞争力的目的。中国在美国直接投资的目的具体表现为：

第一，寻找进入美国市场的有效渠道。美国市场比较成熟，居民消费能力较高，世界顶级品牌产品在此汇聚。美国经济分析局（Bureau of Economic Analysis）数据显示，2013 年，美国人均可支配收入约为 4 万美元，而且美国居民的最终消费率较高，远远超过中国居民的最终消费率。中、美居民最终消费率比较见图 5。美国巨大的消费市场和消费能力吸引了全球的商家，能进入美国市场，一定程度上反映了企业的国际化地位。同时，美国对产品质量和安全要求较高，进入美国市场，让美国消费者接受，要显示出企业产品的可信度。在美国市场上，中国制造非常普遍，各大商场的衣服、皮鞋、电子产品等多数是中国制造，但是这些产品都是美国或其他发达国家的品牌，中国的品牌却难以觅见踪影。中国通过直接投资，在美国开拓新的销售渠道，拓宽中国品牌产品的市场，这个过程反映了中国企业对外直接投资的重要目的，对中国实施"走出去"战略提供了有效渠道。

第二，寻找全球性技术和管理平台。美国企业产品的质量和安全性标准比较高，在美国会经常感到很多产品质量太好，以至于产生资源投入过于浪费的感觉。中国作为新兴市场国家，与美国的技术和管理水平还有一定的差距，整个企业的运作体系还需要学习和完善。中国企业直接投资美国，在美国构建企

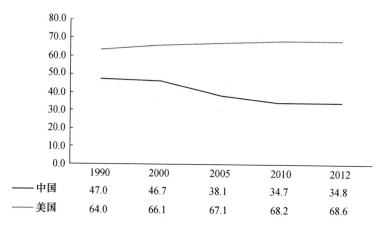

	1990	2000	2005	2010	2012
—— 中国	47.0	46.7	38.1	34.7	34.8
---- 美国	64.0	66.1	67.1	68.2	68.6

图5 中、美居民最终消费率比较图
数据来源:世界银行 WDI 数据库。

业集团内部的标杆企业,反过来促进本集团国内企业的全体变革,进一步提升整个企业集团的技术水平和管理能力。

第三,走向全球产业链的高附加值环节。中国要从全球产业链的低端走向附加值高的高端。在中国长期重视 FDI 的过程中,中国土地、人工、税收等低成本的优势吸引了世界各国的企业来华直接投资。跨国公司把生产制造环节放在中国,把与中国市场相关的研发放在中国,而附加值高的研发、品牌、市场则掌握在投资方手中。因此,在产业链的"微笑"曲线中,中国企业一直处于附加值较低的中间环节,即生产加工环节,而附加值较高的研发设计、品牌市场基本在发达国家。中国对外直接投资将持续发展,逐步改变这种状态,迈开进入高附加值环节的第一步。中国对外直接投资,要瞄准产业链"微笑"曲线的两端,通过直接投资,提高研发设计能力,构建提升品牌,创造市场需求,获得更高的投资回报。当然,在一定时期内,生产制造业仍然是中国经济发展和国民就业的重要基础和平台。

2. 顺应中国对美国直接投资的发展趋势,采取合适的投资进入和融合策略

中国对美国直接投资中,股权投资的项目数量有超越绿地投资的趋势。直接投资可以分为两大类:一类是绿地投资,即新建公司或新设建厂等;一类是股权投资,即通过兼并收购获得固定资产或一定比例的股权,从而实现企业的战略意图。绿地投资和股权投资发挥各自的作用。发达国家对发展中国家的直

接投资,前期以绿地投资为主。东道国为了吸引外资,几乎提供免费的土地,加上劳动力便宜,所以,发达国家偏好以投资建厂的方式进入东道国。绿地投资到了一定阶段,即东道国技术、生产能力与发达国家差距很小的时候,股权投资开始增加,企业之间通过兼并收购,实现资源优化配置。

根据美国荣鼎咨询公司的统计数据,2000 年到 2013 年三季度,中国对美国直接投资总额为 358 亿美元,其中绿地投资 40 亿美元,占 11.1%,股权投资 318 亿美元,占 88.9%。中国对美国直接投资项目为 700 个,其中绿地投资项目为 477 个,占 68.1%,而股权投资项目为 223 个,占 31.9%。从数据上可以推断出,中国对美国的绿地投资项目数量多,但是投资总额相对较小,说明绿地投资多数是小型项目,而股权投资项目较少,但投资额较大。2013 年,中国对美国的直接投资项目为 82 个,其中股权收购类为 44 个,绿地投资为 38 个,股权投资的项目数量和投资总额超越绿地投资。中国对美国的直接投资中,民营企业成为中国在美国直接投资的主要力量。根据中国商务部数据,中国对美国的直接投资份额中,2013 年,中国民营企业对美国的直接投资额占中企对美国投资总额的 76%,而 2012 年民营企业对美国的直接投资额占比为 59%,在此之前,民营企业的占比份额都低于 50%。越来越多的中国民营企业加入到对美国的直接投资中,也是中国对美国直接投资发展的一个重要趋势和特点。

顺势而为是中国对美国直接投资的重要策略,包括投资进入和投资融合两个方面。在投资进入环节,顺应美国的政策环境,避开政治因素,选择合适的时机和区域,达到实现投资进入的效果。在投资融合阶段,树立企业形象和品牌,尊重本土文化,为当地经济发展和居民就业做出贡献,与社区、政府、公众、客户、供应商等保持密切的互动关系。

3. 寻找中国对美国直接投资的边缘,实现边缘突破,最终实现有效整合

对美国直接投资,特别是敏感类行业的并购类投资,会遇到美国各方的审核和制约。而在直接投资之后,要赢得本土消费者的接受和认可,并且有效整合企业的价值链,并不是一件容易的事。在市场成熟、技术发达、管理先进的美国,顺利实现投资战略,必须寻找合适的边缘,寻找易于突破的地带,实现边缘突破。边缘突破见图 6。边缘突破是方法,而有效整合是手段。通过边缘突破,实现进入和融合的效果;通过有效整合建立竞争优势,实现战略意图,取得预期的投资回报。

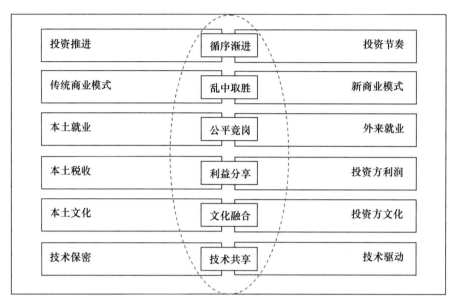

图6 边缘突破

（1）寻求在美国投资推进和投资节奏之间的平衡

中国对美国直接投资是一个趋势，对中美双方都会带来巨大利益，但是，中国投资者要把握时机，不可一哄而上，各个企业根据战略发展步骤，有目的、有步骤地对美国进行直接投资。过于集中的投资或者一哄而上的投资，必然会引发美国内部关于安全、资源等方面的担忧，从而为投资引来更多障碍。应寻找稳健和激进的边缘，控制节奏，循序渐进，寻找一个投资方和东道国政府都能接受的突破方式和方法。

中国投资于行业、技术和管理都比较成熟的美国，能否顺利进入美国市场，能否得到美国本土政府、社区、消费者的支持，决定着投资的成败。美国市场、行业、技术相对成熟，研发投入巨大，直接投资美国进入难。中国在美国面临的经济、政策甚至法律环境是动态变化和难以预测的，缺乏国际投资和管理经验的中国企业，在美国进行直接投资是一场信息不对称的、缺乏比较优势的实践探索过程。直接投资之后，特别是股权收购之后，无论是绝对控股还是相对控股，都会存在很多约束条件，都会遇到很多发展障碍。先行者前期肯定会付出巨大的代价，才能换回投资的经验和教训，从而才可能获得预期的投资回报，或者实现预期的战略意图。

寻求合适的边缘，合适的时机，合适的地点，有计划地进入美国。美国联邦政府和各州政府整体趋势是鼓励吸收 FDI，因为需要 FDI 促进经济发展，增加就业机会。同时，美国内部又存在一定的担忧，担心 FDI 进入美国很多领域后，具有技术、管理优势的美国核心技术是否会泄露，本土企业会不会受到威胁，本国利益会不会受到影响，国家安全会不会受到危害等。

联邦政府和州政府关注的重点存在差别。在进行直接投资时，做好充分准备，避开敏感时期，有效进入美国。直接投资可能给地方政府带来收益，包括就业率提升、税收增加等，选择合适的州，可能带来不同的效果。对于进入障碍比较明显的行业或企业，可以选择先参股，合作经营，后续考虑收购控股，复星集团的股权投资模式值得借鉴。复星集团在对美国直接投资时，立足中国市场，寻求管理技术合作，实现双赢，寻找到一种边缘平衡。复星集团选择美国的国际一流企业，实施股权投资，刚开始可能只是参股，实行战略合作，到一定时机，实行控股股权收购。

在对美国直接投资的决策环节，充分考虑商业模式的变革，在传统商业模式和现代商业模式之间寻找一种平衡。如果能选择合适的时机，切入现代商业模式，搭上现代商业模式的快车，可能实现很好的效果。互联网思维带来商业模式的不断创新，新的商业模式为直接投资带来的更多是机遇。传统的商业模式比较成熟，已经形成定势，其优点是比较稳定，风险较小，缺点是直接投资之后，比较难以整合和变革创新。新的商业模式往往处于发展完善阶段，具有不稳定性的特性，属于探索性阶段，直接投资的风险当然较大，但是，如果切入及时，更加容易变革创新，在尚未取得稳定之前取胜。寻找传统商业模式与新商业模式的边缘，寻找现在与未来的边缘，寻找传承和变革的边缘，实现两者之间的平衡。

（2）寻求合适的边缘，实施多赢策略，赢得东道国消费者、社区和政府的支持

对美国直接投资之后，能否获得美国本土政府、社区和消费者等各层面的接受和支持，决定了企业能否在美国长期发展。如何获得本土的支持，如何减少可能存在的各种阻碍，考验着投资者的能力和智慧。对美国直接投资，会遇到国家安全、核心技术外漏等方面的担忧，进而产生一定的阻力。同时，中美两国存在较大的文化差异，法律背景相差较大。联邦政府的有些机构和地方政府考虑问题的视角不同，对外来直接投资的态度也可能不一样。美国的立法、行政和司法各自独立，加上党派竞选等政治生态因素，都可能影响直接投资。作

为投资者,要考虑政治因素,设法避免政治因素对投资的影响。同时,直接投资时,充分考虑东道国经济发展的周期性,弄清楚美国经济发展的阶段性特点,选择合适的投资策略。

借鉴日本投资美国的经验,通过扩大本土就业、提供税收、履行企业社会责任等,获得本土居民和政府的支持。

万向集团在美国的直接投资模式获得阶段性成功。万向集团是中国的民营企业,主营汽车零部件。万向集团推行国际化战略,通过并购方式顺利进入美国,取得阶段性成功。万向集团于 2012 年出资 2.57 亿美元收购电池生产商美国 A123 系统公司,2014 年出资 1.492 亿美元收购美国电动汽车制造商菲斯科(Fisker Automotive)。美国 A123 系统公司是菲斯科汽车的电池供应商,完善了产业链,为万向集团的整车制造目标奠定了坚实基础。万向集团在美国直接投资取得一定的成效,就其经验而言,万向集团实施本土化策略,尽量安排东道国本地就业,与本土政府、社区、客户保持良好的关系,得到当地相关群体的支持。万向集团熟悉美国政治、文化、体制,积极主动适应环境,借势而为,规避了可能产生的投资阻力。

首先,寻求美国本土就业和外来就业之间的平衡。就业情况关系到社会民众的稳定,是美国政府关注的大问题。美国经济发展速度比较稳定,经济周期可能影响到美国的就业率。中、日、美三国的失业率趋势情况对比见图 7。相对于日本和中国,美国的失业率较高,虽然从 2010 年以来有下降的趋势,但失业率相对来说仍然较高。各个州政府都非常关注就业情况,如果直接投资能给本地带来更多的就业机会,大量安置本土员工,就会获得本土民众和政府的支持和欢迎。美国本土人力成本比较高,低成本可能是企业的追求目标,在对美国直接投资时,要权衡人力成本和本土人力资源的关系,尽可能使用本土化人才,在此基础上,尽可能合理搭配人才,建立合理的人才成本结构。

其次,寻求美国本土税收和利润分享之间的平衡。中国为外国直接投资提供了非常优惠的税收减免政策。中国税法规定,对于外商直接投资项目从获利年度起,2 年免交企业所得税,接下来 3 年企业所得税减半。有些外商直接投资企业,通过转移价格方式,在企业集团内部进行利润转移,让在中国的企业处于亏损状态,从而不用向中国政府缴纳企业所得税,中国作为东道国,也清楚这种状况,对失信企业进行了约谈。在美国这个比较注重诚信的国度里,中国投资者必须遵循利益分享原则,一方面更多地解决当地人员就业问题,另一方面,通过盈利途径,缴纳企业所得税,促进本土经济发展,实现投资方和东道国的双赢。

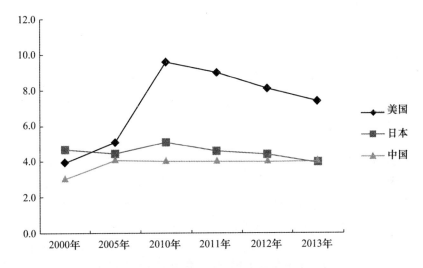

图7　中、日、美三国的失业率趋势情况对比图

数据来源：国际货币基金组织 IFS 数据库。

再次，寻求美国本土文化与投资主体文化的平衡。中国投资主体拥有自己的企业文化，具有独特的核心价值观，行事遵循一定的行为规则。在美国直接投资，要充分了解并尊重东道国的文化，在双方文化的边缘，相互融合，相互包容，寻找最佳的平衡点。对于刚走出国门的中国投资者，在美国的力量和影响力还很小，更多的是融合并适应美国的规则，实现企业核心价值观的趋同，建立符合本土特征的行为规则。

最后，寻求美国敏感技术和技术驱动之间的平衡。美国是最发达的国家之一，拥有众多核心技术。美国一方面大力吸引 FDI 以带动就业和经济发展，另一方面又对外国直接投资怀有担忧，担心敏感技术传播转移出去，会损害本国企业的利益，挑战本国企业的竞争优势，甚至认为会威胁到国家安全。因此，美国政府层面和企业层面都可能会设置一些约束条件，在一定程度上，制约着直接投资的范围和深度。中国对美国直接投资，有资源驱动，有市场驱动，也有技术驱动。对于技术驱动的直接投资项目，特别是敏感性技术，要寻找到合适的边缘，既要保证达到技术共享的目的，又不至于让对方的顾虑成为一种障碍。

（3）寻求合适的边缘，实施有效整合，提升企业的价值链竞争力，建立竞争优势，实现预期战略目标

对美国实现直接投资之后，绝不能仅仅看作一个单独的直接投资项目，而

是要构建企业集团的全球价值链,提升企业集团的全球竞争力。企业集团的竞争力来自于价值链的有效性,而价值链的打造来自于投资后的整合。整合主要是股权投资后的整合,无论是绝对控股还是相对控股,甚至是参股,都要对投资对象进行合理的资源配置和梳理,在企业集团的整个价值链中,准确定位并充分发挥目标企业的功能和作用。因此,投资方进行直接投资之后,更重要的是进行价值链整合。对绿地投资来说,整合也有必要,也是对自身价值链的定位和调整,实现企业效用最大化的目标。

在直接投资过程中,缺乏整合环节或者对整合重视程度不够,都会带来致命的后果。中美存在文化、制度、管理水平等方面的差异,价值链整合和企业内部的整合都会遇到一定的阻碍,如果投资方缺乏整合能力和经验,缺乏对美国文化的了解,整合过程中,可能会遇到很多困难,无法实现真正意义上的整合。强调有效整合,就是要避免形式上的整合。实际上很多股权投资后,并没有实现价值链的有机协调,而是各自为战,各自分裂,不能达到预期的效果。有效整合是从文化、管理、业务、财务等方面进行有机协调,形成一个相互支撑的价值链有机体。

中国企业刚刚走出国门,开始对发达国家进行直接投资,在这个阶段,会更多地关注对外直接投资的总额,而对投资收益率关注度不够。中国对美国投资更多的是关注直接投资的流量和存量,也就是关注反映中国国际化能力的指标。但是直接投资的流量和存量并不能反映投资的效果,我们应该更加关注的是投资收益。中国对美国的投资有一哄而上的态势,投资者对投资回报的考虑是否到位,决定了对外直接投资的质量和效果。投资收益反映了直接投资的质量和效果。中国国家外汇管理局发布的《2013 年中国国际收支报告》显示,2013 年,中国对外投资收益逆差为 599 亿美元,较上年扩大 4.3%。2012 年,中国对外直接投资收益率 4.30%,而美国对外直接投资收益率 8.54%,英国 7.20%,日本 6.7%,都远远高出中国。

如何提高投资收益,关键在于直接投资后进行有效整合,优化价值链,推动变革创新,保持企业活力,保持企业在某领域的持续竞争优势。目标企业获得了成功,投资者也获得了预期的回报,就反映在投资收益指标上。

五、结语

美国是一个巨大的消费市场,但是美国并非遍地黄金,任何一个直接投资都存在一定的风险。中国企业应该根据企业战略发展的需要及自身条件,有计划、有步骤地进行对外直接投资。中国企业之间应尽量避免多家竞购同一家外国企业,否则,目标企业的价格会因竞价而提高。中国对外直接投资的企业要把握时机,控制投资节奏,适应东道国环境,直接投资之后,进行有效整合,持续变革,不断获得优势,与利益相关者实现共赢。

经济全球化背景下,中国企业必须融入全球经济。对外股权投资就是国际化战略的重要体现。在对外直接投资的过程中,国有企业和民营企业都遇到了一定的问题。在特定历史阶段,中国企业处于成长壮大和经验积累过程中。国有企业具有实力雄厚、国家支撑的优势,但是跨国经营和管理的经验,以及面向市场的管理能力相对滞后。民营企业具有产权清晰和面向市场的经营管理能力相对较强的特点和优势,但是资金实力相对单薄,融资渠道相对较少,对外直接投资可能达不到预期的效果。国有企业和民营企业联合对外投资,可以取长补短,发挥双方的优势,规避双方的缺点,可能会收到较好的效果。

中国企业应寻找合适的边缘,实现直接投资的成功突破。中国企业海外投资的先行者,可以通过不断的相机抉择,进行变革管理而适应环境。中国投资先行者要把握关键环节,寻求边缘突破,进行有效整合。中国投资先行者要不断消除负面效应,实现本土化策略,融入本土文化,扩大本土就业,赢得东道国公众的支持。中国投资先行者要积极实践,把握突破节奏,寻找有序和无序的边缘,在传统和激进的边缘点,寻找一个投资方和东道国政府都能接受的方式和方法,实现有序和无序的微妙平衡。

参 考 文 献

[1]〔美〕彼得·德鲁克.21世纪的管理挑战[M].朱雁斌译.北京:机械工业出版社,2006.

[2]〔美〕彼得·德鲁克.成果管理[M].朱雁斌译.北京:机械工业出版社,2006.

[3]〔美〕彼得·德鲁克.创新与企业家精神[M].蔡文燕译.北京:机械工业出版社,2009.

[4]〔美〕彼得·德鲁克.德鲁克管理思想精要[M].李维安等译.北京:机械工业出版社,2008.

[5]〔美〕彼得·德鲁克.管理的实践[M].齐若兰译.北京:机械工业出版社,2009.

[6]〔美〕彼得·德鲁克.管理使命、责任、实务(实务篇)[M].王永贵译.北京:机械工业出版社,2009.

[7]〔美〕彼得·德鲁克.管理使命、责任、实务(使命篇)[M].王永贵译.北京:机械工业出版社,2009.

[8]〔美〕彼得·德鲁克.管理使命、责任、实务(责任篇)[M].王永贵译.北京:机械工业出版社,2009.

[9]〔美〕彼得·德鲁克.巨变时代的管理[M].朱雁斌译.北京:机械工业出版社,2009.

[10]〔美〕彼得·德鲁克.下一个社会的管理[M].蔡文燕译.北京:机械工业出版社,2009.

[11]〔美〕彼得·德鲁克等.《哈佛商业评论》精粹译丛——知识管理[M].杨开峰等译.北京:中国人民大学出版社,1999.

[12]〔美〕彼得·德鲁克.卓有成效的管理者[M].许是祥译.北京:机械工业出版社,2011.

[13]常亚平,覃伍,阎俊.研究生团队隐性知识共享机制研究[J].科研管理,2010(2):86—93.

[14]陈信华.微观金融学:财务分析、资产定价与投资评估[M].上海:上海财经大学出版社,2006.

[15]〔英〕丹尼斯·洛克.项目管理要素[M].张云译.北京:东方出版社,2007.

[16]〔美〕多米尼克·萨尔瓦多.国际经济学基础[M].高峰译.北京:清华大学出版社,2007.

[17]〔美〕戴维·G.卢恩伯格.投资科学[M].沈丽萍等译.北京:中国人民大学出版社,2012.

[18]〔美〕戈登·J.亚历山大,〔美〕威廉.F.夏普,〔美〕杰夫里.V.贝利.投资学基础(第三版)[M].赵锡军改编.北京:中国人民大学出版社,2012.

[19]〔美〕范里安.微观经济学:现代观点[M].费方域等译.上海:上海三联书店、上海人民出版社,1994.

[20]〔美〕弗兰克·C.埃文斯,〔美〕大卫 M.毕晓普.并购价值评估:非上市并购企业价值创造和计算.郭瑛瑛译.北京:机械工业出版社,2003.

[21]〔美〕加里·哈梅尔,〔美〕普拉哈拉德.竞争大未来[M].王振西等译.北京:昆仑出版社.1998.

[22]〔美〕汉姆·列维.投资学[M].任淮秀译.北京:北京大学出版社,2000.

[23]黄凯南.主观博弈论与制度内生演化[J].经济研究,2010(4):134—146.

[24]〔美〕蒋中一,〔加〕凯尔文·温赖特.数理经济学的基本方法(第四版)[M].刘学,顾佳峰译.北京:北京大学出版社,2006.

[25]金润圭.国际企业经营与管理[M].上海:华东师范大学出版社,1999.

[26]金占明,杨鑫.从基因到绩效——管理研究的路径解析[J].科研管理,2011(6):84—90.

[27]李凤云,崔博.投资银行理论与案例[M].北京:清华大学出版社,2011.

[28]李刚.基于企业基因视角的企业演化机制研究[D].上海:复旦大学.2006.

[29]李玉琼,朱桂龙.企业生态系统竞争共生战略模型[J].系统工程,2011.

[30]梁嘉骅,葛振忠,范建平.企业生态与企业发展[J].管理科学学报,2002.

[31]梁启华,何晓红.空间集聚:隐性知识转移与共享机理与途径[J].管理世界,2006(3):146—147.

[32]〔美〕马克·L.塞罗沃.协同效应的陷阱:公司并购中如何避免功亏一篑[M].杨炯译.上海:上海远东出版社,2001.

[33]〔美〕迈克尔·波特.国家竞争优势[M].李明轩,邱如美译.北京:华夏出版社,2002.

[34]〔美〕曼昆.经济学原理[M](上、下册)[M].梁小民等译.北京:北京大学出版社,1999.

[35]〔美〕平狄克等.微观经济学[M].李彬等译.北京:中国人民大学出版社,1997.

[36]〔韩〕钱·金,〔美〕勒妮·莫博涅.蓝海战略[M].吉宓译.北京:商务印书馆,2007.

[37]〔美〕乔纳森·芒.实物期权分析[M].邱雅丽译.北京:中国人民大学出版

社,2006.

[38] 乔治·T.盖斯,乔治·S.盖斯.并购成长[M].蔡舜玉等译.北京:中国财政经济出版社,2002.

[39] 〔美〕切奥尔·S.尤恩等.国际财务管理[M].赵银德,张华译.北京:机械工业出版社,2007.

[40] 〔美〕萨克斯等.全球视角的宏观经济学[M].费方域等译.上海:上海三联书店、上海人民出版社,1997.

[41] 〔美〕史蒂芬·柯维.高绩效人士的七个习惯[M].王亦兵等译.北京:中国青年出版社,2010.

[42] 孙国强.网络组织前沿领域研究脉络梳理[J].外国经济与管理,2007,29(1):19—23.

[43] 王其藩.高级系统动力学[M].北京:清华大学出版社,1995.

[44] 王伟,基于企业基因重组理论的价值网络构建研究[J].中国工业经济,2005(2):58—65.

[45] 邢以群,吴征.从企业生态位看技术变迁对企业发展的影响[J].科学学研究,2005.

[46] 〔美〕熊彼特.经济发展理论[M].何畏等译.北京:商务印书馆,1990.

[47] 薛求知,李亚新.跨国公司子公司特定优势的形成研究—从知识创新和流动的角度[J].研究与发展管理, 2008(2)51—57.

[48] 宣家骥.多目标决策[M].长沙:湖南科学技术出版社,1989.

[49] 叶有明.股权投资基金运作:PE创造价值的流程[M].上海:复旦大学出版社,2009.

[50] 余向前,张正堂,张一力.企业家隐性知识、交班意愿与家族企业代际传承[J].管理世界,2013(11):77—88.

[51] 〔荷〕约翰·奥瑞克,〔荷〕吉利斯·琼克,〔美〕罗伯特·威伦.企业基因重组:释放公司的价值潜力[M].高远洋等译.北京电子工业出版社,2003.

[52] 张志勇,刘益.企业间知识转移的双网络模型[J].科学学与科学技术管理,2007(9):94—97.

[53] 周晖,彭星间.企业生命模型初探[J].中国软科学,2000(10):110—115.

[54] 祝波.企业项目管理:框架与实务[M].上海:复旦大学出版社,2013.

[55] Aswath Damodaran.投资估价:评估任何资产价值的工具和技术(第3版 上册)[M].〔加〕林谦,安卫译.北京:清华大学出版社,2014.

[56] Eric. G. Flamholtz & Yvonne Randle.企业成长之痛:创业型企业如何走向成熟[M].王任飞,彭瑞梅译.北京:清华大学出版社,2004.

[57] Frank K. Reilly & Edgar A. Norton. 投资学[M].李月平译.北京:机械工业出版

社,2005.

[58] 〔美〕蒂姆·科勒,〔荷〕马克·戈德哈特,〔美〕戴维·威赛尔. 价值评估:公司价值的衡量与管理(第 4 版)[M]. 高建等译. 北京:电子工业出版社,2007.

[59] Barney J. B, Firm Resource and Sustained Competitive Advantage. Journal of Management. 1991(17), 99—120.

[60] Clarida R.. The Real Exchange Rate and U. S. Manufacturing Profits: A Theoretical Framework with Some Empirical Support. International Journal of Finance and Economics. 1997 (2),177—187.

[61] Cowan R., Jonard N. Network Structure and the Diffusion of Knowledge. Journal of Economic Dynamics & Control. 2004, 28(8), 1557—1575.

[62] Jay E. Fishman,Shannon P. Pratt, William J. Morrison. Standards of Value: Theory and Applications. John Wiley & Sons Inc. 2006:64—66.

[63] Iansiti, Marco, Roy Levien. The New Operational Dynamics of Business Ecosystems: Implications for Policy, Operations and Technology Strategy. 2002.

[64] John R. M. Hand and Wayne R. Landsman, The Pricing of Dividends in Equity Valuation, Journal of Business Finance & Accounting. 2005, 32(3), 435—470.

[65] Jarillo J. C. Strategic Networks: Creating the Borderless Organization. Oxford: Butterworth Heinemann. 1993.

[66] Jones C., Hesterly S. W., Borgatti P. S. A General Theory of Network Governance: Exchange Conditions and Social Mechanism. Academy of Management Review. 1997, 22(4): 911—945.

[67] Ken Baskin. Corporate DNA: Organizational Learning, Corporate Co-evolution. Emergence. 2000,2(1).

[68] Ken Baskin. DNA for Corporationgs: Organizations Learn to Adapt or Die. The Futurist. 1995, 29(1):68.

[69] Kogut B. & Zander U. Knowledge of the Firm Combinative Capabilities and the Replication of Technology. Organization Science. 1992(3):383—397.

[70] Messner, Dirk. The Network Society: Economic Development and International Competitiveness as Problems of Social Governance. Frank Cass, London. 1997.

[71] Nonaka I. A Dynamic Theory of Organizational Knowledge Creation. Organization Science. 1994,5(1):14—37.

[72] Roll, R, Schwartz E., and Subrahmanyam A., Liquidity and the Law of One Price: The Case of the Futures-Cash Basis, Journal of Finance. 2007, 62(5):2201—2234.

[73] Ray Reagans. Bill McEvily. Network Structure and Knowledge Transfer: The Effects Of Cohesion and Range. Administrative Science Quarterly. 2003(48): 240—267.

［74］Shannon P. Pratt. Business Valuation Discounts and Premiums. Wiley Press. 2009.

［75］Shannon P. Pratt. Valuing Business: The Analysis and Appraisal of Closely Held Companies (5th edition). McGraw-Hill Professional. 2008.

［76］Singley M. K. & Anderson J. R. Transfer of Cognitive Skill. Cambridge, MA: Harvard University Press. 1989.

［77］Szulanski G. The Process of Knowledge Transfer: A Diachronic Analysis of Stickiness. Organizational Behavior and Human Decision Process. 2000,82(1):9—27.

［78］Teece D. J. , Pisano G. , Shuen A. Dynamic Capabilities and Strategy Management, Strategy Management Journal. 1997,18(7),509—533.

［79］Tsai W. , Ghoshal S. Social Capital and Value Creation: The Role of Intra-firm Networks［J］. Academy of Management Journal. 1998 (41):464—476.

后　记

　　2012 年 5 月，笔者与一个上市公司的总裁进行了一次非正式交流，主要话题是关于投资并购方面的问题。该集团公司基于战略性考虑，希望通过股权投资，打造和完善企业的产业链。在交谈的过程中，总裁提出两个问题，非常想得到确定的答案，还特意强调，所看到的投资类书籍都没有解决这两个问题。第一个是企业股权投资前到底要作哪些决策，决策的依据是什么，关键的成功要素有哪些。第二个是股权投资后，对新的企业如何进行有效的运营管理，如何建立运营体系。总裁希望看到实用的书籍，给企业股权投资提供有价值的理论支持和实践指导。

　　因为实业界的高管正式提出了该问题，所以给笔者留下了深刻印象。回来后进行了认真思考，相信第一线企业高管的困惑就是最大的管理需求，应该集中时间和精力进行股权投资的深入研究。于是，决定正式围绕股权投资课题进行集中研究。幸好，前期已经有了较多的并购方面的知识和经验积累，并且前期研究成果《投资项目管理》和《企业项目管理》都涉及投资并购领域。通过梳理理论知识，回顾自己经历过的投资并购实践，准备构建股权投资的研究框架。期间，正赶上给金融专业的研究生开设企业投资并购方面的课程，于是，课程准备与股权投资研究同时进行，两者相互支撑，研究进程反而加快。股权投资的研究重点是投资决策和投后运营体系的构建两大板块，为了保持完整性，加上了投资过程的交易定价问题，就成了本书的雏形。作为投资项目的研究者，笔者前期参与了多个国有企业的并购重组实例，还参与了上市公司的多个并购、交易与整合案例，对股权投资具有一定的操作经验和整体认识。基于此，本书把积累的实践经验和投资知识结合起来，进行梳理、整合和发掘，形成具有可操作性的股权投资指导框架。

　　在美国访学的一年期间，笔者继续完善和充实本书内容。笔者参观考察了美国的通用汽车、福特汽车、百威啤酒、GE 等几家大企业的现场，对全球跨国公司有了直观的感受。为了掌握中国对美国股权投资的真实状况，我们专程到芝加哥万向美国公司总部,对万向美国公司进行现场考察。我们与万向美国公司CEO 倪频博士进行了深入交流,倪频博士对跨国股权投资阐述了自己的观点,为股权投资管理框架提供了宝贵的建议。结合前期考察韩国的柳韩—金佰利现场,以及与柳韩—金佰利前 CEO 文国现先生的多次正式交流,加上在彼得·德鲁克管理学院 EDP 班的研讨经历,笔者对企业的国际化投资运营有了更加深刻的感知。期间,还现场感受了纽约华尔街的氛围,了解了美国股权投资的动态,特别关注了高盛(Goldman Sachs Group)和摩根士丹利(Morgan Stanley)的直接投资发展趋势。这些经历都给了笔者新的启迪,决定在原有基础上,继续完善补充本书内容。在美国访学期间,笔者有机会在 Washington D. C. 给国内来的银行行长班讲授"投资并购"课程,与富有经验的行长就股权投资作了深入讨论,这又给了笔者很多新的启发。股权投资内容博大,研究对象一定要集中,经过反复揣摩,决定对此书进行聚焦,再聚焦,删除繁杂章节,保留最有价值的部分。考虑本人在股权投资的决策和整合方面有较为丰富的经验,所以,决定在这两个领域深耕细作,希望能给需要者提供有价值的启发。为了保持股权投资的完整性,交易定价是必不可少的部分,所以,就形成了本书目前的框架,即选择与评估、交易与定价、整合与运营三部分。

投资学是微观金融的一个分支学科,主要研究微观主体的投资行为。股权投资是投资学的一个分支,同时又是公司金融的组成部分。投资学与公司金融研究的领域有相同之处,但两者又存在区别,即研究视角不同。投资学主要是从投资者的视角来研究各种投资行为,而公司金融主要是从企业的视角研究各种企业行为。本书主要从投资者的视角研究如何决策,如何进行交易,如何进行整合,并构建运营体系。在决策环节,明确要达到的战略目的。在自身条件、目标企业状况、行业背景和宏观经济约束条件下,选择满足自身效用最大化的投资方案,包括是否投资、投资节奏、投资时机等。在交易环节,通过协商,选择合适的交易方式和支付方式,遵循交易定价规则,支付合理的溢价,为未来协同效应作好支撑。在整合环节,注重资源的匹配,帮助目标企业构建目标体系、价值链体系、激励体系和学习体系,并制订行动计划,构建能够创造价值的有效运营体系。

这里的股权投资是广义的概念,相对于债权投资而言,包括所有的股权类投资。股权投资是企业进行直接投资的重要方式,是企业实现快速成长壮大的重要途径。越来越多的企业认识到,通过股权投资可以快速打造和完善产业链,增强企业的竞争能力。通过股权投资可以广泛结成战略联盟,增强企业的生存能力。通过股权投资可以获得稳定的利润现金流,增强企业的获利能力。未来能够纵横驰骋的企业集团,都将是以股权为纽带,相互支撑、相互补缺、规模浩大的航空母舰战斗群。面对这个投资发展趋势,我们要作好知识准备、理念准备和方法准备,包括熟悉股权投资的决策、交易和整合的理论基础,把握每个环节的关键成功要素,掌握具体的运作技巧,为股权投资作好充分的储备。

本书从战略性股权投资者的视角研究如何进行投前评估决策,如何进行定价和交易,以及投资之后,如何进行整合并建立运营管理体系。本书为股权投资者的知识储备和理念启发,提供了一个简洁但完整的分析框架。对于即将步入社会的大学生,本书提供了一个完整的股权投资知识框架。对于即将进入投资银行、商业银行、投资咨询公司工作的大学生来说,更需要系统掌握这些股权投资知识和理念。

对股权投资进行现场调研是总结中国对外股权投资经验和教训的重要环节。通过现场调研,一方面,考察跨国因素对股权投资的决策、定价和整合的影响,总结对外股权投资的经验和路径。另一方面,考察中国对外进行股权投资后的整合运营状况,梳理对外股权投资整合运营存在的问题,归纳提炼跨国经营经验,找到解决问题的思路和方法。本书还存在些许遗憾。对跨国股权投资的对象还缺乏系统性访谈和全面的现场感受。笔者一直打算去考察位于美国弗吉尼亚州的被双汇国际收购全部股份的 Smithfield Foods,但由于各种条件和原因制约,一直没能成行。

本书是本人现阶段研究和实践的体会和总结,希望能给需要者带来一些启发和帮助。感谢学界前辈们的研究成果为本书提供的理论支撑!感谢导师金润圭教授、薛求知教授和孙元欣教授的教导!感谢北美精算师王修文博士给予的帮助!感谢赵贞玉博士、朱连庆教授和王国松教授的支持!感谢韩国柳韩—金佰利前 CEO 文国现先生的帮助和指导!感谢在美国访学期间万向集团美国公司 CEO 倪频博士的经验分享和鼎力相助!感谢美国伊利诺伊大学杨雪松博士给予的实践支持!感谢美国密西根大学王胜权博士给予的实践支持!感谢金融专业硕士研究生王学梅和张逸茹参与推荐阅读材料的编排研讨!